책에 따라 살기

현대의 지성 157
책에 따라 살기
유리 로트만과 러시아 문화

제1판 제1쇄 2014년 10월 27일

지은이 김수환
펴낸이 주일우
펴낸곳 ㈜문학과지성사
등록번호 제1993-000098호
주소 121-840 서울 마포구 잔다리로 7길 18(서교동 377-20)
전화 02)338-7224
팩스 02)323-4180(편집) 02)338-7221(영업)
전자우편 moonji@moonji.com
홈페이지 www.moonji.com

ISBN 978-89-320-2650-3

책에 따라 살기

—

유리 로트만과 러시아 문화

김수환 지음

문학과지성사
2014

로트만, 나의 동시대인

이 책은 지난 10년간 20세기 러시아의 사상가 유리 로트만에 관해 내가 쓴 글을 모은 것이다. 이미 발표된 글을 모아 책을 낸다는 게 영 내키지 않았지만, 그럼에도 이런 결정을 내린 데에는 크게 두 가지 이유가 있다. 우선, 무언가 다른 식의 연구서를 내고 싶은 바람 때문이다. 3년 전 출간한 연구서의 서문에 나는 이렇게 썼다. "이 책은 러시아의 사상가 유리 로트만에 관한 연구서이다. 1960년대에서 1990년대까지 30여 년에 걸친 로트만 사유의 흐름을 살펴보고 그 과정의 주요 국면들을 분석함으로써, 로트만 이론의 전모를 드러내려는 것이 이 책의 집필 의도이다."*

---

* 김수환, 『사유하는 구조—유리 로트만의 기호학 연구』, 문학과지성사, 2011, 9쪽.

로트만의 세계를 가능한 한 총체적으로, 온전하게 그려내는 것, 그럼으로써 "로트만이라는 낯선 대지에 아직 도착하지 않은, 혹은 이제 막 발을 들여놓으려는 미지의 동료들에게 작은 디딤돌"이 되려는 것이 그 책의 의도였다. 하지만 로트만에 관한 첫 책을 쓰던 당시부터 이미 내게는 다른 욕망이 존재했던 것도 같다. 모두를 위한 표준적인 길잡이, 곧 '우리의' 로트만이 아니라 내가 읽은 로트만, '나만의' 로트만을 보여주고 싶다는 생각이 그것이다. 이 책에 묶인 글들은 로트만을 제대로 소개한다는 첫 책의 의도로부터 상대적으로 자유롭고, 그런 만큼 로트만이 아닌 그 해석자의 주관과 개성이 훨씬 더 도드라져 있다. 앞선 책이 온전히 로트만에 '관한' 책이었다면, 이 책은 차라리 로트만을 '통한' (나의) 책이라고 말하고 싶다.

두번째 이유는 지난 10년간 내가 거쳐간 모종의 변화와 관련이 있다. 책을 묶기 위해 옛 글들을 다시 읽으면서 나는, 현재 나의 생각이 글을 썼던 당시와 상당히 달라져 있음을 실감했다. 글의 완성도와 상관없이, 만일 지금 이 순간 같은 제목의 글을 다시 쓴다면 분명 다른 각도에서 다르게 썼을 거라는 생각을 떨칠 수 없었다. 이 책의 모든 장의 도입부에 일종의 '후기postscript'에 해당하는 짧막한 글이 붙어 있는 이유는 그 때문이다.

언젠가 조르조 아감벤은 잘된 후기나 첨언이란 "저자가 자신의 책에 덧붙일 것은 결단코 아무것도 없음을 보여주는"* 글이라고 말한 적이 있는데, 그런 의미에서라면 이 '군더더기 말들'은 본래 글의 미숙함을 보여주는 증거와도 같다. 그런데 다른 한편으로 이런 생각도 해보았다. 혹

---

* 조르조 아감벤, 『도래하는 공동체』, 이경진 옮김, 꾸리에, 2014, 149쪽.

시 내가 느끼는 이런 '거리감'은 내 생각의 변화뿐 아니라 나를 둘러싼 세계 자체의 변화에 기인하는 게 아닐까. 그렇다면 혹시 내 글과 사유의 변화를 구실로, 지난 10여 년의 세월을 두고 우리가 경험한 세계감각의 저 아득한 '격차'에 관해 함께 생각해보는 계기로 삼을 수도 있지 않을까. 본래 글을 대폭 수정해 다시 쓰는 대신에 내가 택한 이 우회의 전략이 후기와 본문 사이의 미묘한 '어긋남' 자체를 통해 무언가를 스스로 말해줄 수 있기를 바랄 뿐이다.

*

총 3부로 이루어진 이 책은 각기 다른 주제를 다룬 일곱 편의 글을 담고 있다. '이론과 문화'라는 표제를 단 제1부에서 독자들은 무엇보다 '러시아 이론가Russian theorist' 로트만을 만날 수 있다. 여기서 중심은 일반적으로 잘 알려진 문화기호학자 로트만이 아니다. 세 편의 글을 아우르는 관심은 러시아 문화의 유형학적 특징에 천착하는 러시아적 (유형의) 사상가, 즉 이론(가)의 문화적 정체성에 있다. 책 제목이 되기도 한 첫번째 글(「책에 따라 살기: 러시아적 문화 유형의 매혹과 위험」)은 본 연구서의 몸통 속으로 들어가기 위한 일종의 진입로와 같다. 이 진입로를 통해 독자들은 필자가 그리고자 하는 러시아 문화/이론의 대략적인 지형 및 풍광을 가늠하고, 그 흥미로운 특징들을 파악할 수 있을 것이다. 단순히 책을 '읽는 데' 그치는 게 아니라 책에 따라 '살고자' 하는 의지로 요약될 수 있는 러시아식 태도, 이 독특한 모델이 바로 독자에게 보내는 나의 초대장이다.

제2부에는 영화와 도시를 주제로 한 두 편의 글이 실려 있다. 로트만

은 단행본 『영화기호학』의 저자일 뿐만 아니라 소위 도시기호학과 관련된 여러 편의 글을 발표한 장본인이기도 하다. 언젠가 세르주 다네는 영화를 가리켜 "모든 논쟁에 특권적인 공명상자"라고 부른 바 있는데, 적어도 20세기 사상의 지형도에 있어서 영화학은 '모든 사유의 물결을 집약하는 저수지'의 역할을 했다.* 그것은 이질적인 사유의 줄기들이 모여들어 함께 뛰놀 수 있는 예외적인 '공공영역'에 해당한다. 그리고 20세기 후반 들어 바로 그와 같은 공유지로 새롭게 대두되고 있는 것이 도시학이다. 감히 말하건대, 도시학은 상이한 학제적 관심사와 문제들을 상호 교차시킴으로써 우리가 알던 많은 것들을 새롭게 재조명해볼 수 있도록 하는 담론적 접합부junction board, 이를테면 간間학제적 문화론을 위한 유용한 메타언어가 될 수 있다. 20세기 사상의 일원으로서 로트만의 사유가 이 두 가지 영역과 어떻게든 연결된다는 점은 그래서 자연스럽다. 여기 묶인 글들을 통해 독자들은 '러시아 이론'의 맥락 바깥에서 훨씬 더 자유롭고 풍부하게 '다른' 사유들과 접속하는 사유의 확장성을 경험하게 될 것이다. 러시아 문화와 사상에 별로 익숙하지 않은 독자들은 제2부를 먼저 읽기 시작하는 것도 좋으리라 생각한다.

'대화와 주체'를 표제로 한 제3부는 다시 러시아 이론의 유형학적 특수성 문제에 집중한다. 문화 상호작용과 자아 모델을 다루는 두 글을 아우르는 키워드는 '대화적 주체'의 개념이다. 핵심적인 문제의식이 '주체에 관한 러시아적 관점이 존재하는가'라는 물음에 걸려 있는 만큼 여기서는 로트만과 더불어 또 한 명의 사상가, 20세기 러시아 사상의 한 축을 담당하는 미하일 바흐친의 사유가 동원된다. 대화 개념을 중심으

---

* 이윤영, 『사유 속의 영화―영화 이론 선집』, 문학과지성사, 2011, 8쪽.

로 한 그의 사유는 로트만의 사유와 나란히, 때로는 엇갈리게 배치되면서 '주체의 유형학'이라는 대大주제의 러시아식 판본을 제공한다. 두 사상가의 몇몇 이론적 개념에 대한 세밀하고 정치한 분석적 고찰을 시도한 이 글들에서, 독자에 따라서는 학술적 밀도감을 느낄 수도 있고, 반대로 과도한 피로감을 느낄 수도 있을 것이다. 그러나 나로서는, 개념들을 횡단하며 그물을 짜는 이런 암중모색의 시도가 보다 명료하고 단순한 형태의 새로운 '물음을 재구성'하기 위한 불가피한 여정이었음을 지금에서야 확신한다. 이른바 구조 내적인 주체성의 계기, 혹은 주체의 '수행적 차원'을 향한 나의 새로운 물음은 분명 이런 암중모색을 통해서만 가능했다. 눈 밝은 독자들이 글의 내용뿐 아니라 글이 움직여간 궤적까지 감지해준다면 더 바랄 게 없겠다.

*

2년 전, 그러니까 처음 이 책을 출간하기로 결심한 순간부터 마음에 품었던 문구가 하나 있다. '로트만, 나의 동시대인'이라는 구절이다. 지난 10여 년간 나는 '유리 로트만 전공자'라는 타이틀을 달고 살았다. 이 기간 동안 그에 관한 두 권의 번역서와 한 권의 연구서, 그리고 10여 편의 논문을 썼는데, 과연 그 결과물이 전공자라는 타이틀에 충분히 값하는 것들인지 자신할 수 없다. 하지만 확실하게 말할 수 있는 한 가지 사실은 있다. 그렇다, 지난 10년 동안 로트만은 나의 동시대인이었다!

"동시대적인 것은 현재적인 것이 아니다"라고 말했던 사람은 롤랑 바르트였다. 그는 동시대성이란 지금 우리를 규정하는 현재의 시간성이 아니라 현재와는 언제나 약간 어긋나 있는 시간과의 관계라고 말했다.

「동시대인이란 무엇인가?」라는 글에서 아감벤은 동시대인, 즉 참으로 자신의 시대에 속하는 자란 자신의 시대와 완벽히 어울리지 않는 자, 하지만 바로 그 간극과 시대착오 때문에 다른 이들보다 더 그의 시대를 지각하고 포착할 수 있는 자라고 말했다.* 요컨대, 참된 동시대인의 시선은 언제나 현재가 아닌 과거, 더 정확하게는 과거의 불발된 가능성을 향해 있다. 현재에 접근하는 길이 반드시 고고학의 형태를 띠게 되는 이유가 거기에 있다.

아감벤식의 거창한 동시대성론論을 말하려는 건 아니다. 내 경우는 훨씬 단순하고 소박하다. 지난 10년간 무엇을 읽고 무엇을 쓰건 간에 나는 언제나 로트만과 함께였다. 나는 그의 눈으로 세상을 보려 했고, 나와 나를 둘러싼 세계의 문제들에 관해 그에게 질문했다. 오해하지는 말자. 그는 단지 자기 시대의 언어로, 자기 시대의 문제들을 이야기했을 뿐이다. 하지만 그의 이런 (죽은) 말들은 언제나 나의 물음에 대한 실마리이자 등불이 되어주었다.

19세기 작가 니콜라이 고골은 『신곡』의 저자 단테를 자신의 동시대인으로 간주했다. 20세기 작가 미하일 불가코프에게는 바로 그 고골이 거의 유일한 진짜 동시대인이었다(소설 『거장과 마르가리타』를 쓸 때 그는 거의 매일 고골 동상을 찾았다). 지난 수년간 유리 로트만은 나의 동시대인이었다. 죽어버린 타자인 그의 말은 살아 있는 내 삶과 세계를 위한 통찰과 해답의 원천이었다. 역설적이지만 죽은 타자인 그는 언제나 '그 자신보다 더 많이' 알고 있다. 그는 죽지 않았을 뿐 아니라 끊임없이 변화하고 확장된다. 흔히 우리는 사상은 그대로인 반면 현실은 변화무쌍

---

* 조르조 아감벤, 『장치란 무엇인가? 장치학을 위한 서론』, 양창렬 옮김, 난장, 2010, 71쪽.

하다고 생각한다. 하지만 실상은 그 반대다. 대개 현실은 거기서 거기인 반면 사상은 변화한다. 모든 진정한 사상에는 포이어바흐가 "발전가능성Entwicklungsfähigkeit"이라고 부른 어떤 것이 들어 있다.

죽은 타자의 말을 동시대적인 것으로 경험하는 것, 현재의 시간성이 아니라 저 '어긋난' 동시대성을 직업적 소명으로 받아들이는 자세를 나는 문헌학philology 연구자의 특권이라고 부르고 싶다. 기호학자 이전에 재능 있는 문헌학자였던 움베르토 에코는 자신이 쓴 소설 『장미의 이름』의 마지막 부분에 묘사된 빨간 불티 장면을 두고 이렇게 말했다. "아니 나는 〔그걸〕 안 봤어요. 하지만 중세 수도사가 불티를 어떤 식으로 볼 거라는 건 알고 있소."* 문헌학의 가장 중요한 소명은 '나'의 눈이 아니라 '그'의 눈으로 이 세계를 보는 것에 있다고, 나는 믿는다. 죽은 타자의 언어를 향한 존중. 그의 언어를 손쉽게 내 것으로 전유하기 이전에 우선 그의 눈과 언어를 가능한 완전하게 되살려내려는 지난한 노력. 오직 그런 노력의 대가로만 주어질 수 있는 동시대적 대화의 가능성.

이 책을 쓰면서 나는 문헌학적 대화의 저 특권을 만끽했다. '나는 그리스의 자식이다'라고 외쳤던 니체만큼은 아니겠지만 나름 마음속으로 되뇌어보았다. '로트만은 나의 동시대인이다'라고. 그리고 '나'의 말이 '그'의 말을 앞지르려 할 때마다 지그프리트 크라카우어의 말을 떠올렸다. "연구자가 공격성을 드러내면 과거는 과거로 도망치게 되고, 연구자는 죽은 존재들과 대화하기보다 거의 혼잣말을 하게 된다."** 그의 말과, 그의 말을 해석하고 발전시키는 나의 말이 구분 불가능한 지경까지 섞

---

* 파리 리뷰(인터뷰)·레이몬드 카버 외, 『작가란 무엇인가』, 권승혁·김진아 옮김, 다른, 2014, 29쪽.
** 지그프리트 크라카우어, 『역사—끝에서 두 번째 세계』, 문학동네, 김정아, 2012, 84~85쪽.

여들도록, 그의 말로부터 내가 정립시킨 것이 다시 그의 텍스트로 귀속 될 수 있도록 노력했다.

아마도 로트만에 관한 전문 연구서로는 마지막이 될 이 책을 준비하면서 나는 자주 생각했다. 몇 년 새 떠돌아다니는 인문학을 둘러싼 거짓 풍문들 가운데서 어느새 우리 시대의 가장 '비동시대적인' 어떤 것이 되어버린 문헌학의 운명에 관해서. 그리고 여전히 각자의 영역에서 그 고독한 작업에 붙들려 있는 소수의 동학同學들에 대해서. 이 보잘것 없는 결과물이 그들을 향한 기대 어린 응답과, 미래의 동학에게 보내는 환대의 손짓으로 읽혔으면 좋겠다.

2014년 가을
김수환

차례

제1부

이론과 문화

1장

책에 따라 살기

:
러시아적 문화 유형의
매혹과 위험

러시아식 원칙주의의 가치에 관하여

텍스트와 현실의 관계는 시대와 국가를 초월하는 보편 문제이지만, 그 두 항목 간의 역동적인 섞임과 부침의 현상은 특수한 '러시아적' 문제이기도 하다. 19세기 독일 관념론이 실질적인 사회 개혁의 프로그램으로 진화한 곳은 러시아였다. 마르크스의 이념이 혁명의 과업으로 실현된 곳도, 또 과격하기로 유명한 20세기 아방가르드의 예술 프로그램이 현실 구축의 강령으로 실험된 곳 역시 러시아였다.

라트비아 출신의 저명한 사상가 이사야 벌린I. Berlin에 따르면, 19세기 러시아 인텔리겐치아는 무엇보다 먼저 '행동'의 인간이었다. 그가 묘사하고 있는 이 독특한 청년 무리는 "유럽 사회에서 어느 누구도 필적하지 못할 만큼 관념에 대한 열정을 지니고 있고, 어떤 관념이 서구로부터 유입되는 즉시 과도한 열정을 품은 채 그것을 받아들이고 재빨리 실용적인 것으로 바꾸어놓으려고 고심하는 그런 인물들"이다.

이념이란 무엇인가? 그것은 세계와 인간에 대한 지성적 가설이다. 그러나 때로 그 이념은 세계를 해석하기 위한 (지적) 프레임을 넘어서 그에 따라 세계를 변화시킬 (현실적) 매뉴얼이 되기도 한다. 예컨대, '범인凡人들의 도덕률을 초월할 수 있는 초인은 가능하다'라는 니체식의 명제를 19세기 러시아의 법과 대학생 라스콜리니코프가 어떻게 받아들이는지를 보라. 그는 그와 같은 가설적 명제를 현실 속에서 '실험'하기 위해 '반드시' 직접 도끼를 손에 쥔다. 혁명가 레닌은 심지어 마르크스주의 이념의 현실화를 위해 '사회주의 혁명의 전 단계로 자본주의 사회가 먼저 성숙해야 한다'는 본래 명제를 창조적으로 '수정'해야만 했다.

이 글을 쓰던 2005년에 나는 문학을 포함한 러시아 예술을 대할 때 우리가 느끼게 되는 깊은 매혹이 러시아의 역사를 관통해온 이런 '원칙주의적인 실험성'과 무관하지 않다고 생각했다. 어정쩡한 중간 단계를 거부하려는 성향, 일단 이념을 받아들인 후에는 (더 이상 이전처럼 살 수 없기에) 반드시 '그 이념에 따라 살 것'을 지향하는 이런 태도는, 알다시피 러시아의 삶의 현장을 중단 없는 역사의 '실험대'로 바꿔놓았다. 유리 로트만Y. M. Lotman은 러시아 문화의 이런 특징을 서구의 "3원 모델"과 구별되는 "2원 모델"로 규정한 바 있다.

2원 모델의 특징은 "가치의 중립 지대"로서의 중간 항을 모른다는 것이다. 서구 가톨릭에서 내세는 천국, 지옥, 그리고 연옥으로 구성되는데, 이때의 연옥이란 일정한 시험을 거친 후에 내세에서의 구원이 허용되는 '중립적' 행동의 영역을 말한다. 이 가치론적 중립 지대는 미래의 시스템을 숙성시키는 구조적 비축의 영역으로서, 과거와 미래 사이의 연속성을 보장해준다. 이와 달리 러시아 정교의 세계관은 명확한 2원론에 기초한다. 러시아 정교는 천국과 지옥 사이에 연옥이라는 중립 지대의 개념을 만들지 않았다. 때문에 이 모델은 새로운 것을 (과거에서 미래를 향하는) '연속'으로서가 아니라 모든 것의 종말론적 '교체'로서 사고한다. 새로운 세계, 그것은 오직 과거의 철저한 파괴를 통해서만, 말하자면 구세계의 종말론적 폐허 위에서만 구축될 수 있다(훗날 로트만은 이를 역사의 점진적 전개를 거부하는 "폭발적" 구조라 불렀다).

나는 로트만이 말한 2원 모델의 개념이 텍스트를 대하는 독특한 러시아적 태도('책에 따라 살기')와 뗄 수 없이 관련되어 있다는 점에 주목했다. 어정쩡한 중간 항, 절충과 타협의 결과로서의 제3항을 거부하는 그들의 입장은 삶과 예술의 경계, 책과 현실 간의 거리를 고집스럽게 거부하는 그들의 태도와 맞물려 있다. 당시에 나는 러시아의 이 독특한 화용론적 태도의 '매혹적인' 앞면과 더불어 그것의 '위험한' 뒷면을 함께 생각해보고 싶었다. 그러니까 그 작업은 삶의 현장을 끝없는 역사의 '실험대'로 바꿔놓으려 했던 러시아적 태도의 '극단적인 원칙주의'에 대한 내 나름의 반성적 성찰의 시도였던 것이다. 톨스토이L. Tolstoy와 도스토옙스키F. Dostoevsky를 '읽는 것'에 머물지 않고 직접 그들을 '따르려는' 삶, 그 실험적 삶이 동반해야 했던 온갖 구체적인 고통들을 생각했고, 구세계를 밑바닥까지 파괴한 후 그 폐허 위에서만 새 세계를 건설할 수 있다는 2원 모델이 러시아의 역사에 남긴 지속적인 상흔을 떠올렸다. 그리고 말년의 로트만이 그랬던 것처럼, 새로운 세기의 포스트-소비에트 러시아가 마침내 2원 모델이 아닌 3원 모델로, 계약과 합의, 절충과 타협에 기초한 새로운 시기로 이행할 수 있게 되기를 기대했다.

9년이 지난 지금, 러시아의 자본주의적 현실은 여전히 불투명하다. 그 미래의 방향을 가늠하기는 더더욱 어려워졌다. 그런가 하면 다른 한편에서는 "레닌을 반복하자"는 목소리가 들려온다. 슬로베니아 출신의 철학자 슬라보예 지젝S. Žižek이 말하듯, "자본주의의 근본적 변화보다는 오히려 지구의 종말을 상상하는 게 더 쉬워진" 오늘날, 다시 새롭게 "유토피아를 발명"해야 할 필요성이 점점 더 크게 제기되고 있다. 이런 상황에서 다시금 곱씹게 되는 것은 러시아의 역사를 관통해온 저 도저한 원칙주의의 태도다. 문학을 대하는 러시아 인텔리겐치아의 특징을 지적하면서 이사야 벌린은 이렇게 말했다. "내가 러시아인들의 공로로 생각하는 부분은 대단히 윤리적인 그들의 태도이다. 삶과 예술에 대한 그들의 태도는 서로 일치하며, 그것은 궁극적으로 윤리적이다."

'삶과 예술을 가르는 경계를 고의로 뚜렷하게 긋지 않는' 그들의 태도를 가리켜 벌린은 윤리적이라 말했다. 그렇다면 생각해보자. 예술과 삶의 경계를 인정치 않으려는 그들의 태도를 '윤리적 행위의 정치학'으로 새롭게 읽어볼 수는 없을까? 절충적 실용주의의 위안을 거부하고 강경하고 고집스런 윤리학을 되풀이하는 행위의 정치학, 언젠가 알랭 바디우A. Badiou가 사도 바울을 특징지은 바로 그 태도를 거기서 발견할 순 없는 것일까? 가령, 오늘날 '책을 읽는다는 것'의 의미를 재정립하고자 하는 사사키 아타루佐々木中는 이렇게 외치고 있지 않은가? "왜 사람은 책을 성실하게 받아들이지 않을까요? 왜 책에 쓰여 있는 것을 그대로 받아들이지 않는 걸까요? 왜 읽고서 옳다고 생각했는데도 그대로 받아들이지 않은 채 '정보'라는 필터를 꽂아 무해한 것으로 만들어버리는 것일까요? 아시겠지요. 미쳐버리기 때문입니다." 우리가 잃어버린 가장 중요한 그 무엇을 그가 다음과 같이 규정하는 것을 과연 우연이라 볼 수 있을까? "반복적으로 읽는다는 것은 정면으로 받아들일 수밖에 없게 된다는 것을 의미합니다. 그리고 그렇게 살아갈 수밖에 없게 된다는 것을 의미합니다. 정말 어리석은 일이지요. 그러나 우리에게는 이런 어리석음이 결여되어 있습니다."

그런가 하면, '광신'이라 불리는 한 저주받은 개념의 계보학을 지향하는 알베르토 토스카노A. Toscano는 광신을 "어떤 원칙과 믿음에 있어 타협을 거부하는 태도" 혹은 그에 따른 "신념의 윤리"로 규정했다. 그에 따르면, "타협의 거부, 원칙의 긍정, 격정적 당파성은 현 상황의 급진적 변혁을 갈구하는 모든 정치의 계기들이다." 요컨대, 싸워야 할 전투들이 있는 한 광신 없는 역사는 없다.

모두가 알고 있듯이, 이제 더 이상은 아무도 '책에 따라' 살려 하지 않는다. 마찬가지로 오늘날의 우리는 유토피아적 이념의 현실화는커녕 유토피아의 가능성 자체를 믿지 않게 된 것처럼 보인다. 부분적인 보완과 개선은 가능할지라도 현실의 근본적인 변혁이란 절대 불가능하며, 그런 변혁의 시도는 더욱더 끔찍한 파국과 불행(가령, 파시즘)을 가져올 뿐이라고 굳게 믿게 된 시대, 우리는 그런 시대에 살고 있다. 이 차가운 '냉소적 이성'의 시대에 내가 자꾸만 다시 떠올리게 되는 것은 러시아 인텔리겐치아의 독특한 계승자 바흐친M. Bakhtin의 말이다. 지난 세기 초반, 삶과 예술(문화) 사이에 가로놓인 어쩔 수 없는 거리를 극복하기 위한 새로운 "행위의 철학"을 모색하던 청년 바흐친은 이렇게 말했다.

인간은 예술 속에 있을 때는 삶 속에 있지 않고, 삶 속에 있을 때는 예술 속에 있지 않다. 그것들 사이에는 어떤 통일성도 없으며, 개성личность의 통일성 속에서 내적으로 서로에게 속속들이 스며들지도 못한다. 〔……〕 예술과 삶은 하나가 아니다. 그러나 그것들은 내 안에서,

나의 책임의 통일 안에서 하나가 되어야만 한다(미하일 바흐친, 『말의 미학』).

지금 이 글을 다시 쓴다면, 나는 문학을 대하는 러시아의 독특한 태도에 관해 조금은 다른 접근을 하게 될 것 같다. 아마도 나는 '책에 따라 살기'라는 매혹적인 모델의 현실적인 위험성이 아니라 그와 같은 매혹의 '불가피성,' 혹은 최소한 그것의 포기할 수 없는 '가치'에 관해서 더 많이, 그리고 더 깊게 이야기하게 될 것 같다.

책에 따라 살기

러시아적 문화 유형의 매혹과 위험

푸시킨, 그는 우리의 모든 것이다!
—아폴론 그리고리예프

남서광濫書狂, graphomania: 책 쓰기를 좋아하는 사람 〔……〕
권력을 향한 의지의 가장 그로테스크한 변종.
—밀란 쿤데라[1]

1. 책에 따른 삶

일찍이 로트만은 18세기 러시아 문화의 맥락 속에서 문학의 역할과 위상을 논하는 한 저술에서, 당대의 문학과 독자들의 관계 양상을 "책에 따라 살기жить по книге"라는 말로 표현한 바 있다. 그는 당대의 문학 텍스트가 현존하는 실제 독자가 아니라 이상적으로 구축된 독자의 형상을 지향했으며, 또한 실제 독자들 역시 이런 이상화된 모델을 일종의 규범으로서 적극적으로 받아들였기에, 사실상 "독자들에게 책을 읽을 것이 아니라 책에 따라 살 것이 요구되었다"[2]고 주장했다.

만일 문학작품의 사회적 수용과 관련된 이러한 양상을 18세기 러시아 문화의 특징으로 볼 수 있다면, 이로부터 다음과 같은 논제들을 도출할 수 있다. 첫째, 18세기 러시아 문학은 러시아 근대 문학의 '시원적' 지점이며, 따라서 이 시기에 형성된 원형적 자질은 러시아 문학 자체의 유형학적 정체성을 특징짓는 근본적인 잣대가 될 수 있다. 둘째, 로트만에게 문학(예술)은 문화체계를 구성하는 핵심 체계에 해당하는바, 어떤 점에서 문학의 가치론적 구조와 지향은 해당 문화의 메커니즘을 자신 속에서 반복하고 있다. "예술문학의 내적 구조는 문화 자체와 이질 동상이며 문화의 조직화의 보편 원칙을 반복하고 있다."[3] 따라서 러시아 문학을 규정하는 나름의 변별 자질이 추출될 수 있다면, 그것은 곧바로 러시아 문화의 유형학적 특수성을 기술하기 위한 매개변수가 될 수 있다.

이 글의 관심은 '책에 따라 살기'라는 특정 유형의 화용론적 모델이 러시아 문학사의 다채로운 변모 과정 속에서 어떤 방식으로 지속되고 심화되었는지, 나아가 그것이 러시아 문화를 규정하는 변별 자질로서 어떻게 기능했으며, 어떤 결과를 수반했는지를 규명하는 데 있다. 이 작업은 문학 텍스트를 미학적 판단의 고립된 대상이 아니라 사회적 삶의 역학 안에서 특정 방식으로 '기능'하고 있는 문화적 기제로서 다룬다는 점에서 문학(사)에 대한 '문화론적' 읽기를 시험하는 것이며, 다른 한편으로 로트만 문화기호학의 몇몇 이론적 개념을 러시아 문화에 대한 그의 '자의식적인' 진술로 다시 읽으려 한다는 점에서 로트만 이론을 가치론적으로 재해석하려는 시도로도 간주될 수 있다.

2. 문학의 신성화 혹은 문학중심주의

러시아의 문화적 삶에서 문학이 언제나 '문학 이상의 어떤 것'으로 받아들여져왔다는 사실은 잘 알려져 있다. 물론 사회적 가치의 중심 기제로서 문학이 지니는 특별한 위상은 지난 두 세기 동안 전 유럽에 걸친 보편적 현상이었다. 하지만 문학의 사회적 위상과 역할에 대한 러시아적 태도는 그중에서도 매우 극단적인 경우에 속한다.

푸시킨 이후의 러시아 인텔리 계층은 자신들의 문학을 문화의 얼굴이자 심장으로 여겨왔다. 개인성, 자유, 도덕을 포함한 거의 모든 종류의 철학적, 이념적 사유는 예외 없이 러시아 문학이라는 심장부를 통과해갔다. 만일 서구에서라면 철학자나 비평가, 혹은 정치가나 법률가가 해결했을 문제들, 언론인이나 역사가가 담당했을 일들이 러시아에서는 작가들에 의해 처리되었고 문학의 대상이 되었던 것이다. 이미 19세기 중엽에 비평가 벨린스키V. Belinsky는 러시아인을 "책을 읽는" 민족으로 정의한 바 있다. "오직 러시아 문학을 사랑하고 이해하는 자만이 러시아인이 될 수 있다. 말하자면, 여기서 민족을 결정짓는 요인은 피도 계급도 아닌 독서의 재능인 것이다."[4] 19세기 러시아 문학의 '작은 인간'(가령, 도스토옙스키의 소설 『가난한 사람들』의 주인공 제부슈킨)은 같은 계급의 프랑스인과 달리, 사회적 신분의 상승을 꿈꾸지 않는다. 그 대신 그가 꿈꾸는 것은 훌륭한 글쓰기(의 재능)이다.[5] 러시아에서 작가는 언제나 일종의 비공식적 권력, 말하자면 '두번째 정부'로 간주되어왔지만, 다른 한편으로는 실제의 통치자들(예카테리나 2세부터 레닌에 이르기까지) 역시 부단하게 스스로를 문학가로 표상하려 시도해왔다. 레닌은 문학비평가, 스탈린은 언어학자였으며, 흐루쇼프는 현대예술 비평가였고, 브레즈네프는 직접 소설 3부작을 썼던 작가였다.[6] 요컨대, 문학이면서 동시에 언제나 '문학보다 더한 어떤 것'이어야 했던 러시아 문학은 철학적 사유의 시험대이자 사회 변혁을 위한 프로그램이었으며, 민족의 과거를 이해하는 방법이자 미래를 향한 예언의 기초였던 것이다.[7]

"푸시킨―그는 우리의 모든 것" 혹은 "푸시킨 공동체로서의 러시아" 같은 유명한 구절들이 함축적으로 요약하는 이런 극단적인 '문학중심주의적' 태도는 흔히 근대 러시아 사회가 처해 있던 특정한 역사적 조건에 기인하는 것으로 설명된다. 사회적, 법률적, 경제적 기제들의 자율적 성장이 상대적으로 억압되었던 제정 러시아의 사회정치적 상황에서 문학은 그들 모두를 대신하는 대체물의 역할을 해야 했으며, 그런 점에서 당시로서는 유일하게 기능할 수 있는 사회적 소통구였다는 것이다.

그렇다면 이 문제를 바라보는 로트만의 시각이 보여주는 특징은 무엇일까? 그는 문학에 대한 러시아적 태도의 기원과 원인을 러시아 문화사의 전개 과정 자체가 지니는 본질적인 구조와 성격, 정확하게는 러시아 문화가 중세에서 근대(18세기)로 넘어가는 과정에서 발생한 특정한 '치환'의 양상에서 찾고 있다.

잘 알려져 있듯이, 18세기 초반 러시아 황제 표트르 1세는 모스크바적인 중세를 거부하고 유럽식의 근대를 도입하는 급진적인 서구화 개혁을 통해 러시아 역사의 흐름을 완전히 바꿔놓았다. 18세기 러시아의 근대 문화, '갑자기' 생겨난 이 '새로운' 세계[8]를 바라보는 로트만의 시각은 외견상의 급격한 단절성 내부를 관통하고 있는 모종의 '반복성'의 문제에 집중되어 있다. 그에 따르면, 세속화된 서구 유럽 문화의 모델을 따라 자신을 구축하며, 의식적으로 고대 러시아의 전통으로부터 단절하려 했던 18세기의 '새로운' 문화는 (단절과 새로움을 향한 주관적 지향에도 불구하고), 사실상 이전 시기의 전통에 깊숙하게 뿌리박고 있었다. 로트만의 목적은 과격한 '단절'로 표상되는 러시아 문화사가 사실상 옛 문화의 '뒤집힌' 구조 모델을 따라 구성되었음을 증명하는 것이다. 여기서 유럽화에 의해 야기된 전위는 러시아 문화의 태곳적 특성을 말살하기는커녕 오히려 그것을 '강화'시킨 것으로 설명된다.[9]

스스로를 '완전히 새로운' 것으로 표상하는 동시에 과거의 전통을 '뒤집힌' 방식으로 '연장'해야만 했던 18세기 러시아 문화에게 주어진 과제는 매우 역설적인 것이었다. 한편으로 과거(문화)의 (가치론적) '중심점'을 찾아내 그것을 공공연히 공격하면서도, 다른 한편으로는 그것이 담당했던 문화적 '기능'을 적절하게 보존, 계승해야만 했던 것이다. 여기서 다음의 사실을 주목할 필요가 있다. 중세의 교회문학, 넓게는 종교문화 전반의 지배력이 새롭게 출범한 세속권력에 의해 전면적으로 찬탈된 상황에서, 과거에 그들이 담당하던 문화적 기능은 과연 어떤 방식으로 누구에게 상속될 수 있었을까? 신성한 '말logos'의 힘과 권위에 의존했던 중세의 종교적 권위성의 자리는 다름 아닌 '말word'의 예술, 즉 (세속)문학이 차지하였다. 후자는 자신의 구조적 선임자로부터 자연스럽게 그것의 기능을 물려받게 되었던 것이다. "(과거의) 성스러운 텍스트들을 대체하면서, 문학은 그것들의 문화적 기능을 상속받았다. 18세기에 일어난 이 대체는 이후 러시아 문학의 영속적인 특징이 되었다."[10]

로트만은 훗날 이런 치환의 메커니즘을 "신성함의 자리는 결코 비워지는 법이 없다"라는 공식으로 요약한 바 있다. 이 공식은 18세기 러시아 근대 문화의 맥락에서 언어예술의 사회적 위상, 무엇보다도 먼저 시詩의 가치를 결정지었다.

18세기 러시아 문화는 세속적 성격을 지녔다. 성스러운 문화의 권위는 '유럽화된' 새로운 문명에 배치되는 것으로 여겨졌던 모든 다른 것들과 더불어 파괴되고 제거되었다. 그러나 '신성함의 자리는 결코 비워지는 법이 없다.' 교회로부터 떨어져 나간 최상의 권위는 언어예술, 무엇보다 먼저 시에 전승되었던 것이다.[11]

가령, '신들의 언어'라는 고전주의의 낡아버린 메타포는 18세기 러시아 문화의 맥락에서 시적 언술이 지니는 권위성과 진리성에 대한 명백한 증거로서 '글자 그대로' 받아들여졌다. 즉, 시인에 대한 고대적 이상('신들'의 언어)은 러시아에서 손쉽게 예언자-시인에 관한 성서적 이념('신'의 언어)으로 탈바꿈될 수 있었던 것이다. 전통적인 종교적 관념들은 다름 아닌 '시' 속으로 옮겨 앉게 되었으며, 진리의 전달자인 예언자 시인은 이제 (근대의) 새로운 성직자가 되었던 것이다.

진리 추구의 과제를 예술이 아닌 과학의 영역에 할당했던 근대 서구 유럽 문화의 견지에서 보면, 가령 아래 구절은 몹시 거북스런 것으로 여겨질 수도 있다. 하지만 시인 릴레예프K. Ryleev의 말은 러시아 독자들에게는 놀랍다기보다는 차라리 (그것이 당연하다는 의미에서) 불필요한 수식어로 여겨졌다.

오 그렇다! 시인의 소명보다 더 고귀한 것은 아무것도 없으니: 신성한 진리, 바로 이것이 그의 임무다.[12]

사실 문화에서 시인이 차지하는 이런 특별한 위상은 소위 '유럽화된' 러시아가 실제의 유럽과 얼마나 달랐었는지를 보여주는 특징적인 예로 간주될 수 있다. 서구에서 시인, 화가, 건축가가 거의 비슷한 사회적 지위를 차지했다면, 러시아에서는 그런 비교 자체가 불가능했다. "예술가 художник(이 단어가 18세기에 장인을 의미했다는 사실은 우연이 아니다), 화가, 음악가는 직업인을 의미하지만, 시인이라는 단어는 원칙적으로 직업성을 배제한다. 그것은 직업이 아니라 소명признание, 신의 선물дар, 고귀한 영감인 것이다. (시인에 대한) 이런 관념은 물론 고대적인 것이지만, 결정적으로 서구 르네상스-바로크 문화에는 부재한다."[13]

문학이 경험적 현실보다 더 높은 신성한 진리와 관련된다는 사고, 문학과 작가에게 무언가 '그보다 더한 어떤 것'을 요구하는 이런 관념은 물론 중세적 가치 구조의 연장으로 볼 수 있다. 하지만 주목할 것은 그것이 '러시아적 근대'의 특정한 세계 인식과도 깊숙하게 관련되어 있다는 점이다. 먼저 확인해둘 것은 문학에 대한 이런 태도가 추상적 이념의 세계와 물리적 경험 세계 간의 안티테제를 의미하지 않는다는 점이다. 즉, 여기서 물리적 삶과 이상적 세계는 각기 독자적인 닫힌 세계로서 서로 대립하고 있지 않다. 오히려 이때의 이상적 질서란 아직 도래하지 않았으나 언젠가 반드시 도래해야 하는 것, 말 그대로 완전히 '지상적인' 어떤 것으로 간주되어야만 한다.

러시아의 근대적 세계감각의 핵심은 어디에 있는가? 그것은 세계의 창조 과정이 아직 완결되지 않았다는 것, 러시아에서 문화는 아직까지 건설된 바 없으며, 이제 바야흐로 '창조'되어야만 하는 어떤 것이라는 인식에 놓여 있다. 이런 인식이 문학을 신성시하는 (중세적) 태도와 결합되었을 때, 진리 탐구의 수단으로서 문학이 지니는 실질적 중요성과 가치는 명백해진다.

러시아의 문화적이고 도덕적인 건설의 길은 아직 완결되지 않았다. 그리고 이 길이 지니는 목적과 그것의 최종적 형상을 구현하고 있는 것은 바로 문학, 곧 책과 무대다. 18세기의 인간은 [……] 바로 문학으로부터 자신들의 정신적 체험의 모델과 행위 규범들을 길어 올렸다.[14]

문학과 현실을 서로 '섞어'놓으려는 경향, 보다 정확하게는 "이상적 영역의 규범에 따라 일상적 삶의 영역을 재구축하려는 지향"은 18세기 러시아 문학에서 매우 특징적이다.[15] 당연하지만 이런 상황에서 문학(및 작가)에게 부여되는 사회적 역할은 원칙적으로 문학 창조의 범위를 넘어서는 것이 될 수밖에 없다. 문학적 과제는 여기서 '문화 계몽'의 과제와 한 몸이며, 문화 계몽의 과제는 다시 '문화 창조'의 과제와 다르지 않다. 작가는 단지 작품을 창조하는 자가 아니라 그런 작품들을 포함하고 있는 문화 자체를 창조하는 자이다. "작가는 문화적 상황을 뒤쫓아 가는 것이 아니라 적극적으로 그것을 창조한다. 그는 텍스트를 창조해야 할 필요성뿐 아니라 그것을 읽을 독자들, 나아가 그런 문화 자체를 창조해야 할 필요성으로부터 출발한다."[16] 18세기에 책의 출간 부수가 실질적인 판매량과 무관했다는 사실은 이 점에서 매우 시사적이다. 출간 부수는 실제로 책을 구입할 독자들의 숫자가 아니라 그 책이 지니는 문화적 가치, 즉 '있어야만 할 독자들'의 숫자를 가리켰다.

그렇다면 '말'과 '진리'를 관련짓는 중세적 가치 구조와 '유토피아적' 경향을 띠는 근대의 문화 창조적 지향의 결합이 야기한 가장 직접적인 결과는 무엇일까? 그건 당대 문학을 대하는 '독자들의 태도'이다. 신성한 진리의 매체이자 이상적 문화의 발생기가 된 문학은, 텍스트와 독자 간의 상호 관계에서 동시대 서구 유럽 예술의 일반적인 규범에서 보면 완전히 '뒤집혀진' 상황을 창출하게 된다. 예컨대, 작가는 현실에 존재하는 실제 독자(구매자)가 아니라 (그 자신이 창조해내야 할 목표로서의) 미래의 이상적 독자를 지향하게 된다. 다시 말해 텍스트가 자신의 내부에 상정하고 있는 것은 현실의 독자가 아니라 이상적으로 구축된 미래의 독자 형상이다. 이런 상황에서, 당대 문학을 대하는 독자들에게 사실상 요구되었던 것은 실제로 그러한 (이상적인) 독자가 '되는 것,' 보다 정확하게 말하자면 문학작품이 제시하는 모델에 따라서 자기 자신을 '새롭게 바꾸는 것'이었다. 요컨대, 독자들에게는 '책을 읽을 것'이 아니라 '책에 따라 살 것'이 요구되었던 것이다.

로트만에 따르면, 이런 뒤집힌 모델이 실제로 현실화되기까지, 그러니까 "현실의 독자가 문학적 이상을 스스로의 행위 규칙으로 받아들이게 되기까지는 다만 이후의 한 세대가 더 필요했을 뿐이다." 왜냐하면 근대 러시아 문화의 중대한 한 페이지를 장식하게 될 인물들, 즉 "미래의 12월 당원(데카브리스트)[17] 세대는 18세기 후반, 바로 이 특별한 '독자들'의 집안에서 성장했기"[18] 때문이다.

18세기 러시아 문학의 특징에 관한 지금까지의 논의를 이후 세기로 폭넓게 확장시킬 수 있는 가능성, 나아가 '행위시학поэтика поведения, poetics of behavior'이라 불리는 로트만의 독특한 연구 영역을 러시아적 문화 유형의 특수성과 관련해 재해석해볼 수 있는 가능성은 정확히 이 지점에서 출발한다.

3. 행위시학: 삶의 예술

행위시학 이론의 기본 전제는 무엇인가? 행위시학은 사회 속 개인의 행위들을 해당 사회가 만들어낸 특정한 '문화적 코드들'의 '실현'으로 간주하고, 이런 문화적 코드들을 추출함으로써 구체적이고 일상적인 개인의 행위를 일종의 '텍스트'로서 해독할 수 있다고 본다. '일상적 행위의 기호학적 읽기'를 지향하는 이 연구 프로그램은 '행위기호학'이기 이전에 무엇보다도 먼저 '행위시학詩學'으로 이해될 수 있는데, 이에 대한 로트만의 해명은 매우 단호하다.

> 일상 행위의 시학을 논한다는 것은 [……] 날마다 반복되는 평범한 행위들이 의식적으로 예술 텍스트의 규범과 법칙을 지향했으며 직접적으로 미학적인 것으로서 체험되었다고 주장하는 것에 다름 아니다. 만일 이런 정황이 증명될 수 있다면 그것은 해당 시기 문화의 가장 중요한 유형학적 특질 중의 하나가 될 것이다.[19]

여기서 행위시학을 둘러싼 로트만의 입장은 이중적이다. 우선 행위시학은 예술 텍스트의 해독을 위한 모델과 방법을 일상 행위의 읽기에 적용할 것을 제안하는 방법론적 입장이다(로트만의 행위시학 이론이 방법론적 측면에서 지니는 당대적 가치와 실효성, 나아가 '문화시학'이라는 포괄적인 기획하에서 그것이 갖는 시사점에 관한 상세한 논의는 2장 「문화시학의 길」을 참조하라). 동시에 그것은 러시아 문화사의 특정 시기(18세기 ~19세기 초반)에 나타난 구체적인 역사적, 문화적 정황에 대한 실제 분석이기도 하다. 말하자면 여기서 행위시학의 방법론적 정당성을 규명하는 작업은 해당 시기 러시아 문화의 '행위시학적 상황' 자체를 확증하는 작업과 떨어뜨려 생각할 수 없다.

'18세기 귀족들의 일상'에서 시작해 12월 당원 혁명가들의 말과 행위에 이르기까지, 행위시학과 관련된 로트만의 모든 글은 (곳곳에 등장하는 이론적 서술들을 제외한다면) 거의 전적으로 단 한 가지의 구체적 사실을 '증명'하려는 과제에 바쳐져 있다. 로트만이 다루는 예들은, "만약 다른 관점에서라면 수수께끼 같은 것으로 여겨질 수 있는 그 당시 인간들의 행위가 오직 일련의 문학적 모델들을 참조함으로써만 해독될 수 있는 경우들"[20]이다. 우리 앞에 일종의 암호화된 '텍스트'로 등장하는 해당 시기 인간들의 구체적인 행위를 '해독'할 수 있게 하는 숨겨진 '문화적 코드들'이란 바로 그들의 행위가 지향했던 '문학적' 모델들이다.

가령, 라디시체프A. Radishchev의 수수께끼 같은 자살이 공포로 인한 맹목적 선택이 아니라 오랫동안 숙고된 '지성적 행위,' 곧 나름의 '저항 방식'이었다는 점을 밝혀내려면 어떻게 해야 하는가? 우리는 반드시 애디슨J. Addison의 비극 『카토』(1713)라는 코드(모델)를 경유해야만 한다. 황제와의 독대 이후 많은 이들의 예상을 거스르며 돌연 퇴직했던 차다예프P. Chaadaev의 행위에 숨겨진 진정한 의미를 밝혀내려면, 그가 '러시아의 포자 후작'(실러의 비극 『돈 카를로스』의 등장인물)을 연기하려 했다는 사실을 고려해야만 한다. 고작 석 달을 함께 산 남편을 따라 고된 시베리아 유형에 함께했던 12월 당원의 아내 마리야 볼콘스카야 M. Volkonskaya의 이해하기 힘든 행위 역시, 그녀가 릴레예프의 시를 읽고 거기서 제시된 영웅적 행위 프로그램을 따르고자 했다는 사실을 통해서만 온전히 해명된다.[21]

요컨대, 로트만이 선택한 이 시기의 인간들은 의식적으로 "자신들의 개인적 행위, 일상적 담화, 결국에는 삶의 운명까지를 문학적, 연극적 범례를 따라 구축했으며,"[22] 나아가 그것들을 직접적인 미학적 체험으로 받아들였던 것이다. 이로부터 분명해지는 사실은, 로트만의 행위시학이란 "예술이 삶의 일상적 흐름을 미학화하면서 공격적으로 일상의 삶 속으로 파고들어갔던"[23] 특정 시기에 대한 문화론적 분석이면서, 동시에 그 자체로 '책에 따른 삶'이라는 특정한 화용론적 모델의 가장 명백한 예증이자 표현에 해당한다는 점이다. 로트만이 분석하고 있는 행위시학적 정황들은 결국 기호와 현실, 예술과 삶을 서로 '섞어'놓으려는 분명한 의도의 산물, 보다 정확하게는 예술(기호)을 삶(현실)을 위한 일종의 '모델'로서 받아들이고자 하는 의식적 지향의 결과였다.

그렇다면 문제는 '예술 텍스트의 프리즘을 통해 삶을 바라보려는' 이런 독특한 지향과 의도가 실제로 해당 시기 인간들에게 가져다준 결과, 다시 말해 이런 태도가 수반했던 문화적 '기능'이 무엇인지를 따져 묻는 일이다. 예술적 잣대를 통해 삶을 바라본다는 것, 삶 속에서 예술을 '산다'는 것은 18~19세기 초반의 러시아 귀족들에게 무엇을 의미했을까?

'삶이 예술을 서둘러 모방했던' 이 시기 인간들은 일상적 삶을 "마치 무대 위에 선 것처럼" 살아갔다. 무대 위에서 살아간다는 것은 스스로의 삶을 의식적으로 '연출'해낸다는 것, 자신에게 특정한 '배역'을 부여하고 그 자신이 '등장인물'이 됨으로써 결국 스스로의 삶을 '플롯'을 지니는 것으로 '창조'해낸다는 것을 뜻한다.[24] 다른 한편, 무대 위의 삶을 연출함으로써 스스로 플롯을 지닌 삶의 주인공이 된다는 것은 일상적 삶의 무인칭적 흐름에 예기치 않은 반전으로서의 '사건'을 부여한다는 것, 인간 행위를 집단적 행위의 자동적 지배(관습)로부터 해방시킴으로써 삶과 행위의 주체인 인간에게 적극적 '선택'의 가능성을 부여한다는 말과 다르지 않다.

판에 박힌 일상적 행위의 영역에서 개인은 행위를 스스로 선택하는 것이 아니라 사회, 시대, 혹은 자신의 심리생리학적 구조에 의해 주어진 것, 즉 대안을 지니지 않는 것으로서 받아들인다. 반면 기호적 행위는 언제나 선택의 결과이며, 따라서 행위 주체의 자유로운 적극성을 포함한다.[25]

잊지 말아야 할 것은 개개인이 특정한 하나의 행위 프로그램만을 실현하는 게 아니라, 넓은 가능성의 묶음 중 어느 한 전략을 실현하면서 언제나 '선택'을 하고 있다는 점이다. "12월 당원은 자신의 실제 일상 행위에서 결코 항상 12월 당원으로서만 행동한 것이 아니었다. 그는 귀족 나리, 장교(즉, 근위병, 경기병, 참모 등), 귀족 계급, 남자, 러시아인, 유럽인, 청년 등등으로 행동할 수 있었다."[26] 그런데 행위의 자유로운 '선택 가능성,' 즉 '다르게' 행동할 수 있는 가능성과 더불어 아주 중요한 또 한 가지는 삶의 주인공이자 연출가인 개인이 현재 자신이 연기하고 있다는 사실을 '의식'하고 있었다는 점이다. 자신이 연기하고 있음을 의식하는 자는 그 연극의 '막간антракт'에 자신이 선택한 배역의 마스크를 벗거나 또 다른 배역을 선택할 수 있다. 그러니까 "무대 위에 선 것처럼 살아갔던" 이 시기 사람들의 행위가 지니는 미학적, 유희적 본질은 "러시아의 귀족들이 카토, 브루투스, 파좌르스키, 데몬, 혹은 멜모스가 되어 그들의 역할을 연기하면서 여전히 러시아 귀족이기를 멈추지 않았다는 데 있다."[27] 즉, 여기서 삶과 예술을 서로 '섞어'놓으려는 이들의 지향은 무엇보다 먼저 예술적 행위가 일상적 삶의 그것과는 '다르다'는 인식의 산물이었던 것이다.

공연을 보듯이 삶을 바라본다는 것은 연극적 삶이 일상적 삶과 다르
다는 바로 그 사실로 인해 인간에게 행위의 새로운 가능성들을 제공해
준다.[28]

행위의 미학화를 향한 이들의 지향이 삶과 예술을 '섞어'놓으려는 의
도의 결과이면서 동시에 그 둘 사이의 '차이'에 대한 날카로운 경계의식
의 산물이었다는 사실은 반드시 강조할 필요가 있다. 왜 그런가? 그건
'책에 따른 삶'이라는 특정 모델의 작용이 결코 로트만이 선택한 시기에
만 국한된 현상이 아니라는 점 때문이다. 행위시학을 다룬 한 논문의
말미에서 로트만은 이렇게 지적한다. "낭만주의 시대에 극도로 발전했
다가 이후 리얼리즘 작가들에 의해 공공연하게 범주에서 제외되어버린
행위시학은 [……] 1890~1900년대에 상징주의자들의 전기, '삶-창조
프로그램жизнетворчество'[29] '일인극' '삶의 연극' 및 기타 20세기 문화의
제 현상들에서 부활했다."[30]

이 부활의 양상은 다채롭고 광범위하다. 상징주의를 비롯한 러시아
모더니즘 미학 전반에서 미학적 행위를 추동했던 가장 핵심적인 명제는
삶과 예술이 결코 '다르지 않다는 것,' 보다 정확하게는 삶은 예술을 따
라 '총체적으로' 변화됨으로써 그 자신이 이미 예술과 다르지 않은 '영
원한 삶'이 되어야 한다는 원칙이었다. 여기서 일상적 행위의 총체적인
'미학화'는 이미 '수단'이 아닌 '목적'이 되며, 삶과 예술의 융합이란 자
유의지에 따른 선택적 '전략'이 아니라 절체절명의 정언'명령'이 된다. 분
명 이런 태도는 삶과 예술을 '의식적으로' 섞어놓았던 12월 당원들의 태

도와 구별되는 것이다.

　고상한 텍스트들의 규범과 모델을 따라 자신의 행위를 의식적인 창조
물로서 대하는 (12월 당원들의) 이런 태도는 그러나, 예컨대 20세기 러시
아 상징주의자들의 '삶-창조' 류의 행위 범주의 미학화를 가져오지는 않
았는데, 그 이유는 12월 당원들에게 행위란 예술과 마찬가지로 그 자체
가 목적이 아닌 수단, 즉 예술이나 삶의 텍스트의 고상한 정신적 충만함
을 외적으로 표현한 것이었기 때문이다.[31]

　이렇게 되면 행위시학의 20세기적 '부활'이 지니는 진정한 의미, 즉
로트만에 의해 (본격적인 분석의 대상이 되지 못한 채) 다만 암시되고 있
을 뿐인 이 부활의 가치론적 의미를 되묻지 않을 수 없다. 중요한 사실
은 '책에 따른 삶'이라는 화용론적 모델이 부활을 통해 '지속'되고 있
을 뿐만 아니라 그러한 지속의 과정 속에서 모종의 '변화'를 겪고 있다
는 점이다. 따라서 이 변화의 본질이 무엇인가를 문제 삼는 일, 과연 무
엇이 지속되고 무엇이 바뀌었는가를 따져 묻는 일은 '책에 따른 삶'이라
는 보편 모델을 로트만이 주목한 시기를 넘어 그 이후로 폭넓게 확장시
킴을 의미한다. 뿐만 아니라 그것은 이 특정한 화용론적 모델이 지니는
'또 다른' 얼굴을 드러내는 일, 요컨대 이 두 얼굴 모두를 지니는 러시아
문화의 온전한 본성과 마주하는 일이 될 수밖에 없다.

　고전주의에서 낭만주의에 이르는 18~19세기 초반, 로트만의 표현을
따르자면, "예술이 삶에 배치되지 않은 채 마치 그것의 일부인 것처럼
나타났던 시대, 예술이 감정들의 직접성과 사유들의 진실성을 파괴하
지 않은 채 삶과 서로 섞일 수 있었던 시대"[32]에 행위시학이라는 독특한

현상으로 구현될 수 있었던 '책에 따른 삶'의 모델은 이후 러시아 모더니즘의 유토피아적 미학주의 속에서 어떻게 변모되어갔을까?

4. '유토피아적' 미학주의와 '미학적' 유토피아주의

20세기 초반 러시아를 포함한 서구 유럽 문화 전반을 지배했던 모더니즘은 모종의 공통된 심리 상태에 기초하고 있다. 그것은 기존의 현실 모델 혹은 현실 자체가 이제 바야흐로 '재편'의 운명 앞에 놓여 있다는 의식이다. 임박한 역사의 종말과 이후 도래할 새천년에 대한 예리한 감수성, 일반적으로는 '밀레니엄 의식'이라고 불리는 감각이 그것이다.

이런 보편 맥락을 배경으로, '행위시학적 태도'는 삶과 예술을 대하는 원칙적 관점이자 목표가 되었다. 일상 행위를 포함한 자신의 전기적 삶 전체를 미학적 조직화(예술적 창조)의 대상으로 삼고자 했던 상징주의자들은 삶과 예술의 2원적 분리를 '삶-창조'의 공식을 통해 극복, 지양하고자 했다. 낭만주의적 행위시학의 '부활'이었던 상징주의의 프로그램은 동시에 그것의 '극대화'였던바, 이제 예술은 실제 삶으로, 삶은 예술로 변하면서 (진정한) '하나'가 된다. 예술가에게 인간과 시인, 개인적 삶과 예술적 창작 사이에는 더 이상 아무런 간극도 존재하지 않는다. 그는 이제 시와 삶을 따로 사는 존재가 아니라 어디에서 삶이 멈추고 어디에서 예술이 시작되는지 알 수 없는 존재가 되어야 한다. "시인이 시인으로 되는 특별한 순간이란 없다. 그는 언제나 시인이거나 혹은 결코 어느 때도 시인이 아니다."[33]

만일 우리가 상징주의의 삶-창조 프로그램을 삶과 예술의 안티테제를 통합하려는 낭만주의적 지향이 더욱 '극단적으로' 복원된 형태로 간주할 수 있다면, 이는 자연스럽게 흥미로운 물음을 제기한다. 낭만주의와 상징주의 '사이'에서는 과연 무슨 일이 벌어졌는가? 그러니까 삶과 예술에 대한 행위시학적 접근을 공공연히 '거부'한 것으로 이해되는 19세기 리얼리즘은 과연 자신을 거쳐 간 행위시학의 극대화 과정과 어떤 관계를 맺고 있을까? 당연하게도 19세기 리얼리즘은 전 시기의 낭만적 이상주의에 대한 실증주의적positivistic 거부를 특징으로 하는데, 이 시기를 거치는 동안 행위시학적 지향이 극대화되었다는 사실을 어떻게 설명해야 할까?

이에 대한 흥미로운 답변을 이리나 파페르노I. Paperno의 연구에서 찾아볼 수 있다. 그녀에 따르면, 상징주의를 포함한 러시아 모더니즘 예술 일반은 '미학적 유토피아주의'의 전형적 양상에 해당한다. 그런데 놀랍게도 "새로운 종교적 의식의 기치 아래 전 시기의 실증주의적 리얼리즘에 전쟁을 선포했던 러시아 모더니즘의 이상주의와 신비주의는 사실 공고한 실증주의적 토대 위에 구축되었으며,"[34] 그 점에서 상징주의의 삶-창조 공식은 "신비주의와 실증주의 간의 이종결합amalgamation"[35]으로 보아야만 한다.

무슨 말일까? 그녀의 주장에 따르면, 러시아 모더니즘은 리얼리즘 시대의 실증주의에 대한 뚜렷한 거부에도 불구하고, 그것과의 숨길 수 없는 공통분모를 공유하고 있다. 그 공통분모란 바로 '이 세계'의 현실을 총체적으로 변혁함으로써 완전무결한 '새 세계'를 구축할 수 있다는 (유토피아적) 믿음과 의지였다. 문제는 19세기 러시아 리얼리즘의 실증주의적 의지, 조화롭고 완전한 새 세계의 건설을 향한 19세기적 열망이 '합리적 이성'에 대한 확신에 기초하고 있을 뿐 아니라 삶의 변형과 갱생

가능성에 관한 낭만주의적 믿음(나아가 신앙)에도 기반하고 있었다는 점이다. 그리고 현실적(지상적) 삶의 총체적 재건을 향한 바로 이런 지향이 이후 상징주의에 온전히 계승되었던 것이다.

과격한 단절과 거부로 표상되는 '이즘(-izm)'들의 교체(리얼리즘→모더니즘) 과정에서 여전히 작동하고 있는 '연속성'의 메커니즘은 어디서 확인할 수 있을까? 그것은 동일한 메타포의 반복적인 재생산에서 확인된다. 세기의 전환기를 특징지은 '종말론적 의식'에 경도되었던 러시아 모더니즘이 갱생에 관한 신약적 메타포, 즉 '새로운 인간'(의 탄생)에 관한 신화적 서사를 적극적으로 활용했다는 것은 잘 알려져 있다. 하지만 이 메타포가 말 그대로 새로운 것이 아닌, 어떤 점에서 이미 과거에 사용된 바 있는 '오염된' 것이었다는 점은, 19세기 러시아 리얼리즘의 성숙기인 1860년대의 급진주의적 모델에서 드러난다.

실증주의적 리얼리즘의 절정이라 할 1860년대의 과격한 리얼리스트들은 기독교 전통으로부터 끌어낸 갱생과 개조의 메타포를 당대의 실증주의적 맥락에 적용시켰다. "새로운 인간들에 관한 이야기로부터"라는 부제를 달고 있는 소설 『무엇을 할 것인가』(1863)에서 이미 체르니솁스키N. Chernyshevsky는 자신이 꿈꾼 사회적 유토피아에서 살아갈 '완전히 새로운 인간'의 탄생을 선언했다. 그러한 갱생과 변형의 개념을 다름 아닌 과학과 사회 이론의 언어를 통해 치밀하게 코드화했던 것이다.

당대인들의 회상과 연구에 따르면, 1860년대 러시아의 급진주의적 젊은이들은 이 책을 일종의 '계시'로 이해하면서, 그 속에서 '따라야 할' 행위 프로그램을 발견했다. 체르니솁스키는 이 작품을 통해 사회적 삶 속에서 구현될 예정인 '새로운 인간'의 모델을 건설하는 일에 의식적으로 천착했다. 파페르노는 체르니솁스키의 전기와 저작을 다룬 저서에서 실증주의적 리얼리즘의 인식과 모델 속에 어떻게 인성과 사회의 '변형'에 관한 낭만주의적(이상주의적, 신비주의적) 믿음이 명확하게 보존되고 있는지를 분석한다. 그녀에 따르면, 러시아적 무신론의 입문서로 알려진 이 소설에서 주창되고 있는 "체르니셉스키의 급진적이고 물질적이며 사회주의적인 주장들은 사실상 러시아 정교 입문서의 기본 전제들을 체계적, 논리적으로 개조한 것"이었으며, 그런 점에서 "이 텍스트는 프랑스 기독교 사회주의의 상징들이 러시아의 정교 전통과 혼합을 이룬 결과물"이었다.[36]

낭만주의와 상징주의 '사이'에 리얼리즘이 놓여 있었다는 것, 다시 말해 리얼리즘을 대체한 상징주의가 (낭만주의적 신비주의와 더불어) 궁극적 진리와 현실성에 관한 리얼리즘적 개념('아름다운 것은 현실 자체다'라는 체르니셉스키의 명제!)을 채택했다는 사실은, 상징주의의 미학적 유토피아주의를 과거 낭만주의의 유토피아주의로부터 분명하게 구별 짓는다. 이제 참되고 아름다운 것, 정확하게 말해 '그렇게 되어야 할 것'은 낭만주의적인 '저 세계'가 아니라 '이 세계,' 즉 '현실'의 리얼리티 자체다. 구체적이고 물질적인 삶의 영역들, 일상의 저열한 하층부를 신비적 변형과 갱생의 예외적 잔여물residue로 남겨놓고자 했던 과거 낭만주의와 달리, 이제 상징주의는 "삶 전체가 그 어떤 잔여물도 없이 예술로 변모될 수 있다고 간주했을 뿐 아니라, 상징(예술)이라는 마법의 열쇠를 통해 '이 세계' 전체가 통째로 '저 세계'로 변형될transform 수 있다"고 믿고자 했다.[37]

두 차원의 세계의 이와 같은 총체적인 합치, '이 세계' 속에서의 '저 세계'의 완벽한 육화肉化의 메커니즘이 '예술적 규범을 따르는 행위'라는 행위시학의 관점에서 볼 때, '행위의 완벽한 통일성'을 추구하는 의식적 지향을 동반하게 될 것이라는 점은 자명하다. 가령, 삶 속에서 '시를 살고자' 했던 상징주의자들은 당연히 시(예술)와 삶(현실) 사이에서 '분열된 존재를 사는' 낭만주의적 행위의 이중성을 용납할 수 없었다. 그러나 그와 같은 이중성을 그 누구보다 먼저 거부하고 '하나의 동일한 규범을 따르는' 전일적 인간이 되고자 했던 사람들은 누구인가? 놀랍게도 그건 1860년대의 급진적 리얼리스트들이었다. 1860년대 니힐리스트들의 행위 모델은 로트만이 앞서 지적한 귀족들의 일상의 '연극성,' 즉 낭만주의의 체현자라 할 12월 당원 세대의 행위의 이중성으로부터 이미 너무나 멀리 와 있었다.

귀족의 일상적 행위에서 연극성의 요소가 갖는 의미를 온전히 평가하기 위해서는 1860년대 니힐리스트들의 행위를 상기할 필요가 있다. 그들의 이상은 '스스로에 대한 진실함,' 즉 일상быт과 삶 전체жизнь의 양상(외양)이 달라지지 않는 것, 말하자면 가족적 삶과 공적 삶, 역사적 삶과 사적 삶 모두에서 동일한 하나의 규범에 따라 행동하는 것에 다름 아니었다. '진실성'에 대한 요구는 행위에서 기호적 체계에 대한 공공연한 거부를 전제했으며, 동시에 그것은 '본연의 자신이 되기 위해' 필요했던 휴지기(막간)의 필요성을 말살해버렸다.[38]

행위 유형의 교체를 위한 휴지기의 필요성을 말살해버린 사람들은 다름 아닌 1860년대의 리얼리스트들이었다. 행위의 기호적 성격을 공공연하게 거부했던 그들과 행위의 전 영역을 기호적(상징적)인 것으로 재해석하려 했던 상징주의자들은 분명 정반대의 지향을 보여준다. 하지만 적어도 한 가지 측면에서 그들은 완전히 동일했는데, 단일한 규범을 따르는 전일적 행위 모델을 추구한다는 사실이 그것이다. 바로 그 점에서 상징주의는 실증주의적 리얼리즘의 적법한 계승자로 간주될 만하다.

결국 우리가 모더니즘의 미학적 유토피아주의 속에서 발견하게 되는 것은 실증주의적 리얼리즘의 '총체적' 현실 변혁 의지와 '전일적' 행위를 향한 지향이다. 반대로 급진적 리얼리즘의 합리성의 신앙 안에서 무엇을 확인할 수 있을까? 인간 존재의 신비적 변형과 갱생에 관한 '종교적'이고 '낭만적'인 믿음의 현존이다. 그렇다면 그 자신의 외적 표상과 명백히 대립되는 특징을 내포하는 이런 역설적 구조가 불가피하게 암시하는 것은 무엇일까? 그건 일찍이 로트만이 정식화한 러시아 문화사의 일반 법칙, 즉 "이전 시대와의 내밀한 연속성은 그것과의 과격한 단절이 공공연하게 표명되는 바로 그 순간에 가장 분명하게 확인된다"[39]는 역설이다. 아울러 우리는 이 모든 과정에서 일관되게 작동하고 있는 어떤 '보편 모델'의 존재를 뚜렷하게 확인할 수 있다. '책에 따른 삶'이라는 특정한 화용론적 태도의 가속화된 '심화' 양상이 바로 그것이다.

18세기 러시아 근대 문학의 시작과 함께 나타난 이 태도는 낭만주의-리얼리즘-모더니즘을 거치면서도 일종의 불변적 항수로서 '유지'되었을 뿐 아니라, 러시아 문학의 유기적 성장과 더불어 점점 더 강화되었다. 이렇게 볼 때 우리가, 애초에는 일정 정도 비유적인 양상을 띠었던 '책에 따른 삶'이라는 행위 모델이 러시아 모더니즘의 끝자락(미학적 아방가르드)에서 가장 극단화된 형태로 탈바꿈하는 것, 말하자면 그것의 '글자 그대로'의 실현을 마주하게 되는 일은 지극히 의미심장하다.

세기 전환기에 전 유럽을 물들였던 '끝'과 '시작'에 대한 첨예한 감각이 마침내 눈앞에서 현실화된 혁명 이후의 러시아에서, '새로운 세계'

'새로운 인간' '새로운 문화'의 창조라는 명제는 더 이상 예술 운동의 영역에 한정된 미학적 구호가 아니었다. 새로운 문화의 즉각적인 구축이라는 과제를 전면에 내세운 볼셰비키 혁명은, 볼셰비키 권력과 예술적 아방가르드 간의 경쟁을 넘어선 '협력'의 조건을 창조했다. "한편으로 이상적인 미래를 향한 동일한 지향은 새로운 현실의 구축이라는 공통 과제를 수행함에 있어 노동의 분배와 협력의 가능성을 창출했으며, 다른 한편으로 이들 각각의 세력은 현실 변형의 리더가 될 '새로운 인간'의 대안적 모델들을 내놓게 되었다."40)

바로 이런 상황에서, 애초에 추상적 형식 실험과 관련된 예술 운동이었던 구성주의constructivism는 새로운 삶의 형식들을 건설하기 위한 지극히 '실제적인' 목표와 관련된 산업 디자인이나 건축의 영역에 적용되기 시작했다. '제3인터내셔널 기념비'를 만들었던 타틀린v. Tatlin은 이렇게 말했다. "이런 식으로 순수하게 예술적인 형태들을 실용적인 의도와 결합시킬 수 있는 기회가 생겨났다. 〔……〕 이 결과는 〔……〕 새로운 세계의 창조라는 우리의 과업에서 발명을 자극했고 〔……〕 새로운 일상적 삶 속에서 마주치는 형식들을 조정하는 법을 연마하기 위해 제작자들을 요청했다."41) 혁명적 미래주의 아방가르드 멤버들 다수를 포함했던 레프LEF 이론가들은 상징주의의 '삶-창조' 개념을 사회적이고 기술技術적인 뉘앙스가 담긴 '삶-건설жизнестроение'의 개념으로 분명하게 수정했다.

생산의 예술과 일상의 예술이라는 구호 속에 집약된 '삶-건설'로서의 예술, 바로 이것이 우리 시대가 내놓은 구호이다. 문학에서 이 구호는 우리 시대의 건설(생산, 정치혁명, 일상)에 작가가 직접적으로 참여하는 것,

그리고 그의 모든 저술들을 구체적인 필요들과 결합시키는 것으로 풀이될 수 있다. 과거의 미학은 '자유로운' 상상의 광휘를 통해 삶을 아름답게 채색함으로써 그것을 이상적으로 변형시켜 해명해왔다(변증법의 '신비화된' 형식). 예술에 관한 새로운 과학(이제 '미학'이라는 단어는 버릴 때가 되었다)은 삶을 재건함으로써 현실을 바꿀 것을 제안한다.[42]

예술적 이념이 구체적인 행위로, 창작이 건설로 변모되는 이런 과정이 동반했던 가장 '실제적인' 결과는 무엇이었을까? 새롭게 건설되는 혁명 이후의 사회에서 이제 새로운 '문화,' 새로운 '인간'의 창조는 전위적 예술가만의 전유물이 아닌 것으로 판명되었다. 그것은 새롭게 창조되는 세계의 선봉에 서서 구세계의 파괴와 새 시대의 창조 작업에 직접적으로 관여하는 볼셰비키 자신들의 구호가 되었던 것이다. 미래주의의 '노란 블라우스(마야코프스키)'가 인민위원의 '검은 가죽 재킷'으로 변모되는 이 과정 속에서, 바야흐로 창조되어야 할 신세계의 미래상을 적극적으로 '디자인'했던 아방가르드 예술가들이, 과연 스탈린주의로 대표되는 이후의 정치적 사태들과 전혀 무관하다고 볼 수 있을까?

낭만주의와 상징주의 '사이'에서 과연 무슨 일이 벌어졌는가라는 앞선 물음을 연상시키는 이 질문에 대한 가장 급진적인 답변에 따르자면, 하나의 정치체계이자 특정한 (지배의) '스타일'이었던 스탈린주의는 아방가르드의 '예술' 프로젝트를 현실 구축을 위한 '정치' 프로젝트로 직접적으로 '현실화'해낸 경우에 다름 아니다. 바로 그런 점에서 스탈린주의를 모더니즘의 적대자라기보다는 오히려 그것의 논리적인 계승자("정치예술가")로 재해석할 수 있다. 이런 견해의 대표 격으로, 러시아 아방가르드의 유토피아적 기획(창작적 충동)과 새로운 사회적 존재를 창조하고자 했던 스탈린 정권의 정치 스타일(억압적 충동) 간의 내밀한 상호 관련성(계승 관계)을 밝혀내고자 하는 보리스 그로이스B. E. Groys의 작업이 있다.[43]

'현실(삶) 속에서의 이념(책)의 육화'를 지향했던 예술 운동이 '이념(책)에 따른 현실(삶)의 구축'을 지향하는 정치 프로그램으로 전화하는 이 지점, 즉 유토피아적 미학주의가 미학적 유토피아주의와 몸을 섞게 되는 이 지점에서 결국 우리가 확인하게 되는 것은 '책에 따른 삶'이라는 모델의 전면적이고 축자적인 실현, 그것의 가장 '극단화된' 최대치다.

설사 소비에트 체제와 아방가르드 기획 간의 내적 상관성에 관한 이런 급진적 견해에 동조하지 않는다 하더라도, 이른바 소비에트 문명이라는 새 세계의 건설에 문학예술을 포함한 다양한 문화적 기제들이 미친 절대적인 영향력과 의미는 결코 간과할 수 없다. 문화에 관한 소비에트식 개념은 문화의 영역을 경제적 토대의 반영 정도로 치부하는 속류 마르크스주의적 개념과 전적으로 구별된다. 그것은 반대로 "경제적 발전을 형성시키고 촉진시키는 데 문화 영역이 지니는 중심적 역할을 분명하게 강조했다. 각종 급진적 문화 캠페인이 펼쳐졌던 1920년대에 '진보적' 이념들이 반동적 이념들과 가장 맹렬한 투쟁을 벌였던 곳은 다름 아닌 문화의 영역이었다."[44] 소비에트 문명의 기반을 일종의 "거꾸로 선 마르크시즘," 즉 "존재가 의식을 결정한다"는 마르크스주의 테제의 뒤집힌 변형으로 간주하는 안드레이 시냡스키A. Sinyavsky의 견해는 정확하게 이 지점을 겨냥한다.

마르크스가 헤겔의 변증법을 뒤집어놓았다는 마르크스-레닌주의의 테제는 잘 알려져 있다. 그러나 진정으로 경탄스러운 점은 다음과 같다. 이번에는 현실에서 실현된 마르크스주의 그 자신이 거꾸로 서게 되었다는 것, 그리하여 새로운 사회의 기반에 이제 머리가 놓이게 되었다는 것이다. 즉, 이제는 의식이 존재를 결정하게끔 되었다. 이데올로기가 정치를 결정하며, 다시 정치가 경제를 결정한다. 과학적 마르크스주의의 유토피아는 말하자면, 거꾸로 뒤집힌 채 실현되었던 것이다.[45]

하지만 존재를 산출하는 의식, 현실을 만들어내는 이념이 소비에트 문명의 간과할 수 없는 특성이라고 한다면, 이와 더불어 떠올려야 할 것이 있다. '현실'과 '이념' 사이의 그와 같은 역전된 관계는 무엇보다 먼저 18세기 러시아 근대 문화의 특징적인 현상이었다. '책에 따른 삶'의 모델을 18세기 러시아 문학의 본질적인 특성으로 지적했던 로트만은, 18세기 러시아에서 '살롱 문화'의 유입과 '살롱 소설'의 발생 문제를 언급하며 이렇게 적은 바 있다.

프랑스 문화의 맥락에서 살롱(즉, 문화적 환경)이 소설(문학)을 만들어냈다면, 러시아의 여건에서는 소설 자체가 특정한 문화적 환경을 창출해야 할 임무를 부여받았다. 만일 그곳에서 일상적 삶이 텍스트를 발생시켰다면, 여기서는 텍스트가 일상적 삶을 발생시켜야 했던 것이다. 18세기 문학에서는 이러한 원칙이 매우 본질적이었다. 문학은 여기서 삶을 위한 범례가 되었던바, 즉 소설과 비가를 따라 느끼는 법을, 비극과 송시를 따라 사유하는 법을 가르쳤던 것이다.[46]

20세기 소비에트 사회와 18세기 러시아 문화가 둘 사이에 가로놓인 방대한 거리를 뛰어넘어 '같은 얼굴'을 드러내는 이 순간, 우리는 '책에 따른 삶'이라는 불변적 모델 속으로 러시아 근대 문화의 전 역사 시기가 한꺼번에 빨려들어가는 듯한 아득한 느낌을 경험하게 된다. 그리고 그것들 모두의 바로 앞자리에서 근대 러시아 문화의 (무의식적) 기원으로서의 '러시아적 중세'를 발견하게 되는 것이다.

5. 2원적 모델의 매혹과 위험

서두에 밝혔듯이, 러시아 문화의 역사적 전개 과정을 특징짓는 '극단주의' '종말론' '유토피아주의' 같은 전형적 자질들은 '가치론적 중립 지대,' 즉 연옥을 결여한 러시아적 중세의 2원적 세계 모델에 기원한다. 모든 것을 선과 악의 선명한 두 대립적 영역으로 구분하는 이런 모델의 조건하에서, 역사의 실질적인 전개는 현존하는 모든 것의 종말론적 '파괴'와 그를 대신하는 (마찬가지로 종말론적인) '이상적 창조'로서 나타난다.

만일 러시아 문학사의 전개 과정을 러시아 문화의 근본 특징이 가장 전형적인 형태로 발현된 것으로 볼 수 있다면, 이제 우리는 다음과 같이 덧붙여야 할 것이다. 러시아 문화의 2원적 특성은 무엇보다도 먼저 '책에 따른 삶'의 경향, 그리고 그런 경향의 실제적 구현을 향한 일관된 지향에서 두드러진다. 이상적 이념의 영역과 실제 삶의 영역을 서로 '섞어'놓으려는 경향, 러시아 문학의 시원적 지점에서 이미 발견되는 이 모델은, 지금껏 살펴본 것처럼 러시아 문화사의 각 단계에서 일종의 불변적 항수로서 유지, 강화되어왔다.[47]

유토피아utopia는 그 어원상 이 세상에 없는 곳, 즉 현존하는 삶의 질서를 대신할 다른 종류의 사회를 상상하는 사고의 작용이다. 유토피아의 근본적 기능은 반대하는 기능, 즉 현존재의 조건들을 근본적으로 다른 곳에 투사하는 기능이다. 그러나 리쾨르P. Ricœur가 지적하듯이, 우리는 유토피아의 근본적 성격을 이해하고 찬양하는 동시에 그것의 약점을 인식할 수 있다. 때로 "유토피아는 유토피아가 퇴치하려는 폭군보다 더 나쁠 수도 있는 미래의 폭군들을 예고한다."48) 그러니까 이 약점은 '동화сказка'가 '실화быль'가 되려는 곳이라면 어디에서라도 발견될 수 있는 위험이다. 유토피아적 '동화'는 물론 필요하지만, 그것은 동화가 '삶의 교본'이 아닌 동화 자체로서 남아 있을 때에만 그러하다.49)

이렇게 본다면, 러시아적 문화 유형이 지니는 근본적인 매혹과 위험이란 결국 '책에 따른 삶'이라는 유토피아적 모델이 내포하는 본질적인 긍정성과 부정성의 다른 이름일 것이다. 러시아 문학의 거부할 수 없는 매력, 이념의 차원에서 그것이 보여주는 고도의 '원칙주의'와 이에 동반되는 극단적인 '실험성'을 이야기할 때, 우리는 그와 같은 심미적 사유의 '거친' 현실화가 야기하게 될 불행한 결과들을 또한 상기해야 하는 게 아닐까.

바로 이런 점에서, 로트만이 사망하기 얼마 전에 쓴 다음의 구절은 '책에 따른 삶'이라는 러시아 문학의 기원(18세기) 모델과 그 모델을 둘러싼 이론적 탐색(행위시학) 모두에 대한 나름의 '가치론적' 답변으로 읽힌다. 러시아 문화사의 전개 과정에서 '책에 따른 삶'의 모델이 변화해온 양상을 추적해본 이 짧은 글의 결론을 바로 이 구절이 대신해줄 수 있을 거라 생각한다.

2원적 구조의 정치적 실현은 현실 속에서 다만 극단적인 독재를 야기할 뿐인 지상천국을 향한 희망 없는 시도이다. 바로 이로부터 문화의 두 번째 층위, 즉 이념과 예술의 영역에서 2원적 구조가 지니는 의심할 바 없는 긍정적 의미와, 정치적 현실의 영역에서 그것을 실현하려는 시도가 지니는 마찬가지로 의미심장한 위험성이 나온다. 〔……〕 톨스토이와 도스토옙스키 없는 삶이란 도덕적, 정신적으로 빈곤한 것이 되겠지만, 톨스토이와 도스토옙스키를 **따르는** 삶이란 결코 실현될 수 없는 끔찍한 것이 될 것이다.[50]

2장

문화시학의 길

:
로트만의 '행위시학'
방법론

문학연구의 문화론적 전환에 관하여

이 글을 쓰던 2005년 무렵, 나의 고민은 다음의 질문들로 요약될 수 있다. 문학연구는 '텍스트 읽기'라는 고유한 학제적 정체성을 포기하지 않은 채 문화연구의 새로운 패러다임에 적응할 수 있을까? 이를 위한 방법론적 대안은 존재하는가? 텍스트 읽기로부터 사회적 행위 읽기로 나아갔던 로트만의 시도는 이에 대한 의미 있는 시사점을 제공할 수 있을까?

이 모든 질문의 배후에는 당시 내가 연구 및 교육 현장에서 체험하고 있었던 모종의 시대감각이 놓여 있다. 연구자로서 나는 1990년대 중반에서 2000년대 초반까지, 그러니까 문학연구 및 교육을 둘러싼 전반적인 상황이 가장 급격한 변화를 겪었다고 말하는 바로 그 시기를 통과해왔다(나는 1994년에 대학원에 진학해 2003년에 박사학위를 취득했다). 유학을 마치고 한국에 돌아와 느꼈던 것은 과거에 '내가 배운 것'과 앞으로 '내가 가르쳐야 할 것' 사이에 가로놓인 격차와 거리였다.

그 시절의 분위기는 말하자면 이런 식이었다. "이제 (어)문학만으로는 살아남을 수 없는 시대다, '연구 대상'의 전환 혹은 (더 좋게는) 확장만이 살 길이다!" 변화는 가파르게 다가왔다. 1990년대 후반 이후 매체 환경의 급격한 변화(이른바 '볼거리들'의 빅뱅)와 더불어 문학의 주변화가 급속하게 진행되었다. 문학연구의 대상 자체에 부여된 사회적 의미가 현저히 저하됨에 따라 제도적 변화 또한 뒤따랐다. 대부분의 주요 대학에서 학부제가 실시되었고, 문학 관련 학과(특히 서양어문학과들)는 심각한 위기에 봉착했다. 꽤 많은 대학들이 '어문학'이라는 간판을 포기한 채 '문화학'이나 '지역학'으로 전환했고, 때로는 '콘텐츠학'이라는 (모호한) 새 간판으로 바꿔 달기도 했다.

문학연구의 위기를 현장에서 직접 체험하면서, 당시 나는 대상(문학)의 주변화와 학문(문학연구)의 몰락을 등치시키는 이런 당대적 논리에 막연한 거부감을 갖고 있었다. 내가 느끼기에 당시에 정말로 문제가 되었던 것은 문학의 사회적 위상이라기보다는 오히려 텍스트를 다루는 학문으로서의 문학연구(문헌학)의 정체성, 즉 그것을 인접한 다른 학제들(역사학, 정치학, 사회학 등)로부터 구별짓는 경계선이었다. 그러니까 진짜 문제는 문학이라는 '대상'이 아니라 차라리 문학연구라는 '방법론'이었던 것이다.

이런 상황에서 언제부턴가 '문화'의 개념이 문학연구가 봉착한 학제적 위기를 극복하고 그것의 영역 확장을 꾀할 수 있는 통합적 대안으로 대두되기 시작했고, 어느새 그것은 또 다른 형태의 지배적 명제가 되어가는 것처럼 보였다. 나는 문화연구가 문학연구의 새로운 생존법이 되어야만 한다는 이 당위적 명제에 관한 보다 철저한 점검과 반성이 필요하다고 느꼈고, 로트만의 사례를 통해 이를 시도해보고 싶었다.

내가 주목했던 것은 문학의 바깥, 정확하게는 문학을 둘러싼 '일상'을 매개로 텍스트 읽기의 범위를 확장하려는 로트만의 시도가 어느 날 갑자기 생겨난 전대미문의 기획이 아니라는 사실이었다. 그 기획은 분명한 이론적 전사前事를 지니는바, (후기) 러시아 형식주의의 사례가 그것이다. 1920년대 중반 이후 형식주의자들은 문학(성)이 결코 자족적으로 고립된 실체가 될 수 없으며, 일상적 삶 혹은 풍속과의 끊임없는 상호 가역적 과정을 통해 변모되는 '문학적 사실literary fact'일 뿐이라고 주장했다. 문학을 둘러싼 일상적 삶의 사실들을 '문학 외적 계열'이라는 이름으로 문학(적 체계) 속으로 끌어들이려는 그들의 시도가 야기한 일차적인 결과는, 문학과 비문학적 기록들의 중간 지대에 자리한 수많은 텍스트(신문, 잡지, 회상기, 일기, 편지 등)를 본격적인 연구의 대상으로 편입시킨 것이다.

나는 후기형식주의의 이론적 모색이 위기의 상황에 대처하기 위한 임시방편이 아니라는 점을 강조하고 싶었다. 그것은 현실의 압력에 굴복한 타협의 결과가 아니라 변화된 현실과 함께 가려는 적극적인 자기 갱신의 시도였다. 거기서 확인할 수 있는 것은 고유한 방법론의 '포기'가 아니라 그것의 적용 범위를 더욱 '확장'하려는 새로운 기획이다. 요컨대, 이와 마찬가지의 움직임을 나는 로트만의 '행위시학 방법론'에서 찾아보고자 했던 것이다.

그런데 이와 관련된 흥미로운 사실 하나가 있다. 이 글을 발표했던 시기를 전후로 한국의 국문학 진영에서 과거와 다른 새로운 연구 경향이 뚜렷한 흐름을 형성하며 나타나기 시작했다. 풍속, 일상, 문화라는 세

단어로 요약될 수 있는 그 경향은 흔히 '풍속사적 (문학)연구'라는 말로 지칭되었다(2003년에 새 경향의 시작을 알린 중요한 세 권의 단행본 — 『연애의 시대』(권보드래), 『오빠의 탄생』(이경훈), 『근대의 책 읽기』(천정환) — 이 나란히 출간되었다). 이미 언제나 문학의 영역 속으로 들어와 있는 문학의 '타자들,' 가령 미시적 '사물'이나 이와 관련된 '제도'들에 대한 문화적 읽기를 통해, 이른바 '풍속으로서의 근대 문학사'를 재구성하는 것이 그들의 목표였다.

주목할 것은 이들이 사용하는 방법론이다. 가장 눈에 띄는 방법론적 원칙은 근대 문학이라는 새로운 매체를 해당 시기 풍속(습속)들의 대표적인(그러나 '유일'하지는 않은) '표상'으로 간주하려는 태도다. 이 새로운 방법론 아래 문학은 이제 당대의 온갖 구체적인 일상과 풍속, 나아가 그와 결부된 정치적 이데올로기나 대중적 욕망의 다채로운 풍경들이 펼쳐지는 '표상들의 보고寶庫'로서 새롭게 태어난다. 당연히 이 표상들의 박람회에서 문학작품은 당대의 신문이나 잡지, 방송 등에 뒤지지 않으며, 사실상 그들과 '나란히' 가고 있다. 가령, 다음과 같은 언급을 보라.

이 책의 논의는 이전과는 달라진 문학의 사회적 위상과 문학연구의 새로운 경향과 무관하지 않다. 문학연구자들은 입장에 따라 이 책의 논의가 '잘 치고 나갔다'고 느낄 수도, '너무 많이 나갔다'고 느낄 수도 있다. 이 책은 우리 근대 '문학' 작품(의 일부)을 '문학성'을 지닌 고고한 해석학적 대상으로 다루기는커녕 시장과 제도, 미디어 속에 놓인 문화현상으로 다루고, '문학' 아닌 것이라 취급되어 버려졌던 일군의 글뭉치들과 같이 취급하고 있기 때문이다(천정환, 『근대의 책 읽기』).

그렇다면 문학과 (문학 아닌) '글뭉치'들을 공히 '문화현상'으로서 같이 취급해 읽어내고자 하는 이 새로운 발걸음은 어느 쪽을 향해 있을까? 그건 '텍스트 읽기'의 방법론을 문학 바깥으로 팽창시킨 성공 사례일까, 아니면 (문학의) 고유함을 대가로 지불한 후에야 얻어낸 빛바랜 승리일 뿐일까? 애초 비주류로 출발했으나 어느덧 국문학 연구의 제도권에 성공적으로 안착한 듯 보이는 이 새로운 경향에 대한 다각도의 진단과 평가가 가능하겠지만, 그건 내 몫이 아니다. 다만 한 가지 지적하고 싶은 것은, 이런 경향을 대표하는 연구자들에게서 자신들의 방법론적 원칙에 대한 이론적 자의식, 더 정확하게는 이론사적 자의식을 찾아보기 어렵다는 점이다. 많은 경우 이들은 자신들의 새로운 방법론을 텍스트의 해석학적-구조적 차원에 집중하는 기존의 아카데미즘 문학연구 경향에 '대립적인' 것으로 그리고 있다(말하자면 보다 '문화적'이며, 더 '대중적'이라는 것!). 하지만 이론사적 맥락에서 볼 때, 사실 이와 같은 연구 경향의 최초 사례는 다름 아닌 러시아 형식주의, 그러니까 그들이 말하는 아카데미즘 문학연구의 정전canon을 낳은 바로 그 이론적 담론에서 찾아야만 한다. 이 첫번째 자리는 아마도 오늘날의 풍속사적 연구가 온전히 '기능'하기 위해서 감춰져 있어야만 하는 '진정한 기원'이 아닐까?

한때 문학(이론)의 죽음을 선언하면서 (영)문학에서 문화이론으로의 방향 전환을 주창했던 장본인인 테리 이글턴T. Eagleton이 2004년 『이론 이후』라는 책을 출간해 화제가 된 바 있다. 거기서 그는 계급, 인종, 젠더의 서사만을 되풀이하는 과거의 문화이론이 내던져버린 인간 존재의 근본적 질문들, 이를테면 진리, 도덕, 객관성, 혁명, 죽음, 악 따위의 개넘을 다시 따져 물으면서, 삶에 진정으로 중요한 이런 질문들과 대면할 수 있는 더욱 책임 있는 원천을 요청하고 있다.

문화이론은 도덕과 형이상학을 논하기를 부끄러워했고, 사랑·생물학·종교·혁명을 논할 때마다 허둥거렸고, 악에 대해 침묵했고, 죽음과 고통에 대해 말을 삼갔고, 본질·보편성·근본원리 등에 대해 독단적이었고, 피상적으로만 진리·객관성·공평무사함을 논의했다. 어떤 식의 평가 기준을 들이대더라도 문화이론은 인간 존재의 거대한 단면을 제대로 보지 못했다. 또한 앞서 지적한 바 있듯이 이 시대는 우리가 이런 근본적인 문제들을 조금도 이해하지 못했음을 깨닫게 된 불편한 시기이다(테리 이글턴, 『이론 이후』).

이글턴에 따르면, 문화이론은 더 과감해져서 저 숨 막힐 것 같은 통설에서 벗어나야만 한다. 그동안 부당하리만치 다루기를 꺼렸던 주제들, 포스트모더니즘이 의식적으로 내던져버린 저 '오래된 주제들'을 본격적으로 다루어야 한다는 뜻이다. 그렇다면 이제 이글턴은 언젠가 문학(이론)에 그렇게 했던 것처럼, 문화(이론)의 시대 '이후post'에 내기를 걸고 있는 것일까? 하지만 이글턴이 말하는 "더욱 책임 있는 원천"이 무엇을 뜻하는지는 여전히 불명확하다. 만일 그것이 전통적인 문학연구로의 회귀를 뜻하는 게 아니라면, 그 '이후'란 결국 '또 다른 어떤 전환'의 요청을 가리키는 것일까? 일례로, 오늘날 러시아 어문학연구 진영에서는 '언어학적 전환linguistic turn'과 '문화적 전환cultural turn'을 잇는 세번째 전환으로서 '인류학적 전환anthropological turn'에 대한 요청이 제기되고 있다. 하지만 텍스트 읽기의 방법론을 인접 학제와 생산적으로 결합하려는 각종 시도와 제언들에도 불구하고, 그 구체적인 방법적 대안은 여전히 모호하다. 자신만의 영토에서 걸어 나와 인접 학문과 적극적인 교섭과 혼종을 감행하려는 혁신의 시도는 고유한 학제적 정체성의 상실이라는 함정을 피해 갈 수 있을까?

로트만의 '행위시학' 이론을 이 물음에 대한 일종의 대안적 유산으로 검토하는 이 글을 발표한 지 벌써 9년이 지났다. 그동안 문학연구 진영을 둘러싼 환경 변화는 더욱더 확연해졌지만, 그에 대처할 적절한 대응 방안은 여전히 불투명해 보인다. 요컨대, 나의 물음은 여전히 현재진행형이다.

문화시학의 길
로트만의 '행위시학' 방법론

1. 텍스트의 이론과 행동의 이론

1986년에 출간한 저서 『텍스트에서 행동으로』에서 폴 리쾨르는 1970
년대 이후 그가 새롭게 나아가게 된 학문적 관심사의 방향을 다음과 같
이 요약한 바 있다.

나는 오늘날 텍스트와 행동과 역사에 상응하는 세 개의 문제 분야 사
이에 수립될 수 있는 유사성, 더 적절한 용어로는 그 상사관계homology
에 나의 논증의 근거를 두고자 한다.[1]

리쾨르의 목표는 텍스트의 이론을 행동의 이론 안에 각인시키고, 나

아가 이를 (내러티브로서의) 역사 이해로 확장시키는 것이다. 그에 따르면, 텍스트로부터 행동으로 넘어가는 전환점을 알리는 최초의 논문은 1971년에 영어로 발표해 상당한 성공을 거둔 바 있는 「텍스트의 모형」이다. 이 논문의 부제는 다음과 같다. "텍스트로 간주될 수 있는 의미 있는 행동Meaningful Action Considered as a Text."[2]

해석학과 기호학의 거리를 넘어, 학문적 진화의 방향에서 리쾨르와 로트만의 노선이 보여주는 뚜렷한 대응은 놀랄 만한 것이다. 이론적 진화의 마지막 시기에 로트만을 사로잡았던 관심사는 어떻게 문화기호학의 지난 성과들을 '역사기호학'이라는 새로운 범주 속으로 포괄할 수 있을까의 문제였다. 그런데 (예술작품을 대상으로 하는) 로트만의 텍스트 이론과 (문화사를 대상으로 하는) 역사기호학 사이에서 그 둘을 연결하는 이론적 고리로서 등장하는 것이 있다. 그것은 리쾨르의 표현에 따르자면 "텍스트로 간주될 수 있는 의미 있는 행동," 다시 말해 문화체계 안에서 수행되는 인간의 사회적이고 개인적인 행위에 대한 집중적인 관심이다. 로트만은 이 새로운 연구 분야를 '행위시학'이라는 말로 지칭했다.

여기서 우리의 관심을 끄는 것은 두 사상가의 학문적 진화 과정이 보여주는 표면적 유사성이 아니다. 더 중요한 것은 그러한 대응을 이끌어낸 내적 논리의 정합성이다. '텍스트의 이론'은 어떻게 '행동(행위)의 이론'으로 확장 가능하며, 그러한 확장은 문화와 역사에 대한 우리의 이해에 어떤 새로운 인식의 지평을 제시하는가? 공히 문헌학에서 출발해 기호학을 경유했던 두 사상가는 어째서 '텍스트 읽기'를 '인간 행위 읽기'로 넓힐 것을 제안하는가?

2. 행위시학: 문학연구와 문화이론의 '사이'

행위시학과 관련된 로트만의 글들은 대략 1970년대 초반경부터 발표되기 시작했다. 이 논문들[3]은 주로 '연극성'이라는 테마, 넓게는 '삶과 예술의 상호작용' 문제와 관련하여 18~19세기뿐 아니라 20세기 러시아 모더니즘 연구에서 폭넓게 원용되어왔다.[4]

행위시학과 관련된 글에서 무엇보다 눈에 띄는 것은 연구 방식의 구체성이다. 풍부하고 구체적인 사례 제시를 특징으로 하는 이 작업에서 로트만은 이론적 사유를 개진하는 기호학자라기보다는 오히려 민족지학을 다루는 인류학자나 사회심리학자에 더 가까워 보인다. 실제로 로트만의 이 연구들은 동시대에 활동했던 미국의 저명한 인류학자 클리퍼드 기어츠C. Geertz의 '두터운 묘사 혹은 중층기술thick description' 원칙을 구현한 것으로 흔히 이야기된다.[5] 문제는 다채로운 사례와 설득력 있는 분석의 현장에서 구체적인 자료들을 '선택'하고 그것들을 적절하게 '배치'하는 배후의 원칙이 가려져 있다는 점이다. 외견상의 두드러진 구체성은 (역설적으로) 배면에 자리한 이론적 입장, 그러니까 행위시학의 '방법론적 원칙'을 가리고 있다.

로트만 사유의 진화 과정에서 1970년대는 큰 의미를 지닌다. 그 시기는 로트만이 문화 전반으로 관심사를 확장하면서 '문화기호학'이라는 새로운 이론적 패러다임을 확립시킨 때이다. 그렇게 볼 때 이 시기의 한복판(1973~78년)을 점하고 있는 행위시학 연구가 방법론적으로 개별화되어 마치 섬처럼 고립되어 있는 상황은 분명 문제가 있다. 사실 이 시기 로트만의 작업은 문화기호학이라는 이론적 패러다임을 구체적인 문화 텍스트에 적용시킨 매우 생산적인 사례에 해당한다. 이를테면, 그것은 로트만 사유의 진화를 설명하는 열쇠가 될 수 있을 뿐 아니라 문화기호학적 관점과 접근법의 실효성을 검증하는 바로미터가 될 수 있다.

한편, 이 시기 로트만의 사유는 오늘날 문학연구가 처해 있는 특정한 상황과 연결될 수 있다는 점에서 각별히 중요하다. 오늘날 문학연구는 (이미 분명히 감지되었으나 정확히 규정되지는 못한) 어떤 문제적 상황에 처해 있는 듯하다. 이를 거칠게 요약하자면 다음과 같다. 문학연구의 당대적 정황은 문학 텍스트에 대한 정전적 관점을 재맥락화해야 할 필요성에 직면해 있는바, 문학작품을 보는 기존의 철학적, 문학사적 접근법을 새롭고 광범위한 '문화적 콘텍스트' 속에서 재검토해야 한다는 요구가 그것이다.

보다 다양한 각도에서, 더 새롭고 더 흥미롭게 읽어야 한다는 당위는 이제 인문학 전반의 보편적 요구가 된 듯하다. 이런 식의 강령에 대한 문학연구 진영의 응답적 버전으로 간주되곤 하는 신역사주의new historicism[6]의 대표 주자들의 아래 언급들은 이런 사정을 잘 보여주고 있다.

새로운 역사적 비평의 기반을 전수하고자 하는 학자들에게 주어진 첫 번째 임무는 학생들이 역사는 이미 지나가버렸고 그들과는 아무 관계도 없다는 잘못된 인식에서 벗어나도록 만드는 것이다. 학생들로 하여금 그들이 역사 속에 살고 있으며 또 그것을 살아나가고 있는 중이라고 확신하게끔 만들어야 한다.[7]

사실상 지루함만큼 진정한 학문과 동떨어져 있는 것도 없다. 볼테르와 카람진, 베버와 프로이트, 로트만과 데리다는 전혀 지루하지 않았다.

[……] 학자들의 사명이란 사유를 흥미롭게 만드는 것이다. 지루하게 쓰는 역사학자, 문헌학자 혹은 정치학자는 좋지 못한 학자이다. 왜냐하면 역사, 문학 혹은 정치는 그 자체로 흥미로운 것들이며, 학자가 해야 할 일이란 바로 이를 표현하는 것이기 때문이다.[8]

물론 이런 정황은 문학을 둘러싼 외적 위기와 떨어뜨려 생각할 수 없다. 문학을 포함한 고급문화 전반을 향한 사회적 관심의 급격한 쇠퇴는 문학연구의 대상 자체(문학)가 갖는 사회적 의미의 눈에 띄는 저하를 동반했다. 동시에 이런 위기의식은 문학연구 자체의 내적 위기와 밀접하게 관련된다. 특정 학제로서 문학연구를 구성하는 일련의 내적 범주가 불분명하게 혼용되는가 하면, 문학연구를 역사학, 철학, 정치학, 사회학 등 인접 학제와 구별짓는 고유한 경계는 점점 더 흐려지고 있다. 이런 상황에서 문학연구의 범위를 넓히려는 움직임, 즉 '텍스트 분석의 방법론'을 전통적으로는 이웃하는 학제에 속하는 것으로 간주되었던 '낯선' 대상(제도, 권력, 각종 사회적 실천들)으로 '확장'하려는 경향과 이를 뒷받침하는 '혼종적 방법론'을 향한 적극적인 지향은, 종종 내부적으로 한계 상황에 도달한 문학연구를 위한 탈출구로 여겨지곤 한다. 그러나 다른 한편으로 그런 경향은 문학연구의 고유한 학제적 정체성을 상실하게 만들 위협 요인으로 작용하고 있는 것 또한 사실이다. 러시아 비평가 세르게이 젠킨S. Zenkin의 다음과 같은 진단은 이런 사정을 잘 요약해준다.

오늘날 러시아에서 문헌학은 그의 이웃들이 사방에서 옥죄어오는, 쇠락해가는 제국의 형상이다. 서구의 현란하고 새로운 지혜들로 무장한 철학은 높은 곳으로부터 그를 내려다본다. 사회학은 문헌학이 비과학적이라 비판한다. 역사학은 결코 정당화될 수 없는 문헌학의 언어중심주의와 텍스트 외적 과정으로부터의 단절을 검열하려 한다. 이제 다수의 전문적인 문헌학자들은 〔……〕 더 큰 성공을 보장하는 영역으로 자발적으로 망명하면서, 낡아빠진 제국을 배반한다. 역사로, 정치로, 이데올로기로, 전기로, 일상으로……[9]

여기서 주목할 것은 오늘날 문학연구가 처해 있는 이런 혼란스런 다원성을 자신의 내부에서 봉합하며, 우리들로 하여금 시간의 시련을 견뎌내도록 하는 모델을 제공하는 통합적 개념으로 등장하고 있는 것이 바로 '문화'라는 점이다. 문화 개념은 어느 순간부터인가 문학연구를 포함한 인문학 전반을 위한 일종의 담론적 "접합부junction board"[10]로 등장하기 시작했다.

　문화라는 통합적 개념은 과연 기존 문학연구의 진정한 돌파구가 될 수 있을까? 이 질문과 함께 대두되는 것은 '전통적 문학연구를 문화론적 접근법을 통해 갱신한다'는 당대의 지배적 명제를 보다 근본적인 차원에서 재성찰해보아야 할 필요성이다. 내가 보기에, 행위시학과 관련된 로트만의 사유는 바로 이 지점을 겨냥하고 있다. 그 문제의식은 다음의 물음으로 정식화할 수 있다. 문학연구는 '텍스트를 다루는 학문'으로 남아 있는 동시에 문화연구의 중심적 패러다임으로 기능할 수 있을까? 바로 이 점에서 로트만의 행위시학 방법론에 대한 면밀한 재검토는 과거의 이론을 복원하는 문헌학적 과제일 뿐만 아니라 오늘날 우리가 당면해 있는 방법론적 딜레마에 대한 해답의 탐구가 될 수 있다고 믿는다.

로트만의 지난 사유가 지금 우리에게 중요한 이유는 무엇인가? 그건 그 사유가 '지금 우리가 처해 있는 문제들의 원인이 무엇인가'를 묻고 있기 때문이고, 동시에 그에 대한 대안을 찾고 있기 때문이다. 이어지는 글의 목적은 로트만의 행위시학 이론이 지니는 현재적 가치와 중요성을 '방법론적' 실효성의 측면에서 검토해보고, 이를 통해 '문화시학'이라는 대안적 문학연구 방법론의 가능성을 점쳐보려는 것이다.

3-1. 문학과 삶의 변증법: 러시아 형식주의와 소비에트 구조주의

러시아의 경우에 문학 및 문학 관련 사회적 메커니즘(학파, 운동)이 결코 사회적 삶을 구성하는 수많은 인자 중 하나에 머물지 않았다는 사실은 잘 알려져 있다. 러시아의 문화적 삶 속에서 문학은 언제나 '문학 이상의 그 무엇'이었다. 러시아에서 "19세기 중반 이래로 문화는 언제나 단수형과 대문자로 이해되었던바, 민족적 자의식의 근원으로 나타났다."[11] 그렇다면 이런 '대문자 단수 문화'가 기초하는 절대적 근거는 무엇인가? 말할 필요도 없이 그것은 러시아의 고전문학이다. 19세기 중반 이후 러시아의 삶 속에서 문학은 결코 문학만으로 머물 수 없는, 끊임없이 삶 속으로 팽창해 들어가려는 '확장적 힘'으로 나타난다.

이렇게 보자면, 문학을 오직 문학 자체만으로 정의하려는 러시아 형식주의의 시도는 극히 자연스러운 '반동'으로 간주될 수 있을 것이다. 문학 '밖'의 모든 것을 괄호 안에 묶고, 오직 문학 '안'에 내재하는 구조적 관계에만 집중하려는 형식주의의 의도는 문학을 문학 아닌 것으로부터 구별짓는 '경계'를 확립하려는 시도에 다름 아니었다. 그것은 끊임없이 이 경계를 허물고자 하는 사회적 힘에 의해 '조건화된' 반동이었던 것이다.

정치적 환경 변화에 의해 1930년대 이후 중단(억압)될 수밖에 없었던 이런 '역방향'의 지향(즉 삶에서 문학으로가 아니라 문학에서 삶으로!)은 1960년대 중반 소비에트 구조주의/기호학이라는 이름으로 부활했다. 로트만은 일종의 방법론적 선언이라 할 초기 논문 「문예학은 과학이 되어야만 한다」(1967)에서 이렇게 적었다.

새로운 유형의 문예학자, 이는 자립적으로 획득한 자료들에 대한 광범 위한 활용 능력을 정밀과학에서 정련된 귀납적 사유 방식과 결합시킬 줄 아는 연구자이다. 〔……〕 그는 수학자들과 협동하는 법, 가장 이상적인 경우 문예학과 언어학, 그리고 수학을 자신 속에 결합시키는 법을 터득 해야 한다.[12]

개념의 체계적인 정식화와 분석의 수학적인 명료함을 지향하는 이런 접근법(구조시학)의 실증주의(과학주의)적 정향은 이 시기 로트만의 대표 저작들(『구조시학 강의』(1964), 『예술 텍스트의 구조』(1970), 『시 텍스트 구조 분석』(1973))에서 분명하게 감지된다.

그런데 이 문제와 관련해 일반적으로 잘 지적되지 않은 두 가지 사실이 있다. 첫번째는 전前구조주의 단계로 가늠되는 로트만의 1950년대 저작들이 (엄밀한 의미에서) 전혀 구조주의적이지 않다는 사실이다. 이 시기에 로트만은 18세기 말에서 19세기 초에 이르는 러시아 문학사, 정확하게는 문학을 전형적 발현 형태로 삼는 해당 시기의 '사회사상사'를 연구했다. 거기서 "문학은 당대의 사회적, 정치적 투쟁이 펼쳐지는 전장"인바, 연구자의 임무는 "작가의 이데올로기와 시대의 얼굴을 규정했던 특정한 정신세계mentality를 온전히 드러내는 것"[13]이다.

두번째 사실은 행위시학 이론의 직접적 배경과 관련된다. 로트만은 1968년에 일군의 동료 연구자와 함께 타르투 대학교 러시아문학과 내에 세미나를 조직했다. 이 세미나는 '19세기 초반 러시아의 일상적 삶быт'[14]을 연구하는 모임으로, 거기서 집중적으로 논의되었던 문제는 문학 텍스트의 내적 구조나 형식화의 논리가 아니라 구체적인 문학작품들이 그것을 산출한 시기의 사회문화적 장과 맺는 관련성의 양상이다 (당연히 주요 탐구 대상은 해당 시기 삶의 콘텍스트 전반에 관한 실증적 자료들이었다). '일상' 혹은 '풍속'을 뜻하는 러시아 단어 '브이트быт'는 러시아 문학사에서 특별한 위상을 갖는다. 뒤에서 언급하겠지만, 이 개념은 1920년대 후반 러시아 형식주의 문학 이론의 변모를 이끈 핵심 모티브였다. 그것은 닫힌 자족적 세계로서의 문학 텍스트와 텍스트 바깥의 일상적 삶을 연결하는 일종의 매개 고리로 간주된다. 대략 1970년대 초반부터 연이어 발표되기 시작한 로트만의 행위시학 논문들이 이 시기의 연구 세미나를 통해 축적된 경험과 자료에 기반하고 있음은 의심의 여지가 없다.

요컨대, 1960년대 초반에 '사상'에서 '구조'로 결정적 전환을 보여주었던 로트만은 1970년대 초반에 다시 '구조'에서 '삶(일상)'으로 방향을 바꾼 셈이다. 흥미로운 것은 로트만의 이런 사상적 여정이 하나의 이론적 전사를 분명하게 떠올리게 한다는 점이다. 러시아 형식주의의 이론적 노정이 그것이다. 1920년대 중후반에 이르러 형식주의자들은 문학 연구에 있어 그들의 저명한 비타협적 노선(내재적 입장)으로부터 분명하게 후퇴하기 시작했다. 1930년대 이후 형식주의의 대표자들은 고전 러시아 문학의 선집과 대학 출판물에 비평적 서문과 해설을 쓰면서 텍스트 주석 작업에 몰두했다. 해당 작품들이 씌어진 시기의 사회적 콘텍스트를 연구하는 이런 작업은 당시 소비에트 공식 문예학의 엄격한 통제 하에서 그들에게 허용될 수 있었던 최소한의 영역이었다.[15] 하지만 과연 그게 전부였을까. 형식주의자들의 이와 같은 방향 전환은 당대의 정치적 상황에 의해 강제된 불가피한 선택이었을 뿐 아니라 그 이전, 그러니까 1920년대 중후반에 이미 형식주의 이론 자체의 내적 진화 과정 속에서 '예견된' 것이었다.

문학 개념의 자립적 특수성을 상대화하려는 경향은 후기형식주의의 '자발적인' 노선이었다. 문학(성)이 결코 자족적으로 고립된 실체가 될 수 없으며, 일상적 삶 혹은 풍속과의 끊임없는 상호 가역적 과정을 통해 변모되는 '문학적 사실literary fact'일 뿐이라는 인식은, 이미 1924년 발표된 티냐노프Y. N. Tynyanov의 논문(「문학적 사실이란 무엇인가?」)에서 분명하게 표명된다.[16] 형식주의적 방법론에 관한 가장 비타협적인 이론가이자 형식주의적 문학연구의 대표적인 사례로 간주되는 「고골의 '외투'는 어떻게 만들어졌는가」를 썼던 장본인인 예이헨바움B. M. Eikhenbaum은 1920년대 후반에 이미 (동료 형식주의자들에게조차 부정적인 반응을 불러일으킨 바 있는) '내재적 문학사회학'의 노선을 향해 움직여갔다.[17] 이 노선은 '문학적 직업'의 사회적 문제들을 다루는 작업, 그 자신의 표현을 빌리자면 "어떻게 쓸 것인가"가 아닌 "어떻게 작가가 될 것인가"에 관한 탐구이며, 이러한 예이헨바움의 입장은 1927년 발표된 그의 논문(「문학적 일상」)에서 명백하게 선언된 바 있다.[18]

그렇다면 후기형식주의의 이와 같은 노선은 구체적으로 어떤 양상으로 나타났을까? 특별히 주목할 것은 문학을 둘러싼 '일상적 삶'의 사실들을 '문학 외적 계열'이란 이름으로 문학적 체계의 '진화' 속으로 끌어들이려는 그들의 지향이 방법론적 차원에서 불러온 실제적인 결과들이다. 문학작품과 문학 외적 기록물들을 갈라놓았던 명백한 구분이 흐려지고, 이른바 '주변적' 장르들이 지니는 문학사적 역할이 현저하게 재평가됨에 따라 문학과 비문학적 기록들의 중간 지대에 위치하는 수많은 텍스트들이 본격적인 연구 대상으로 새롭게 편입되었다.

이 대목에서 로트만의 행위시학 연구 자료의 눈에 띄는 '혼종적' 성격을 떠올리지 않을 수 없다. 로트만이 동원하고 있는 자료의 범위는 동시대에 유행했던 희곡과 단편소설에서 시작해 주변 인물들의 회상기, 편지, 심지어 사적인 메모에까지 걸쳐 있다. 말하자면 여기서 로트만의 분석적 관심은 문학 텍스트 밖의 일상적 삶 전 영역으로 확장되고 있으며, 이 과정에서 새롭게 '읽혀지고' 있는 것은 문학과 문학 외적 삶 양자 모두에 긴밀하게 관련되어 있는 제3의 대상, 즉 인물 간의 (개인적이고 사회적인) '행위들'이다.

1920년대 중후반 형식주의자들의 '변모'를 억압적 상황에 의해 강제된 퇴행적 회귀가 아니라 운동 내부의 내적 논리에 의해 추동된 '자기 혁신'의 시도(즉, 포스트형식주의)로 간주할 수 있다면, 1970년대에 가시화된 로트만의 새로운 작업 역시 정당한 의미에서 포스트구조주의적[19] 혁신의 사례로 정의할 수 있다.

1920년대의 형식주의와 1970년대의 행위시학 사이에 존재하는 분명한 거리에도 불구하고, 그들을 하나로 묶는 결정적인 공통분모가 존재한다. 첫째, 그들은 문학적인 것과 문학 외적인 것 사이의 오래된 이분법을 양자를 아우르는 보다 보편적인 관점을 통해 극복할 것을 지향한다. 둘째, 그들은 문학 텍스트의 내적 체계(구조)를 기술(해독)하기 위한 체계적 방법론(문법)이 문학 외적 계열에 속하는 다양한 대상들을 이해하고 설명하는 데에도 역시 사용될 수 있다고 믿고 있다.

그렇다면 이제 첫번째 입장의 '보다 보편적인 관점'의 자리에 '(해당 시기의) 문화체계'를, 두번째 입장의 '문학 외적 계열에 속하는 다양한 대상들'의 자리에 '(해당 시기) 인간들의 행위'를 대입시켜보자. 그렇게 함으로써 우리는 로트만이 시도했던 새로운 학제의 기본 윤곽을 파악할 수 있게 된다. 행위시학, 그것은 '문화체계'라는 보편적 관점을 통해 특정 시기 인간들의 '행위'를 기술하고 설명하는 데 바쳐진 새로운 이론적 프레임이다.

3-2. 문화론적 접근: 행위시학의 관점

오늘날 인문학의 여러 분야에서 사용되는 문화 개념의 차별성에도 불구하고, 그들 모두가 암묵적으로 전제하는 모종의 보편적 관점을 추려내는 일은 어렵지 않다. 문화를 바라보는 현대적 관점은 무엇보다 먼저 '사회적인 것'의 문화적 조건성을 전제한다. 여기서 말하는 문화적 조건성이란 무엇인가? 일반적으로 문화의 개념으로 통용되는 일련의 상징 형식, 가령 예술, 종교, 신화, 의례, 이데올로기 같은 것뿐만이 아니라 흔히 '현실'이라 불리는 모든 종류의 사회적, 역사적, 제도적 실천들 역시 '문화적으로 구성되어 있다'는 확신을 공유한다는 뜻이다. 문화를 모종의 "상징적이고 언어적이며 재현적인 체계"[20]로서 이해할 때 그런 이해가 암묵적으로 전제하는 것은, 사회사는 문화사의 원인이 아니라 오히려 그 결과라는 역전된 인식이다. "구조주의와 포스트구조주의는 서로 간의 차별성에도 불구하고 공히 사회적인 것을 문화로 치환할 것에 동의하며, 이때 문화는 언어적이고 재현적인 것으로 간주된다."[21] 한마디로 사회적인 것은 오직 그것의 '문화적 표현(재현)'들을 통해서만 존재하고 또 인식될 수 있다.

한편, 이로부터 자연스럽게 도출되는 또 다른 전제는 사회적인 것을 포함해 문화를 구성하는 모든 문화적 구성물은 상호 간의 긴밀한 '관련성' 속에서 기능하고 있다는 것이다. 가령, 이런 전제에 따르면, 문학 텍스트와 콘텍스트의 상호 관련성이란, 문화의 최대한 확장된 메가 콘텍스트(거대 의미망) 안에서 모든 담론 형식과 실천이 맺고 있는 불가분의 문화적 상관성의 부분적 실례에 불과하다(문화라는 메가 콘텍스트 하에서 문학작품과 그를 둘러싼 사회적 실천은 공히 상호작용하는 '텍스트들'이다!). 특정 시기 문학작품이 그런 것처럼, 모든 미학적, 윤리적, 정치적, 사회적 관념과 제도는 혁명, 풍속, 여행, 가족사, 연애 사건, 일상적 발화, 테러, 정치적 신화, 자연 지리, 주변의 사물 세계 따위를 둘러싼 담론들과 떨어뜨려 생각할 수 없다. 말하자면 그들 모두는 문화적 상관관계에 의해 서로 얽혀 있는 '문화적 구성물'인 것이다.

이렇게 보자면, 오늘날 인문학의 다양한 분야에서 문화의 개념이 일종의 절충적 메타개념으로 통용되는 상황은 충분히 이해할 만한 것이다. 문화에 관한 현대적 이해는 문학적인 것과 문학 외적인 것의 오래된 이분법뿐 아니라, 문학연구의 범위를 넘어서는 더욱 오래된 이분법을 자신 안에 봉합하고 있는 것처럼 보인다. 문화라는 메가 콘텍스트 안에서 기호와 현실, 담론과 실천은 (최소한 잠정적으로는) 같은 차원에서 같은 언어로 언급될 수 있는 가능성을 얻는다. 여기서 문화라는 개념과 용어는 인식론과 존재론적인 두 차원을 서로 이어주는 '상징적 고리'가

된다.[22]

현대 기호학, 그중에서도 문화를 "텍스트들의 집합"이자 "텍스트를 산출, 소통, 기억시키는 메커니즘"으로 간주하는 로트만의 문화기호학이 상술한 현대적 문화 개념에 매우 용이하게 부합한다는 점은 별다른 설명을 필요로 하지 않는다. 로트만의 맥락에서 볼 때, 예술 텍스트를 바라보는 관점을 (인간 행위를 포함한) 문화 전체로 이동시킨다는 것은 결국 '텍스트'로부터 보다 큰 (혹은 또 다른) '텍스트들'로 논의의 차원을 확장하는 것에 불과하다. 그에게 텍스트의 개념은 문화연구에 도입되는 그 순간부터 이미 '언어학적 표현성'이 아니라 해당 메시지를 텍스트로 만들어주는 특정한 '문화적 상관성'에 의존한다(가령, 진정한 문화적 가치를 오직 구어적 형태로만 보존하는 문화체계 속에서 "저 사람은 진정한 시인이야, 왜냐하면 그는 시집을 출판하지 않았으니까"라는 전언은 결코 모순이 아니다). 이렇듯 '확장된' 텍스트 이해 안에서 모든 '비텍스트'란 결국 '잠재적 텍스트'에 불과하기에, 문화연구의 관점에서 볼 때는 오직 텍스트가 되는 전언들만 존재한다. 바로 그런 의미에서, "문화는 텍스트들의 총체, 혹은 복잡하게 구조화된 텍스트"[23]가 된다.

그렇다면 문화라는 메타-체계를 통해 이루어지는 삶의 텍스트화는 문학적인 것과 문학 외적인 것의 오래된 이분법을 온전히 극복한 것일까? 이 세계의 사회적 존재성은 과연 '잠재 텍스트'로서의 위상에 조용히 만족할 수 있을까? 문제는 기호와 현실, 담론과 실천 간의 이분법이 속류 마르크스주의 문예학의 거친 정식화, 예컨대 삶의 하부구조를 '반영'하는 문학적 상부구조에만 해당되는 게 아니라는 점에 있다. 삶과 예술 간의 변증법은 언제나 대자적인 것이며, 평준화를 향한 모든 시도는 불가피하게 개별자가 지니는 고유한 특수성의 문제를 제기할 수밖에 없다. 그렇기 때문에 '텍스트'로서의 문학은 자신이 어떠한 대가를 지불해야 했는지를 곧 깨닫게 된다.

현대적 이론의 구축 속에서 '일상적 삶의 역사бытовая история'는 일상의 운명 자체를 따라 너무 멀리 나아갔다. 개념들은 무한히 확장되었고, 경계는 흐려졌다. 처음에는 '일상적 삶'이 문학과의 관계에서 공격적으로 문학을 삼켜버렸고, 이후에는 일상 자체가 '텍스트'라는 개념에 의해 삼켜져버렸다. 문학은 마치 승리한 듯 보였다. 문학성은 모든 것을 텍스트로 간주하는 이 새로운 문화적 메타포 안에서 지배자이다. 그러나 문학은 이 팽창을 위해 자신의 고유함을 대가로 지불해야만 했으며, 그것은 러시아 문학연구의 전통에는 원칙적으로 낯선 것이다.[24]

마치 승리한 듯 보였던 문학은 새롭게 구축된 '텍스트의 왕국'에서 오히려 고유한 자리를 잃고 말았다. 팽창의 대가는 고유함의 상실이었던 것이다. 우리는 당연히 이와 같은 비판적 진단을 "다시 문학성으로! 오직 문학성으로!"라는 형식주의적 선언으로 받아들여서는 안 될 것이다. '문학성'만으로는 결코 온전히 규정될 수 없는 '문학성'의 문제는 일찍이 이미 바흐친/메드베데프에 의해 제기된 바 있다. 결국 문제의 본질은 통합의 의지 자체가 아니라 경계 해체와 통합을 달성하는 구체적인 '힘'의 벡터에 있다고 해야 할 것이다(인용문에서 "확장"의 실상은 '삼켜지거나' 혹은 '승리하는' 것으로 받아들여진다).

삶과 예술, 실천과 담론, 사회적인 것과 언어적인 것의 이분법을 구성하는 힘의 논리는 거칠게 말해 두 가지 벡터를 따른다. 첫째, 문학 텍스트 속에서의 세계의 사회적 존재성에 대한 심문, 둘째, 세계 내에서의 문학 텍스트의 사회적 존재성에 대한 물음이다. '삶으로부터 텍스트로' 향하는 첫번째 방향에서, 꿈은 현실적인 삶의 경험들이 투영된 형태이며 소설은 시대의 거울이 된다. 반면 '텍스트로부터 삶으로' 향하는 두번째 방향에서, 꿈은 삶에서 실현될 사건들에 관한 예언이며 소설 읽기란 현실적 행위에 대한 지침이 된다.

문학작품을 사회적 존재들의 투명한 반영 매체로(즉, 동시대 현실을 투영하는 거울로) 간주하지 않는다면, 당연히 보다 문제적인 지점은 두번째 벡터이다. 그 자신이 '사회적 존재'로서 이 세계 속에서 살아가는 문학 텍스트가 결코 현실 맥락에서 벗어난 '초월적 실체'가 아니라고 할 때, 무엇보다 그것은 문화체계를 구성하는 일련의 힘들이 서로 충돌하며 경쟁하는 어떤 '장소'로서 간주될 수 있다. 다시 말해 생산, 유통, 소비를 둘러싼 문학 텍스트의 '삶'은 이 세계를 구성하는 각종 사회적, 경제적, 역사적 조건과 권력관계로부터 자유롭지 않다. 또 그렇기 때문에 이 세계의 온갖 정치적, 이데올로기적, 제도적 영향으로부터 자유롭지 않다. 문학 텍스트가 종종 자유로운 것처럼 보이는 것은 이런 영향들을 교묘하게 '은폐'하고 상징적으로 '조작'하며 예술적으로 '가공'하기 때문이다. 이때 문학 텍스트의 은폐와 조작에 대응하는 적절한 방식은 적나라한 '폭로'를 통해 그것을 '탈신화화'하는 것이다. 가령, 테리 이글턴과 토니 베넷T. Bennett을 위시한 영국의 신좌파 이론가들, 혹은 프랑스의 사회학자 피에르 부르디외P. Bourdieu의 작업은 원칙상 이런 노선을 따른다. 전자가 "문학 밖outside literature"에서는 과연 무슨 일이 벌어지고 있는지 "비평과 이데올로기"는 어떻게 몸을 섞는지를 '폭로'한다면, 후자는 "문학장(그 자체)의 기원과 구조"를 '드러내' 보임으로써 문학성의 논

리 자체를 '상징적 자본'으로서 재규정한다.[25]

그러나 과연 텍스트는 삶을 은폐하고 조작하고 가공하기만 하는가? '텍스트로부터 삶으로'라는 앞선 테제를 보다 적극적인 의미에서 받아들인다면, 텍스트 역시 삶에 실제로 '작용'하며 무언가를 '지시'하고 어떻게든 '영향'을 미친다고 말해야 하지 않을까? 문학 텍스트가 실제로 어떻게 사회적 삶에 작용하는지, 더 정확하게는 특정 작품이 어떤 종류의 사회적 행위와 실천의 모델들을 제공하는지를 따져 물어야 하지 않을까? 행위시학의 개념에 관한 로트만의 저명한 규정은 바로 이 마지막 차원에 분명하게 걸려 있다.

> 일상 행위의 시학을 논한다는 것은 〔……〕 날마다 반복되는 평범한 행위들이 의식적으로 예술 텍스트의 규범과 법칙을 지향했으며, 직접적으로 미학적인 체험으로 간주되었다고 주장하는 것에 다름 아니다. 만일 이러한 명제가 증명될 수 있다면, 그것은 해당 시기 문화의 가장 중요한 유형학적 특질들 중 하나가 될 것이다.[26]

일반적인 이해에 따르면, 로트만의 행위시학 연구의 초점은 18세기 표트르 개혁 이후 러시아 귀족 계층이 처하게 된 특수한 상황에 맞춰져 있다. 급진적인 서구화를 통해 러시아 역사의 흐름을 완전히 바꿔놓은 이 개혁 조치 이후 당대 문화의 주체였던 귀족들이 처하게 된 상황은 말 그대로 '자신의 고국에서 하루아침에 외국인이 되는 경험'과도 같은 것이었다. 통상적으로 '자연적인' 행위에 해당하던 영역이 어느 날 갑자기 통째로 '학습'의 영역으로 바뀌었다고 상상해보자. 먹고, 입고, 마시고, 인사하는 법과 같은 일상 행위의 모든 규범들을 (마치 외국어를 배우듯이) 새롭게 익히고 배워야만 한다. 이런 상황은 당연하게도 그들의 일상적 삶을 '연극과도 같은 것'으로 만들었던바, 그들은 말 그대로 '항상 무대 위에 선 것처럼' 살아가게 되었던 것이다.

그런데 사실 이런 상황은 그것을 배경으로 발생했던 이후 과정들의 서막에 불과하다. 행위의 연극화가 야기한 실제 결과는 당시 사람들의 개인적, 사회적 행위의 '미학화эстетизация'였다. 일상 행위의 기호화는 곧 행위 스타일의 창조로 이어졌던바, "자연스럽게 행위를 미학적으로 체험되는 현상에 근접시켰으며, 이는 동시에 사람들로 하여금 예술의 영역에서 자신의 일상 행위를 위한 범례들을 찾도록 만들었던 것이다."[27]

문제는 삶과 텍스트 간의 이런 역전된 관계, 즉 "삶이 예술을 일종의 범례로서 선택하고 서둘러 그것을 모방하는" 뒤집힌 메커니즘이 단지 18세기 러시아 문화에만 국한되지 않는다는 점에 있다. 행위의 미학화 혹은 예술적 모델(책)에 따른 삶이라는 독특한 경향은 이후에도 계속해서 이어졌다. 항상 '무대 위에 선 것처럼' 살아갔던 18세기 귀족들처럼, 19세기 초반의 인간들 역시 "자신들의 개인적 행위, 일상적 담화, 그리고 결국에는 삶의 운명까지를 문학적, 연극적 전범에 따라 구축했다."[28] 요컨대, 삶의 일상적 흐름을 미학화하면서 공격적으로 일상의 삶 속으로 파고들어가는 시대들이 존재하며, 르네상스, 바로크, 낭만주의, 20세기 초반의 예술이 바로 그러하다."[29]

로트만의 행위시학 이론은 텍스트와 현실 간의 관계에 대한 특정한 관점, 정확하게는 특정한 힘의 벡터를 전제한다. 그것은 '텍스트에서 삶으로' 향하는 방향이다(그 반대가 아니다). 삶을 향한 텍스트(대표적으로 문학작품)의 영향력은 '실제로' 존재하는바, 그 영향력의 실재성을 확인하고 규명하는 작업은 불가피하다.[30] 이제 우리는 물어보아야 한다.

텍스트는 실제 삶에 어떻게 작용하는가? 그 작용의 방식은 무엇이며 그 결과는 어떠한가?

3-3. 행위시학의 방법론: 기호학과 시학 사이

텍스트가 특정한 방식으로 실제 삶에 '작용'한다고 말할 때, 우선적으로 제기해야 하는 물음은 다음과 같다. 텍스트는 일상적 삶과 어떻게 구별되는가? 즉 일상적 삶과 차별되는 특별한 텍스트적 자질이란 무엇인가? 어떻게 보면 서구 문학 이론의 전 역사가 이 질문을 중심으로 구축되어왔다고 볼 수도 있지만, 이에 대한 최초의 정식화된 규정을 시도했던 사례는 역시 러시아 형식주의라고 말해야 한다.

러시아 형식주의는 일상적 삶을 문학 텍스트의 구성을 위한 '재료'로 간주한다. 그들이 말하는 '구성'이란 '날것으로서의' 삶에 형태와 질서를 부여하는 작업이다. 말하자면 여기서 '문학'과 '일상적 삶'의 관계는 '형식'과 '재료'의 관계에 상응한다. '현실'로서의 삶은 본질상 미학 외적인 것이며 단지 형식적 '기법'과 '구성'을 위한 수단일 뿐이다. 일찍이 바흐친에 의해 "재료미학"이라는 비판을 받은 바 있는 이런 접근법에서 분명하게 강조되는 것은 일상적 삶의 불투명하고 불명료한 성격이다. 일상적 삶은 고유한 형식적 논리(내적 질서)를 결여한 혼돈스런 집산, 혹은 무정형의 흐름일 뿐이다. 예술(가)의 임무는 예술적 의지를 통해 이런 혼돈에 맞섬으로써 그것을 '변용'시키는 것이다. 일상에 대한 공격적인 변용 의지는 형식주의를 당대 좌파 아방가르드 예술론, 나아가 혁명의 사회적, 정치적 의지에 직접적으로 연결짓는 핵심적 측면이다.

10월 혁명 이후 일상과의 전쟁은 새로운 국면을 맞이했다. 새로운 일상을 향한 꿈은 시인과 정치가들에 의해 창조되었다. 시클롭스키가 혁명 전야에 예술의 주요 기법으로 정식화했던 일상적이고 평범한 것의 낯설게 하기는 소비에트식 일상의 특징이 되었다. 〔……〕 혁명 이후의 시기에 삶과 예술의 상호 관계는 뒤집힌 거울상의 '미메시스'로 정의할 수 있다. 즉, 삶이 정치적이고 시적인 예술을 모방한다. 혹은 더 정확하게 말해 예술이 예술에 의해 구축된 삶을 모방하는 것이다."[31]

어쨌든 분명한 사실은 이때의 일상적 삶이란 결코 '학문적 탐구'의 대상이 아니라는 점이다. 설익은 재료로서의 삶은 단지 예술적으로 변용되기 위해 미학적 창조 과정에 포섭될 뿐이며, 따라서 독립적 인식의 대상으로 취급되지 않는다. 앞서 지적한 대로, 1920년대 중반의 후기형식주의가 '문학적 일상'의 압도적인 영향 아래서 불가피하게 수정하지 않을 수 없었던 이론적 전제는 바로 이런 '배제'의 논리였다. 그리고 이런 배제를 극복하려는 '통합'의 의지가 가리키는 방향이 엄밀한 의미에서 수축과 후퇴가 아닌 '확장'과 '전진'의 노선이었다는 점은 후기형식주의의 대표적인 계승자로 알려진 리디야 긴즈부르그L. Ginzburg의 간명한 정의에서 뚜렷이 드러난다.

예술은 언제나 조직화организация이다. 그것은 카오스와 비존재, 자취 없는 삶의 흐름과의 투쟁이다. 따라서 언어예술을 무형식의 메가폰으로 만들려는 몇몇 동시대인들의 시도는 순진한 것이다. 왜냐하면 이 예술은 조직화를 위한 가장 보편적이고 강력한 수단인 말слово을 가지고 작업하

기 때문이다. 말이 자신의 본성에 위배되는 과제를 수행할 수는 없는 법이다.[32]

긴즈부르그에 따르면, 예술의 본질은 조직화에 있다. 조직화의 강력한 수단인 말을 다룬다는 사실이 예술의 본질을 결정짓는다. 이와 더불어 간과할 수 없는 사실은, 사실과 허구의 경계적 성격을 띠는 '기록문학documentary literature'에 주목했던 긴즈부르그가 결국 최종적으로 역사적 존재로서의 '인격личность'과 '성격характер' 문제에 천착했다는 점이다.[33]

이렇게 볼 때, 흔히 '기호학적 전회semiotic turn'로 지칭되는 인식의 전환은 극히 논리적인 개념 전개의 산물일 수 있다. 조직화하는 텍스트의 힘을 텍스트 외부 영역 전체로 무한히 확장했을 때 가능한 결론은 하나뿐이다. 텍스트 외부에는 사실들의 무질서한 카오스가 존재하는 게 아니라 (보다 높은) 텍스트적 질서, 즉 '기호학적 체계'가 존재한다. 그리고 이에 관한 가장 직접적인 표현을 우리는 로트만의 글 「흘레스타코프에 관하여」에서 발견한다.

모든 예술작품은 두 가지 관점에서 관찰할 수 있다. 우리는 그것을 내적인 조직성을 갖춘 개별적인 예술 세계로 볼 수도 있고, 보다 높은 질서의 구조적 통일성을 드러내는 좀더 보편적인 현상, 즉 특정 문화의 부분으로 볼 수도 있다. 작가에 의해 창조된 예술 세계는 텍스트 외적 현실을 모델화한다. 그러나 이 텍스트 외적 현실 자체는 그 자체로 복잡하게 구조화된 총체이다. 텍스트를 넘어선 곳에 있는 것은 결코 기호학을 넘어선 곳에 있지 않다.[34]

여기서 흘레스타코프[35]에 관한 로트만의 논문이 목표로 하는 것은 "고골의 희극이라는 예술적 통일체의 한 부분으로서 흘레스타코프의 이미지를 연구하는 것"이 아니다. 그의 의도는 "보다 큰 역사적, 문화적 콘텍스트를 형성하는 일련의 행위 유형을 재구축하기 위해 〔……〕 작가의 종합적 사고가 창조한 이 의미심장한 인물을 이용해보는 것이다."[36] 로트만에 따르면, "고골이 관찰했던 인간은 규범과 법칙의 복잡한 체계에 귀속되는 존재이며, 어떤 점에서 삶 자체는 지대한 정도로 사회적 규범들의 위계로서 실현되기 때문에, 〔……〕 흘레스타코프의 본질에 대한 검토는 '흘레스타코프주의'를 고골 텍스트의 이전$_{до}$과 바깥$_{вне}$에서 러시아적 삶의 사실로 만들었던 행위의 실제적인 규범들에 대한 분석으로부터 시작되는 것이 온당하다."[37]

여기서 깨달아야 할 것은 로트만이 말하는 "규범과 법칙의 복잡한 체계"란 곧 그가 또 다른 글 「일상생활 속의 12월 당원」의 서두에서 언급했던 "수치, 공포, 명예와 같은 행위의 조정 기제$_{регуляторы}$"에 다름 아니라는 사실이다. 그것은 "어떤 행위의 옳고 그름, 용인과 비용인, 의미와 무의미에 관한 관념들의 체계"[38]인 것이다. 행위시학을 포괄하는 기호학에서는 사회적 삶을 살아가는 인간들의 행위를 조정하는 이와 같은 관념들의 체계를 '문화적 코드'라 부른다. 이를테면, 고골의 흘레스타코프는 작가가 창조한 예술적 세계의 '이전'과 '바깥'에서 바로 이 '문화적 코드'에 따라 자신의 배역을 선택(연기)하고 있는 것이다.

어떤 점에서 사실주의는 낭만주의에 비해 훨씬 더 조건성을 지향한다고 말할 수 있다. 유형화된 이미지들을 묘사하는 사실주의 작품은 예술 텍스트의 경계 너머에서 이미 일정한 문화적 가공을 겪은 자료를 상대한다. 텍스트 밖에서 이미 인간은 스스로의 문화적 배역을 선택하고, 자신의 개인적 행동을 특정한 사회적 역할에 포함시킨다. 예술 텍스트의 세계 속으로 들어오면서 그는 이중으로 코드화된다.[39]

행위시학을 가리키는 일반적 정의는 이렇게 해서 완성된다. 행위시학은 특정 '문화체계' 속에서 작동하고 있는 '문화 코드들'을 통해 '일상적 행위들'을 일종의 '텍스트'로서 해독하는 작업, 바로 그것이다.

그렇다면 이제 다시 질문을 던져보자. 사회적 삶 속에서 실행되는 일상적 행위는 어째서 텍스트로 읽힐 수 있는가? 이 질문에 대해 '일상적 행위란 체계의 구체화된 실현이기 때문이다'라고 답한다면 그건 무의미한 동어반복이 될 것이다. 그것은 기호학을 기호학의 용어를 통해 재정의하는 것이다. 반면, 12월 당원들의 일상적 행위를 '기호학적으로' 읽어내고자 하는 로트만은 이 질문에 대한 명확한 답변을 갖고 있다.

귀족 혁명가의 제스처와 행동이 곧 말과 같은 것이었기 때문에 그 자신과 주변 사람들에게 의미를 지녔던 것과 마찬가지로, 여하한 행동의 연쇄 또한 만일 그것이 특정한 문학적 플롯과 맺는 관련성이 밝혀질 수 있다면 텍스트가 될 수 있다(즉 의미를 획득하게 된다).[40]

로트만이 분명하게 단언하는바, 어떤 행위를 의미를 지니는 '텍스트'로 만들어주는 것은 그것이 특정한 '문학적 플롯'과 맺고 있는 관련성이다. 카이사르의 파멸, 카토의 모험, 전투 전날 노래를 부르는 오시안과 바얀, 출정하는 헥토르, 바로 이것들이 일상적 행위의 이러저러한 연쇄에 의미를 부여해주는 플롯들이다.

여기서 특별히 다음과 같은 사실을 강조할 필요가 있다. 로트만의 문화기호학과 행위시학은 미묘하게 중첩되고 미세하게 갈라진다. 문화기호학은 모든 종류의 '기호학적 실현으로서 텍스트'를 다룬다. 반면, 행위시학은 '예술(문학)적 플롯과의 관련성의 관점에서 파악될 수 있는 (행위) 텍스트'를 다룬다. 문화기호학의 특정 하부 범주로서 행위시학은 예술 텍스트를 읽는 방식과 모델을 (인간 행위를 포함한) 텍스트 외부 대상들의 해석과 분석에도 적용할 것을 '의식적으로' 지향하는 방법론이다. 그리고 바로 그런 의미에서, 행위시학은 무엇보다도 먼저 시학詩學, 보다 정확하게는 문화시학의 하부 범주여야만 한다.

이와 관련하여 흥미로운 것은, 자족적으로 닫힌 예술 세계로서의 문학 텍스트를 그것 '외부로(문화로!)' 열어젖히려는 모든 시도와 지향에도 불구하고, 사회적 행위의 기호학적 측면을 연구하는 로트만의 행위시학 안에서 여전히 '구조시학詩學적' 관점이 작용하고 있음을 확인할 수 있다는 점이다. 이에 대한 (사소하지만) 명백한 예가 있다. 일상생활의 모든 언행들에 '의미'를 부여하려는 12월 당원들의 지향을 '삶의 시詩'에 비유하며 로트만은 이렇게 적고 있다. "12월 당원들의 행위와 시를 대응시키는 것은 스타일상의 아름다움에 기인하는 것이 아니다. 그것은 심오한 근거를 지닌다. 시는 언어의 무의식적인 본성으로부터 보다 복잡한 이차적인 의미를 지니는 의식적인 텍스트를 구축한다. 이 경우 원래의 고유한 언어체계에서는 단지 형식적인 성격만을 지닐 뿐인 모든 것이 의미화된다."[41] 이와 같은 언급에서 '시 텍스트'의 의미론적 특성을 정의하는 다음과 같은 로트만의 저명한 지적을 떠올리지 않기란 불가능하다. "원칙적으로 시 속에는 '형식적인 요소'가 존재하지 않는다.

〔……〕 예술 텍스트는 복잡하게 구축된 의미다. 그것의 모든 요소는 본질상 의미론적인 요소인 것이다.”[42] 여기서 모든 사소한 언행들(제스처, 몸짓)에 의미를 부여하려는 12월 당원들의 행위 스타일은 모든 미세한 형식적 요소까지 남김없이 의미화하는 시 텍스트의 특징에 그대로 대응된다.

로트만은 행위시학의 발전 단계를 다음의 4단계로 묘사했다. (1) 일상적 행위 영역의 전면적인 기호화 (2) 일상생활 규범의 맥락 내에서 스타일의 창조 (3) 역할 범주의 진화 (4) 배역에서 플롯으로의 전이. 이렇게 되면, (18세기 귀족들의) 일상 행위시학의 진화 과정 중 그 마지막 단계가 어째서 “배역에서 플롯으로의 전이”가 되어야만 하는지가 곧바로 이해된다. 행위시학은 그것이 (행위) 텍스트를 다루는 ‘시학’이라는 바로 그 이유 때문에라도 ‘일상 행위의 플롯(러시아어로는 슈제트сюжет)’[43]에 관해 말할 수 있는 권리와 의무를 얻는다.

플롯이란 무엇인가? 로트만에 따르면, 그것은 “인간이 삶을 의미화하기 위한 강력한 수단이다.” 오직 “예술적 플롯 서사를 발명한 결과 인간은 〔……〕 사건들의 비분절적 흐름으로부터 분절적 단위들을 구분해 내고, 그것을 일정한 의미들과 결합시키며(즉 의미론적으로 해석하며), 질서 잡힌 사슬 속에서 조직화하는(즉 통사론적으로 해석하는) 법을 배우게 되었다. 〔……〕 플롯 텍스트를 만듦으로써, 인간은 삶 속에서 플롯을 구분할 수 있게 되었으며, 그렇게 해서 그 삶을 스스로에게 설명할 수 있게 되었다.”[44]

결국, 플롯성сюжетность은 결코 일상생활의 우연적 요소가 될 수 없다. 로트만에 따르면, “예술에서 서사 텍스트들을 조직화하는 특정한 범주로서의 플롯의 출현은 아마도 최종적으로는 문학 외적 활동들을 위한 행위 전략을 선택해야만 할 필요성에 의해 설명될 수 있다."[45] 일상적인 행위가 궁극적 의미를 획득하게 되는 것은 개인적 행위들의 일정한 연쇄가 특정한 보편적 기호, 즉 행위와 그 결과 간의 수미일관성을 뜻하는 플롯과 대응될 수 있을 때이다.

이때 잊지 말아야 할 것이 있다. 특정 시기 공동체의 의식 속에 존재하는 것은 플롯들의 개별성이 아니다. 공동체의 의식에는 실제 행위를 코드화하고 중요하고 중요하지 않은 것들로 분류하며 이를 통해 행위에 의미를 부여해주는 '플롯들의 총체'가 존재한다. 그럼 이와 같은 플롯들의 총체는 어떻게 정의될 수 있을까? 로트만에 따르면, "이러저러한 시대에 인간의 행위를 코드화하는 플롯들의 총체는 일상적, 사회적인 행위의 신화론мифология이라 정의될 수 있다."[46]

여기서 돌연 등장하는 '신화론'이라는 용어의 낯설음을 해소하기 위해서는 레비-스트로스C. Lévi-strauss 이후의 신화에 관한 기호학적 정의를 떠올리는 것으로 충분하다. 신화는 레비-스트로스가 보여준 것처럼 문화의 근원적 대립들의 '통사론적' 처리 방식이다. 그것의 목적은 "특정 모순들의 해결을 위한 논리적 모델을 제공하는 것"[47]이다. 바로 그렇기 때문에 신화들은 예술적으로 조직화된 플롯적 구성을 '허용'할 뿐 아니라 반드시 그것을 '필요로' 한다(신화는 언제나 플롯을 지닌 이야기인 것이다!).

이제껏 문화기호학의 내부에서 예술 텍스트에 관한 '시학적' 태도와 문화체계에 관한 '기호학적' 관점을 무리 없이 공존시킬 수 있었던 로트만의 행위시학 방법론이 모종의 내적 균열을 일으키기 시작하는 것은 정확하게 이 지점이다. 문제는 신화론이 플롯들의 총체로 이루어진 '의미화체계'일 뿐만 아니라 사회적 모순과 정치적 불평등, 권력과 지배의 본질을 (허구적으로) '정당화'하기 위한 효과적인 수단이 될 수도 있다는 사실에 있다. 주지하듯이, 로트만과 동시대에 활동했던 프랑스의 기호학자 롤랑 바르트는 "현대의 신화mythologies"란 곧 '지배 이데올로기'의 다른 이름일 뿐이라는 것을 날카롭게 간파했다. 소비에트 기호학의 당대적 정황 속에서 불가피한 의미론적 하중을 지닐 수밖에 없었던 이 용어(이데올로기)는 학문적 방법론으로서의 행위시학 이론을 전혀 새로운 측면에서 되돌아보게끔 만든다. 삶을 조직화하는 문학(적 플롯)의 본연적 능력, 더 넓게는 이 세계를 모델링하는 예술 텍스트의 메커니즘이란 결국 이데올로기의 다른 이름이 아닌가?

3-4. 행위시학의 입장: 신화와 이데올로기 사이

문학적 플롯을 핵심 모델로 삼는 로트만의 행위시학과 바르트의 신화론 비판을 연결하는 (숨은) 고리는 이데올로기다. 만일 곧장 바르트로 이어질 수 없다면, 예컨대, 클리퍼드 기어츠가 좋은 경유지가 된다. 기어츠와 로트만의 방법론을 비교분석한 알렉산드르 조린A. Zorin에 따르면, 로트만의 행위시학 연구는 이데올로기적 체계를 조직화하고, 해당 이데올로기를 담지한 사람들(12월 당원들, 표트르 1세, 라디시체프 등)의 행위 전략을 조정하는 특정한 기호적 메커니즘을 분석하는 일에 바쳐져 있다. 하지만 동시에,

모스크바-타르투 학파는 문화적 규범과 조정 기제로서의 이데올로기가 지니는 이론적 의미에 대한 본격적인 해명을 회피하면서, 종종 그것

을──여러 가지 면에서 이데올로기와 유사하지만 절대로 동일하지는 않은──신화론의 개념으로 대체하려는 경향이 있다.[48]

조린에 따르면, 이런 경향은 직접적 검열 혹은 자발적인 자기 검열의 결과라기보다는 이런 용어들이 소비에트 치하에서 지니는 완전히 상이한 담론적 질서에 기인한다.[49] "비정치화된 파롤une parole dépolifisée"로서의 신화에 대한 바르트의 저명한 비판, "신화의 임무는 역사적인 의도를 자연(적인 것)으로, 우연성을 영원(한 것)으로 만드는 것"[50]일 뿐이라는 폭로가 결국은 '부르주아 이데올로기'에 대한 비판을 겨냥하고 있다는 점을 고려한다면, 조린의 지적은 납득할 수 있다. 자본주의 사회의 부르주아 이데올로기를 이미 '극복'했다고 간주되는 사회주의 국가에서, 이데올로기라는 용어의 학문적, 정치적 사용은 바르트적 용법과 한 평면에서 대응되기 어렵다.

하지만 문제의 보다 본질적인 지점은 이데올로기라는 용어가 사용되는 사회정치적 맥락이 아니라 이 용어에 관한 학문적 정의를 둘러싼 역사 자체의 다면적 성격이다. 주지하다시피, 이데올로기 개념은 그것을 일종의 허위의식으로 규정한 마르크스의 저명한 지적(『독일 이데올로기』) 이래로 만하임(『이데올로기와 유토피아』), 최근에는 이글턴(『이데올로기』)에 이르기까지 줄기찬 학문적 탐구의 대상이 되어왔다. 여기서 주목할 것은 이 개념을 오늘날 사회과학에서 보편화된 '경멸적' 뉘앙스(은폐-왜곡의 수단)로부터 구제하려는 시도가 분명 존재한다는 점이다(이런 시도들의 앞자리에는 당연히 바흐친/볼로시노프의 이데올로기-기호론[『마르크스주의와 언어철학』]이 자리해야 한다). 특정한 "상징적 형식"으로서 이데올로기가 지니는 적극적 역할과 기능을 온전히 평가하려는 경향은 쉽게 예측할 수 있듯이, 문화적 형식과 실천의 '효과들'에 주목하는 (이른바 '푸코 이후'의) 다양한 비판이론(여성주의, 문화연구, 탈식민주의 등등)이 아니라 문화적 형식과 실천의 '의미' 자체를 강조하는 인문학의 전통적 학제들(해석학, 인류학, 문예학)에서 보다 빈번하게 발견된다.

후자의 입장에 설 때, 상징적 형식으로서의 이데올로기는 무엇보다 먼저 세계를 지각하고 이해하고 판단하고 조작하는 '초개인적' 장치를 의미한다. 그런 의미에서 이데올로기는 종교적, 심리적, 미학적, 과학적 패턴들과 동렬에 놓일 수 있는 문화 패턴, 즉 '프로그램들'이다. 예컨대 기어츠에 따르면, 이데올로기가 시도하는 것은 "이것 없이는 이해하기 힘든 사회적 상황에 의미를 부여하여 그러한 상황에서 목적을 가지고 행동하는 것이 가능하도록 그 상황을 읽어내고자 하는 것"[51]이다. 이데올로기적 활동이 가장 직접적인 계기가 되는 때는 "일종의 방향감각의 상실, 즉 자신들이 그 안에 놓여 있는 공공적 권리와 의무의 세계가 이용 가능한 모델의 결여로 인해서 이해 불가능하게 되는 경우"이다. 가령, 프랑스 혁명기 사회가 이런 상황의 적절한 예가 될 수 있다. 사회가 이전 시기의 인습적 규율과 권위로부터 느슨해지는 시기에 이데올로기는 수많은 생소한 것들에 대응하기 위한 새롭고 참신한 상징틀을 제공하는 길잡이로 기능한다. "이데올로기가 어떤 것이든지 간에 〔……〕 분명히 그것은 문제 있는 사회 현실이 보여지는 지도이며 집합 의식의 창출을 위한 모체이다."[52]

이데올로기가 낯설고 혼돈스런 상황에 대처하기 위한 새롭고 참신한 상징틀을 제공하는 것이라면, 이데올로기에게 부여된 이런 고도의 상징화 능력은 대체 무엇에 기인하는가? 기어츠에 따르면, 그건 "이데올로기가 고도의 비유적 성격을 지닌다는 것, 그리고 일단 받아들여지면

격렬하게 방위된다는 사실"에 기인한다. 즉, 이데올로기를 포함한 상징 일반은 "보다 엄밀하게 말해서, 은유이거나 최소한 은유의 시도인 것이다."[53] 기어츠가 보기에 시詩가 지니는 비유적 힘은 단순한 물리적 위치를 '장소'로 변형시켜주는 지도의 기능과 다르지 않다. "예를 들면 제럴드 홉킨스G. M. Hopkins의 「펠릭스 랜달」과 같은 시는 감정이 들어간 언어의 호소력에 의해서 요절이 가져다주는 감정적 충격의 상징 모델이되며, 만일 우리가 그 시의 예리함으로부터 도로 지도에서 받는 것과 같은 정도의 인상을 받는다면, 그 모델은 물리적 감각을 감정과 자세로 변형시켜 우리로 하여금 그러한 비극에 대해서 '맹목적'이지 않고 '지성적'으로 대처할 수 있게끔 해준다"[54]는 것이다.

그렇다면 결국 다음과 같은 사실이 분명해진다. 상징 형식으로서 이데올로기가 지니는 역기능(왜곡-은폐)은 이데올로기 자체보다는 그것이 행사하는 '상징화'의 메커니즘, 즉 그 개념 안에 깊숙이 뿌리박혀 있는 '비유적 성격(수사성)'의 양가성에 놓여 있다고 보아야 할 것이다. 비유와 수사는 알게끔 하고 믿게끔 하며 행동하게끔 하지만, 동시에 장막을 치고 속이며 안주하게끔 만든다. 이데올로기와 수사학, 나아가 '지배(권력)' 간의 밀접한 관련성에 대한 리쾨르의 다음과 같은 성찰은 정확하게 이 지점과 관련되어 있다.

모든 지배는 정당화되기를 원하고, 정당화되려면 보편적이라고 생각될 수 있는 개념, 즉 우리 모두에게 가치가 있다고 생각될 수 있는 개념의 도움을 받아야 한다. 그런데 언어에는 이런 요구에 부합되는 기능이 있다. 유사-보편적 관념을 제공하는 수사학(웅변술)이 바로 그것이다. [……] 대중 연설의 목적은 설득이다. 그런데 대중 연설이 어떤 방법으로 이러한 목적을 성취하게 되는가? 은유, 아이러니, 모호성, 역설, 과장 등과 같은 문채文彩와 비유를 지속적으로 활용함으로써 성취한다.[55]

모든 지배는 그에 대한 합법화의 수단으로서 이데올로기를 필요로 하며, 이데올로기는 필연적으로 '수사적 비유'를 동원한다. 결국 이와 같은 테제는 수사적 비유(문학적 플롯)로부터 행위의 조정 장치(신화론/이데올로기)로 나아가는 로트만의 테제에 불가피하게 그다음 단계에 관한 물음을 제기한다. 문학적 플롯으로부터 추출된 행위의 조정 장치들은 당대의 정치적 지배 권력과 어떻게 관련되는가?

로트만의 행위시학 연구는 곳곳에 파편처럼 박혀 있는 개념적, 이론적 서술들을 제외하고는 거의 전적으로 단 하나의 구체적 사실 유형을 실질적으로 '증명'하려는 과제에 바쳐져 있다. 로트만이 다루는 예들은 "다른 관점에서라면 단지 수수께끼 같은 것으로 여겨질 수 있는 해당 시기 인간들의 행위가 오직 일련의 문학적 모델들을 참조함으로써만 해독될 수 있는 그런 경우들"[56]이다. 로트만의 분석은 특정 시기의 개인적, 사회적 행동이 어떻게 우리 앞에 암호화된 텍스트로 나타나게 되는지, 그리고 문학적 플롯이 어떻게 해서 우리들로 하여금 이 행위들 속에 감추어진 의미 속으로 파고들 수 있도록 하는 '코드'로 기능하는지를 분명하게 보여준다. 카토, 포자 후작, 릴레예프의 시는 라디시체프, 차다예프, 볼콘스카야의 행위를 위한 숨겨진 코드들이다.

여기서 언어 텍스트(문학)의 수사적(비유적) 성격이 인간의 사회적 행위 및 그 행위들을 조정하는 문화적 장치(신화 혹은 이데올로기)와 맺고 있는 불가분의 관련성은 의심할 바 없는 제일의 명제이다. 로트만의 분석에서 문학은 이데올로기적 의미들을 위한 보편적 저장고이며 그것들의 실제적인 실현을 위한 척도로서 기능한다. 그렇다면 이제 다음과 같은 결정적인 질문이 불가피하다. 우리는 문학과 이데올로기를 이어주는 숨겨진 끈에 대한 로트만의 현란한 분석의 배후에서, 로트만 그 자신의 이데올로기적 입장, 즉 권력과의 관계에 관한 그의 정치적 (무)의식을 발견할 수 있을까?[57]

4. 예술(문학)과 현실(권력)의 문화적 모체

로트만 이론 체계의 정치적 (무)의식이라는 주제는 이 글에서 다루기에는 너무 크고 복잡한 문제다. 다만 이 어려운 질문에 간접적으로 답하기 위해 로트만의 글「홀레스타코프에 관하여」를 경유해볼 수는 있을 것이다. 행위시학의 범주 내에서 이 글이 지니는 이례적 성격은 주목할 만하다. 주지하듯이, '예술이 삶 속으로 적극적으로 파고드는 경우들'을 다루는 로트만의 행위시학은 주로 낭만주의 시기에 집중되어 있다. 이른바 푸시킨과 12월 당원의 시대인 이 세기를 향한 로트만의 특별한 애착 역시 잘 알려져 있다. 로트만에게 이 시대는 "자유를 관념과 이론의 영역으로부터 '호흡'으로, 즉 삶으로 전이시킨 시대"[58]인바, 그것은 "예술이 감정의 직접성과 사유의 진실성을 파괴하지 않은 채 삶과 서로 섞일 수"[59] 있었던 예외적인 젊음의 시기였다. 반면「홀레스타코프에 관하여」는 행위시학의 관점을 리얼리즘 텍스트에 적용시킨 최초이자 유일한 시도이며, 이 점에서 홀레스타코프적인 '연기술'을 바라보는 로트만의 (가치론적) 입장은 특별히 흥미롭다.

앞서 우리는 흘레스타코프주의를 낭만주의와 관련지었다. 그러나 반드시 강조해야만 할 것은 그것이 낭만주의의 발생기가 아니라(문화적 관계에서 그것은 절대 발생기가 아니다) 오히려 낭만주의의 소비자라는 사실이다. 고도로 발달된 문화에 기생하면서 그것을 단순화하는 흘레스타코프주의는 특수한 환경을 필요로 한다.[60]

흘레스타코프주의가 낭만주의의 발생기가 아니라 그것의 소비자라는 말은 무엇을 뜻하는가? 잘 알려져 있다시피, 표트르 대제 시기에서 역동적인 추진력을 받았던 러시아의 사회 발전은 니콜라이 1세 치하에 얼어붙어버렸다. 니콜라이 시절 극단화되었던 국가 관료주의적 활동의 위선적 성격은 실제 활동을 대체하는 거짓을 쉽게 허용했다. 로트만에 따르면, 바로 이런 시대적 정황이 개별적 개인의 심리로 이전되었을 때 흘레스타코프주의가 생겨난다. 말하자면 거짓말의 집약체인 흘레스타코프주의는 니콜라이 시대의 본질을 드러내는 '소우주'이다. 그런데 여기서 주목할 것은 니콜라이 1세 치하의 부정적 세계상이 어떻게 흘레스타코프의 형상 안에 집약적으로 '반영'되었는가가 아니다. 그 반대로 고골에 의해 창조된 예술적 형상이 어떻게 텍스트의 경계를 넘어 그 시대 전체로 '확산'되었는가의 문제가 더 중요하다. 무슨 뜻인가? 고골의 리얼리즘 텍스트는,

주어진 문화의 지층 속에 자발적으로 혹은 무의식적으로 존재하던 행위의 유형들에 이름을 부여했으며, 그렇게 함으로써 그것들을 사회적인 의식의 영역으로 옮겨놓았다. [……] 고골의 펜을 통해 구축되고, 명명되고, 명료함을 획득한 흘레스타코프는 흘레스타코프주의를 고골 희극

의 경계 바깥에 놓인 세계 속으로, 문화적으로 의식된 행위 유형의 범주라는 완전히 새로운 차원으로 옮겨놓았다.[61]

이런 로트만의 언급을 '(악한) 시대가 만들어낸 문학적 형상 홀레스타코프는 고골의 펜을 거쳐 더 많은 현실 속의 (악당) 홀레스타코프들을 만들어냈다'고 해석한다면, 이는 물론 지나친 비약이 될 수도 있다. 하지만 다음의 사실은 의심 없이 인정할 수 있다. 로트만은 여기서 문학이 역사 혹은 사회에 행하는 부정할 수 없는 하나의 문화적 기능을 분명하게 강조하고 있다. 문학은 '명명'하고 '구체화'한다. 그리고 그렇게 함으로써 명명되고 구체화된 것들을 "의식적으로 존재하는 사회적 사실"로 만든다. 명명하고 구체화하는 문학은 이 고유한 기능과 능력을 어떻게 사회적, 정치적 실천과 행위들로 넘겨주게 되는가? 다시 말해 현실적 정치권력이 어떻게 해서 문학적 메타포를 현실 구축을 위한 실제적 프로그램으로 전용하게 되는가? 이 질문에 답하는 일은, 이데올로기적 클리세들이 어떻게 문학에 반영되는지를 분석하는 일과 동일한 것이 아니다. 분명 전자는 후자에 비해 훨씬 더 복잡하고 힘겨운 작업이다.

이런 작업이 복잡하고 힘겨운 이유는 그것이 요구하는 이중적 태도 때문이다. 문학 텍스트 속에서 사회적, 정치적 요소들의 반영을 찾아내는 작업과 달리, 전자의 작업은 예술과 권력, 문화와 정치를 '스타일'의 개념을 통해 결합시킬 것을 요구한다. 즉, 그것이 찾아내려 하는 것은 문학과 예술의 '사회적, 정치적' 차원이 아니라, 사회적, 정치적 환경의 '미학화된' 차원들이다. 그리고 이런 발견을 가능케 하는 동력은 해당 시기 정치권력에 대한 '사회학적' 이해가 아니라 해당 시기의 문화적 스타일을 결정짓는 주요한 매개변수, 곧 예술 텍스트의 구조와 스타일 자체에 대한 더 '심화된' 이해다. 권력의 문학적 반영 양상을 알아보기 위해서는 권력의 작용에 대한 심화된 이해가 핵심이지만, 권력의 작용 메커니즘 속에 스며든 문학적(미학적) 차원을 식별하기 위해서는 문학적(미학적) 스타일에 대한 더 심화된 이해가 핵심이다.

이렇게 볼 때, 1990년대 들어 러시아의 문학연구 진영에서 하나의 지배적 패러다임을 형성하고 있는 다양한 '소비에트 시대 다시 읽기'의 시도가 모종의 공통된 방법론적 지향을 보여주고 있음은 의미심장하다. "계몽"과 "인성의 변화"라는 프로젝트 구조를 반복하는 제의적 플롯을 통해 어떻게 이데올로기적 권위가 사회주의 리얼리즘 소설들의 구조 자체를 이용할 수 있었는지를 분석하는 카테리나 클라크K. Clark의 연구[62]나 건축 디자인의 두 가지 유형의 패러다임을 정치적 실재의 그것과 '스타일상으로' 대응시키는 블라디미르 파페르니B. Papernyi의 연구,[63] 그리고 (러시아 아방가르드의 유토피아적 기획이 보여주는) '창작적' 충동과 (새로운 사회적 존재를 창조하려 했던 스탈린 정권의 정치 스타일이 보여주는) '억압적' 충동 간의 내밀한 상관성을 탐구하는 보리스 그로이스의 연구[64] 등의 배후에서 우리는 모종의 공통된 방법적 전제를 확인할 수 있다. 정치와 예술은 어떤 단일한 모체matrix로부터 기원한 것인바, 그 모체는 양자의 배후에서 공히 작용하고 있는 특정한 '문화적' 프로그램 혹은 '코드'들에 다름 아니라는 믿음이다. 모체로서의 이 코드들을 발견하고 그것의 작용을 해명하는 일은 결코 권력 메커니즘에 대한 '사회학적' 이해만으로는 달성될 수 없다. 권력의 작동 메커니즘 자체가 '미학적 스타일'을 드러낼 때, 그 '스타일'에 대한 세밀한 독법이 없는 대응은 일정한 한계를 지닐 수밖에 없다.

자, 그렇다면 이제 글의 서두에서 제기했던 핵심적인 물음으로 되돌아가보자. 문학연구의 '문화론적 전환,' 그 방법적 대안은 텍스트 해석 방법론의 고유성을 포기할 것을 요구하는가? 이제 우리는 그렇지 않다고 답해야 한다. 그것은 포기는커녕 문학연구의 전문적인 과제와 가능성을 더욱더 명확하게 '의식'할 것을 요구한다. 텍스트를 텍스트 밖으로 온전히 열어젖히려면 우리는 텍스트와 그것의 메커니즘을 더 잘 이해하고 있어야 한다. 텍스트 외부로 작용하는 그 메커니즘을 더욱 냉철한 눈으로 관찰하는 것, 그것이 문화론적 전환의 실제 내용이 되어야 한다.

1970년대에 최초로 기획되고 수행된 로트만의 행위시학 이론은 특정 시기의 문화적 영향력, 그리고 그 아래에서 살아가는 인간들의 행위를 이해하기 위한 최적의 방법론이란 무엇보다 먼저 그 시기 '예술(문학) 텍스트들에 대한 심화된 이해'라는 사실을 증거하고 있다. 그것은 눈 가리고 귀 막은 채 지금껏 해오던 그대로 묵묵히 전진하거나, 혹은 주변에서 일어나는 일들에 정신없이 마음을 빼앗기는 대신에, 오히려 자신이 다루고 있는 대상 자체의 본질에 관해 더욱더 날카롭고 더욱더 깊숙하게 성찰해볼 것을 제안한다. 로트만의 행위시학 방법론이 오늘의 우리에게 제안하는 가장 중요한 대안적 명제는 어쩌면 단순한 것이다. 문학연구의 위기에 대처하고자 하는 우리는 문학 텍스트 그 자체에 관해 더 많이, 그리고 더 깊이 성찰해야만 한다. 왜냐하면 그 식별의 과정은 문학 텍스트의 '내재적 의미'를 규명하는 일과는 사뭇 다른, 훨씬 더 심화된 '전문가적' 식견과 분석의 노하우를 필요로 하기 때문이다. 그럴 때야만 비로소 우리는, 우리의 일상과 그 일상을 구성하는 이데올로기 속에 스며들어 있는 '텍스트적 차원,' 즉 현실 자체의 '미학화된 차원'을 온전히 판독해낼 수 있다.

3장

러시아 이념과
러시아 이론

:
로트만 이론의 문화적
정체성에 관하여

이론의 문화적 정체성에 관하여

이론을 특정한 국가나 민족의 범주에 귀속시켜 설명하는 것은 일반적이지 않다. 이론은 그 본질에 있어 보편성을 지향하는 담론이기에 출신지를 따지지 않는다. 이 점에서 이론과 예술은 차이를 지닌다. 특정한 역사적 맥락에서 만들어진 구체적인 시공간의 산물이라는 점에서 그둘은 같지만, 텍스트가 아닌 '메타텍스트'라는 점에서 이론은 예술과 구별된다. 메타텍스트로서의 이론은 현실의 '해석'인 동시에, 그런 해석을 위한 모종의 틀frame, 즉 '언어'이기도 하다.

언어로서의 이론은 언제나 그것을 통해 말해지게 될 새로운 텍스트를 기다리며 또 반드시 그것을 찾아낸다. 새로운 대상, 낯선 텍스트로의 '적용(가능성)'은 이론/언어의 본질이자 운명이다(가령, 최근 번역된 프랑스와 퀴세의 『루이비통이 된 푸코』는 이론의 이와 같은 '방랑하는' 운명을 잘 보여준다).

하지만 이론이 그것을 낳은 민족적, 국가적 전통과 어떤 식으로든 결부되어 있다는 점 또한 부정하기 어렵다. 예컨대, 20세기 프랑스의 모든 '전복적' 이론들이 지배자를 단두대에 보낸 프랑스의 '반항의 전통'과 완전히 무관하다고 할 수 있을까? 이 글을 쓰던 2004년, 나는 이 연관 성과 관련해 두 가지 지점에 주목했다.

　첫째는 러시아 문화의 '2원 구조'에 관한 로트만의 저명한 테제가 러 시아 역사철학Russian historiosophy의 전통과 맺는 일정한 유비 관계다. 두번째는 이 범주를 통해 표현되는 당대 현실에 대한 로트만의 가치론 적 입장이다. 전자를 위해 나는 러시아 역사철학의 전형적인 패러다임 에 해당하는 '서구적인 것'과 '러시아적인 것'의 대립 관계를 로트만의 이론 체계 내부에서 찾아보았고, 그것을 기술하는 용어와 개념들(마법 적인 것 대 종교적인 것)을 추출했다. 한편, 후자를 위해서는 이 대립 항 들을 그 자체로 중립적이라 할 '기호학적 개념 쌍'(분절적인 것 대 연속적 인 것)과 대질시킴으로써 로트만 사유의 전반적 진화 과정을 자-타 관 계의 관점에서 재검토했다.

　로트만의 이론 체계에서 (자국 문화의 특권화라는) 러시아 역사철학 의 오래된 고질병의 자취를 발견하는 것은 거북스런 일이다. 이 글에서 그 불편한 '흔적'은 일정하게 확인되었고, 차별성의 지점 또한 거론되었 다. 하지만 이런 발견 자체는 나를 이끌었던 애초의 관심사의 일부분에 불과하다. 사실 그 발견은 더욱 복잡하고 흥미로운 또 다른 문제를 제 기하도록 만드는 구실이 되었다. 그것은 '과연 이론에 국적이 존재하는 가'라는 물음으로 요약될 수 있는, 이론의 '문화적 정체성'에 관한 문제 이다. 이 글의 제목을 "러시아 이념과 러시아 이론"이라고 붙인 이유가 그것이다.

이 글을 쓰던 당시 나를 강하게 사로잡았던 물음은 이를테면 이런 것이었다. 과연 "러시아 이론Russian theory"이라는 말로 지칭할 수 있는 특정한 정체성이 존재하는가? 만일 그런 것이 존재한다면, 러시아 이론을 독일이나 프랑스 이론과 구별해주는 변별적 자질을 식별해낼 수 있을까? 말 그대로 확장된 지성사적 맥락을 요구하는 이 커다란 물음은 이론 담론의 계보학, 더 넓게는 비교문화학적 관점을 필요로 한다.

참조할 만한 사전 연구가 전혀 없는 것은 아니었다. 이 글의 말미에서 언급한 보리스 가스파로프B. Gasparov(모스크바–타르투 학파의 가장 강력한 '내부 비판자' 중 한 명으로, 일찌감치 미국으로 망명했다)에 따르면, 서구(프랑스)적 노선과 동유럽(러시아)적 노선의 차이는 '타자에 대한 태도'에서 드러난다. 가령, 서구의 지성에게 (동양이라는) '낯선' 타자는 익숙한 자기 자신을 비판하고 해체하기 위한 수단, 즉 나를 내파하기 위한 외부성으로 등장한다. 반면, 러시아의 경우에는 타자(서구)가 나 자신의 잠재력과 본성을 새롭게 깨닫게 하는 계기로서 기능하는데, 다만 이를 위해 그 낯선 타자는 반드시 '극복'될 필요가 있다. 한마디로 서구에게 '타(자)'가 '자(기)'를 내파시키기 위해 요청되는 이질성이라면, 러시아에게 '타(자)는 '자(기)'를 재발견하기 위해 극복되어야 할 이질성이다.

한편, 프랑스의 슬라브 언어학 연구자 페트릭 세리오P. Serio의 최근 연구는 또 다른 측면에서 서구적 노선과 러시아적 노선의 유형학적 차별성을 거론한다. 그의 비교 대상은 현대 구조주의 언어학의 시조 소쉬르F. Saussure와 초기 프라하 구조주의 시절의 야콥슨/트루베츠코이N. S. Trubetskoi다. 세리오는 슬라브 친족 언어군의 "언어 연합" 개념을 근간으로 한 이 시기 야콥슨/트루베츠코이의 이론을 소쉬르의 언어 이론과 비교하는데, 후자가 연구 대상의 존재론적 자질이 아니라 연구를 위한 '기능적, 방법론적 관점'의 확립을 지향하는 데 반해, 전자는 "과학과 이데올로기의 모종의 혼합물," 보다 정확하게는 러시아 제국 이데올로기의 특이한 변종으로서의 "유라시아주의Eurasianism"라는 기묘한 산물로 재구축된다. 그에 따르면, 이 시기 프라하 구조주의 언어 이론은 '구조'의 이름 아래 '총체성'을 옹호하는 "존재론적 구조주의," 이를테면 그것의 생물학적, 목적론적 색채와 더불어 본질상 소쉬르 '이전'으로 후퇴하는 퇴행적 이론이다. 그리고 이 점에서 그것은 소비에트의 제국 이데올로기, 나아가 제2차 세계대전 이후 스탈린의 언어 이론과의 근접성을 보여준다. 세리오가 이야기했듯, "이 시기 소련에서 유라시아주의 이론을 적용한 사람이 아무도 없었음에도 불구하고 스탈린의 전후 담론과 1930년대 유라시아주의 이론과의 근접성은 그저 놀라울 뿐이다."

이들 선행 연구의 공통적인 기본 입장은 무엇인가? 서구의 사례를 기준으로 삼는다는 점이다. 서구라는 '정상적 기준'의 관점에서 볼 때 러시아의 경우는 그로부터 벗어난 '일탈'이나 '왜곡'의 사례로서 유표화 markedness된다. 당시 나는 '러시아 이론'이라는 문제설정 자체, 즉 이론적 담론을 비교-유형학적 접근법을 통해 조명해야 할 필요성에 대해서는 깊이 공감하고 있었지만, 서구와 러시아를 정상과 일탈의 관계로 재단하는 저 익숙한 구도에는 막연한 거부감을 느끼고 있었다. 예컨대, (자기)해체를 향한 서구적 이성의 저 강박적인 집착은 서구의 (자기)중심적 사유의 결과물이자 그 뒷면이 아닌가? 혹은 러시아를 포함한 주변적 사상의 저 일탈과 변형의 사례들은 서구로부터 독립된 예외적인

'특수성'의 증거가 아니라 근대적 이성 체계 자체의 '보편적 본질'이 더욱 두드러진 형태로 발현된 것에 불과한 게 아닐까? 그렇다면 주변의 예외성을 묻는 그 자리란 결국 서구적 이성의 근원적 토대 자체를 근본적으로 반성하도록 만드는 문제적 장소에 해당하는 게 아닐까?

이와 같은 문제의식은 이후로도 계속 이어졌지만 나는 그것을 제대로 풀어낼 만한 실마리를 찾기 힘들었다. 이 책에 실린 마지막 글인 7장 「러시아적 주체: 바흐친과 로트만의 '자아' 개념」은 이 고민의 연장선에서 나온 첫번째 결과물이다. 거기서 나는 이른바 서구의 '자아 중심적 모델'과 구별되는 '러시아적 자아 모델'의 가능성을 조심스럽게 점쳐보았고, 그에 해당하는 이론적 개념을 바흐친과 로트만에게서 각각 찾아보려 시도했다. 하지만 거기서 드러난 일정한 '차이' — 주체와 체계의 관계에서 분열이 아닌 대화를, 공백이 아닌 혼종을 보려는 경향 — 를 과연 어떻게 받아들여야만 하는지, 그 차이를 어떻게 의미화하고 어떻게 가치 평가할 수 있을지는 여전히 명료하지 않다.

현 단계에서 나는 다만 다음과 같은 막연한 방향성을 추정해볼 수 있을 뿐이다. 러시아 이론의 문화적 정체성을 규명하는 과제는 온전한 의미에서 '러시아 이론의 계보학,' 그러니까 20세기 초반의 형식주의 이후로 러시아에서 펼쳐졌던 다양한 이론적 담론들(문학, 언어, 영화, 철학 분야)에 대한 종합적인 이해를 반드시 요구한다. 일정한 방향과 좌표들이 적시된 그와 같은 '개념적 지도'가 제대로 그려질 수 있다면, 이를 토대로 명실상부한 비교이론적 연구를 향해 나아갈 수 있을지도 모른다.

러시아 이념과 러시아 이론

로트만 이론의 문화적 정체성에 관하여

1. 반성적 성찰

로트만, 넓게는 모스크바-타르투 학파의 학문적 유산에 대한 반성적 성찰의 움직임은 한때 학파의 일원이었던 1970년대 망명 학자들을 중심으로 시작되었다. 미국으로 망명했던 가스파로프와 졸콥스키A. Zolkovsky, 영국으로 망명했던 퍄티고르스키A. Piatigorsky, 독일로 망명했던 스미르노프I. Smirnov 등은 망명 이후 각자가 새롭게 당면하게 된 서방의 지적, 학문적 맥락(포스트구조주의, 해체주의) 아래 자신들의 '과거'를 비판적으로 재해석했다. 이때 그들의 비판이 공통적으로 겨냥했던 것은 독특한 역사문화적 현상으로서의 '1960년대 세대'의 사유 체계였다.

이들의 비판은 일차적으로 1960년대 모스크바–타르투 학파의 보편적 방법론이었던 '구조주의적' 지향을 향한다. 그런데 이 문제는 이른바 '소비에트 과학'이라는 특수한 맥락에서 추가적 함의를 지닌다. 소위 60년대적 시대정신과 관련된 구조주의적 테제들은 그 담지자의 주관적 의지와 무관하게 동시대 전체주의 권력이 지녔던 전형적 특징들을 공유한다고 비판받는다. 즉, 세계의 '구조성'과 '총체성'에 대한 공리적 확신, 연구자의 초월적 입지를 전제하는 '실증주의적, 과학주의적' 경향 등은 '목적론적 사고' '절대적 합에 대한 유토피아적 믿음' '제의적 형식에 대한 애착' 따위의 특징을 나눠 가짐으로써, 결과적으로 그들이 대립하고자 했던 권력만큼이나 절대주의적이고 유토피아적인 현상이 되고 말았다는 것이다.[1]

그러니까 이들의 비판적 관점 속에서 60년대 세대의 학문적 패러다임은 전체주의적 권력의 공식 학문 경향에 대한 대안적 반체제라는 자기규정성에도 불구하고, 실제로는 동시대 권력의 '감춰진 다른 얼굴,' 혹은 그것의 비극적 샴 쌍둥이라는 운명을 지니게 되었다. 극단적인 경우 이런 비판은 소비에트 구조주의를 스탈린주의의 기획에 대한 학문적 대응으로 간주하게끔 한다. 한마디로 '절대적 악'으로서의 스탈린주의에 대한 상대적 공저자соавторство가 되었다는 것이다.[2]

아마도 이런 상황은 다음과 같은 구절로 가장 잘 표현될 수 있을지도 모른다. 소련의 인문학은 그들 자신의 '푸코'를 찾아내길 원하지 않았고, 결국 찾아내지 못했다. 하지만 당시 그들이 처해 있던 사회정치적 조건의 특수성을 전혀 감안하지 않는다면 그 또한 온당치 못한 처사가 될 것이다. 서구 구조주의자들에게 권력과 담론의 상호조건성이 일정한 자기반성을 거쳐 획득한 '발견'에 해당하는 것이었다면, 소련의 인문학에게 그것은 애초부터 '주어진(혹은 강제된) 조건'이었다. 퍄티고르스키의 언급은 이 점에서 시사적이다. "언젠가 나는 푸코를 만나 무슨 일이 벌어졌는지 물어볼 기회가 있었지요. 그는 내게 아주 정확한 문장으로 대답했습니다. '이 모든 것은 진짜 혁명을 하지 않기 위한 것들이었지요. 즉, 그건 뭔가 다른 식으로 일어났어야 했던 겁니다.'"[3] '진짜 혁명'이 실제로 일어났던 소비에트에서는, 그러니까 애초부터 모든 게 다르게 진행될 수밖에 없었다는 것이다.

한편, 모스크바-타르투 학파의 학문적 유산에 대한 다른 측면에서의 비판 역시 존재한다. 비판적 성찰의 지점이 러시아의 '민족적 특성'과 결부될 경우, 우리는 로트만의 문화기호학의 예기치 못한 얼굴과 만나게 되는데, 이른바 러시아 역사철학과의 관련성 문제가 그것이다.

러시아 역사철학이란 무엇인가? 흔히 러시아 이념Russian idea이라고도 불리는 그것은 정교적 세계관과 역사의식 속에서 조명된 러시아 정신문화의 고유성과 존재 의미에 대한 인문학적 사색을 가리킨다. 러시아 이념이라는 주제는 민족정신과 문화 정체성 및 민족의 삶이 나아갈 길과 관련된 철학적, 역사적 문제들을 탐구하는 장이 되어왔다. 한마디로 러시아 이념은 러시아 역사철학의 고유한 면모가 드러나는 현장이라고 말할 수 있다.[4]

그리고리 아멜린G. Amelin은, 1970년대 들어 모스크바-타르투 학파가 방향을 전환하고 그 뒤를 이어 문화기호학이 출연한 것은 "기호학이 보다 현대화된 유형의 역사철학적 사유로 변모된 결과"였다고 말한다. 그는 바로 이런 변모의 결과로 "어쩌면 기호학적 사유가 달성했을지도 모를 가장 중요한 업적," 즉 "문화로부터의 독립성"을 상실해버렸다고 비판한다.[5] 아멜린이 보기에, 러시아 역사철학의 사유 패턴은 근원적으로 '문화에 종속되어' 있는데, 왜냐하면 그것은 애초부터 '자국 문화에 대한 옹호'에 기초함으로써 '철학'을 포함한 모든 정상 과학의 필수적 자질인 '자기반성성'을 결여하고 있기 때문이다. 문화기호학이 자국 문화사를 기호학적으로 기술하는 데 있어 이런 전통적 사유체계를 차용하고 있다면, 그건 결국 문화기호학 역시 러시아 역사철학의 뿌리 깊은 폐단으로부터 자유롭지 못하다는 것을 의미하게 된다.

러시아 역사철학의 뿌리 깊은 폐단이란 무엇인가? 그것은 러시아 이념의 전형적인 내러티브가 정전의 성격을 띠는 '준비된 형식'의 무반성적인 적용을 특징으로 한다는 점이다. 서구 대 러시아, 비잔틴 대 가톨릭, 집단 대 개인 따위의 상투적인 대립 구도는 결국 러시아 문화의 우월성 및 그에 부여된 역사적 사명에 대한 옹호로 귀결되곤 한다. 러시아 이념의 이 "오래된 고질병"[6]의 그림자가 로트만에게 역시 드리워져 있다는 비판은 로트만의 문화기호학을 바라보는 일반적인 관점(1970년대 이후 로트만의 사유가 이전의 경직된 구조주의 패러다임을 버리고 보다 '역동적인 모델'을 성취했다는 견해)에 대한 치명적인 공격이 될 공산이 크다.

사실 이와 같은 비판은 좁은 의미의 영향 관계를 넘어서 보다 본질적인 문제를 건드리고 있다. 이념과 이론의 상관관계, 혹은 다르게 말해 이론의 '문화적' 조건성에 관한 물음이 그것이다. 무릇 이론이란 무엇인가? 사상 혹은 이념과 달리, 이론은 그것을 낳은 역사적 시공성의 특수성을 넘어선 보편적 적용 가능성을 지향하는 담론체계이다. 어떤 점에서 '프랑스 이론' 혹은 '러시아 이론'이라는 말은 그 자체로 형용모순인데, 왜냐하면 그 말은 여하한 이론체계가 지양해야 할 문화적 조건성을 전제하고 있기 때문이다.

그런 이유로 우리의 관심은 문화기호학과 러시아 역사철학 사이에 존재하는 '수사적' 공통성의 확인에 머물 수 없다. 오히려 진짜 문제는 그런 공통성의 세심한 검토 이후에 남겨지는 물음들이다. 가령, 러시아 역사철학과 문화기호학 사이에 모종의 공통성이 확인된다면, 우리는 그와 같은 '이론'을 어떻게 받아들여야 할까? 이념과 이론의 상호조건성은 로트만 이론에 국한된 예외적 경우인가, 아니면 러시아 이론 전체의 변별적 특성인가? 혹은 그것은 모든 이론적 담론의 불가피한 문화적 조건성을 증명하는 결정적 사례에 해당하는 것인가?

이어지는 글에서 이 질문들에 대한 확정적인 해답을 기대할 수는 없을 것이다. 다만 나는 이런 물음이 발원하는 흥미로운 사례로서 로트만의 문화기호학을 새롭게 제시함으로써, 그 물음이 촉발하는 반성적 사유의 가능성을 점쳐볼 수 있기를 기대한다.

2. 문화기호학: 현대의 마스크를 쓴 역사철학인가

러시아 역사철학의 가장 큰 특징은 '서구적인 것'과 '러시아적인 것' 간의 유형학적 대립이다. 대립 항의 구체적 자질과 그에 대한 평가의 차별성(가령, 서구파와 슬라브파)에도 불구하고 담론의 구조 자체는 불변적이다. 19세기 러시아 역사철학의 전 과정은 사실상 이 구조적 유형학의 다채로운 변주 과정이라고 해도 과언이 아니다. 러시아의 정체성에 관한 역사철학적 담론은 언제나 유형학적 상대자counterpart로서의 '서구'를 두고, 그에 대한 끊임없는 근접과 이탈의 진자 운동을 반복했다고 할 수 있다.

로트만 문화기호학의 실제 분석들이 러시아 역사철학의 이런 전형적 패러다임을 일정하게 반복하고 있다는 점은 쉽게 눈에 띈다. 1977년에 우스펜스키B. Uspensky와 함께 발표한 「러시아 문화의 역동적 전개에서 이원적 모델의 역할」에서 로트만은, 중세로부터 18세기에 이르는 러시아 문화사의 전개를 원형적 모델의 역동적 변형 과정으로서 제시한다. 이때 원형적 모델이란 원칙상 대립되는 두 문화 영역, 즉 성聖과 속俗의 '양극적 배치'로서 실현되는 중세 러시아 문화의 '2원 구조'를 가리킨다.

> 우리의 관심을 끄는 이 시기 러시아 문화의 특성은 구조의 2원적 성격에서 나타나는 원칙적인 양극성이다. 러시아 중세의 시스템에서 문화의 기본 가치들은 명확한 경계에 의해 분리되어 가치론적 중립 지대를 알지 못하는 절대적 가치계 속에 자리 잡고 있다.[7]

하지만 러시아 중세 문화의 이런 특징은 독립된 자족적 실체라기보다는 그에 대립하는 서구적 유형과의 유형학적 비교의 산물이다. 중세 러시아 문화의 원칙적인 2원론, 즉 '천국 대 지옥의 2원 구조'는 서구 가톨릭 세계의 '3원적' 세계 모델(천국-연옥-지옥)과의 비교를 통해 모델화된다. 그러니까 천국과 지옥의 중간 단계인 연옥을 지니지 않았다는 사실로부터 러시아 문화의 2원 구조가 의미화되는 것이다. 그런가 하면 러시아 문화사의 특징인 "선행 단계로부터의 과격한 분리"는 서구적 중립 지대, 즉 "미래의 시스템을 산출하는 구조적 비축의 영역"을 지니지 않았다는 이유로 인해 "근본적으로 다른 성격"의 역동성을 만들어내게 된다.

이런 조건 아래서 역동적 과정은 근본적으로 다른 성격을 띠게 된다. 변화는 선행 단계로부터의 과격한 분리를 통해 이루어진다. 이 과정의 자연스런 결과는 '사용되지 않았던' 예비 구조에서 생겨난 새로운 것이 아니라 옛것의 변형, 이른바 '뒤집기'의 산물로 나타나는 새것이었다. 이런 식으로 반복되는 변화는 실제로 태곳적 형식의 재생(부활)으로 나아갈 수 있었다.[8]

문제는 러시아 문화사의 역동적 전개를 해명하기 위해 로트만이 사용하고 있는 이론적 메타언어들이 러시아 역사철학의 전통에서 '신화'로 굳어진 몇몇 내러티브를 이론적으로 정식화(더 나아가 고착화)하고 있는 것처럼 보인다는 점이다. 러시아의 역사철학의 이념에 조금이라도 익숙한 사람이라면, 러시아 문화의 가치론적 체계가 보여주는 '극단적 2원론'이나 러시아 문화사의 '단절적' 발전과 같은 설명을 마주할 때, 거의 즉각적으로 러시아 민족혼의 극단성 및 러시아 역사의 파국적 성격에 관한 베르댜예프의 저명한 테제를 떠올리지 않을 수 없다.

러시아 민족은 극도로 양극화된 민족이다. 러시아인은 모순적인 것들의 혼합물이다. [……] 러시아 민족은 서구인들과 같은 문화의 민족은 아니었다. [……] 러시아인들은 중용을 모르며, 그 대신에 종종 극단으로 치닫는다.

단절은 러시아 역사의 특징이다. [……] 러시아의 역사에는 다섯 개의 시대(키예프, 타타르 지배, 모스크바 공국, 표트르 대제 집권기, 소비에트)

가 존재하는데, 각각의 시대는 서로 상이한 모습을 보여줄 뿐만 아니라 완전히 별개의, 전혀 새로운 러시아로 나타난다. 러시아의 발전은 파국적이다.[9]

물론 여기서 로트만이 러시아의 역사철학 담론을 그대로 답습하고 있다고 말한다면 그것은 전적으로 부당한 비판이 될 것이다. 로트만의 입장은 러시아 문화사의 '2원성'과 '단절성' 자체를 확증하는 데 있지 않다. 그의 관심은 그런 기본 구조 아래에서 작동하고 있는 문화의 실제 메커니즘, 그의 표현을 빌리자면 "역사적 과정에 참여하는 사람들의 의식 속에서 이루어지는 이 개념들의 '주관적' 체험과 그것들이 문화의 전체 맥락 속에서 '객관적'으로 획득하는 의미 사이의 '차이,' 그리고 그들 간의 상호 전이의 복잡한 역학과 상대성을 밝히는 것"에 있다.

가령, 러시아 중세 문화의 경우를 보자. 로트만의 예리한 분석에 따르면, 988년 기독교 수용 이후 러시아의 중세 문화는 과거의 이교 문화를 '반-문화anti-culture'의 형태로 재생시킴으로써 옛것의 '발생기' 역할을 수행했다. 표트르 개혁의 신문화 역시 마찬가지로, 유럽 지향의 계몽 문화를 '러시아의 두번째 세례'로 모델화함으로써 자신이 거부하고자 했던 바로 그 전통을 재생시키는 결과를 낳았다. 말하자면 새로운 것을 향한 주관적 지향은 역설적으로 옛것의 재생기 역할을 수행했던 것이다. 이런 세밀한 '차이'의 복잡성을 고려하지 않는다면, 로트만의 다음과 같은 언급은 결코 온전히 이해될 수 없다.

보다 자세한 관찰은 표트르 이후의 새로운 문화가 일반이 생각하는 것보다도 훨씬 '전통적인' 문화였다는 사실을 확인시켜준다. 비록 이 새

로운 문화가 자신을 '서구적인' 것으로 주관적으로 체험하였음에도 불구하고 객관적인 사실은 달랐다.[10]

이미 살펴보았듯이, 역사적 전통은 전통과의 단절이 주관적으로 의도되고 있는 바로 그곳에서 자주 모습을 드러내며, 반면 혁신은 인위적으로 구성된 '전통'에 대한 광적인 집착을 자주 노출시킨다.[11]

표면적 단절성 아래를 관통하는 이런 연속성의 확인은 분명 중요한 통찰이다. 그러나 여전한 문제는 '주관적' 체험의 허구성을 폭로하고자 하는 연구자가 '객관적'으로 사용하고 있는 분석의 '체계'에 있다. 즉, 전통적 담론의 거친 획일성을 드러내고자 하는 연구자 로트만의 주관적 지향에도 불구하고, 그가 객관적으로 사용하는 분석의 체계는 여전히 '전통적인' 그것이다. 이와 관련된 치명적인 역설은, 복잡한 '차이'의 메커니즘에 관한 로트만의 세밀한 분석을 통해 최종적으로 남겨지는 분명한 인상이 최초의 원형적 심층 구조의 '견고한 내구성'이라는 점이다. 그러니까 로트만의 모델에 따르자면 러시아 문화사의 전개 과정이란 최초 모델(정교 대 이교 이분법)의 '변형된 무한 반복'이 된다. 요컨대, 비판의 화살이 정전적 유형의 신화적 허구성을 깨뜨리는 방향이 아니라 반대로 그것의 실체적인 진리가를 증명하는 방향으로 쏟아지고 있는 것이다.

스미르노프는 러시아 문화의 2원 구조와 관련된 로트만과 우스펜스키의 정식화는 러시아 민족의 극단성에 관한 전통적 신화를 이론화한 것일 따름이라 비판하면서 이렇게 적고 있다.

'영원히' 러시아적인 것(즉, 그 어떤 중립성도, 더 중요하게는 혼합성도 허용하지 않는 사유의 2원성)과 러시아의 역사(즉, 과거를 부정하는 변화)는 타협 가능하다. 하지만 이를 위해 우리는 대체 어떤 대가를 지불해야만 하는 걸까? 진정 다른 민족 문화에서는 역사적 존재 과정에서 분절성이 없었던가? 만일 그들 또한 러시아처럼 2원적이라면, 대체 러시아적 특수성이란 어디에 있단 말인가?[12]

스미르노프의 비판에 따르면, 2원성이란 "다원성이 허용되지 않는 모든 민족문화"의 특징일 뿐이며, 그에 관한 이론적 정식화란 기실 "공시적 평면에 부재하는 복수성을 통시적 평면의 역동성을 통해 상쇄하고자 하는 기호학적 시도"에 불과하다.

이런 비판에서 알 수 있는 것처럼, 러시아 역사철학의 패러다임에 대한 의혹과 비판은 하나의 담론으로서 그것을 특징짓는 일련의 부정적 자질 — 이를테면, 전前과학적 성격과 문화 의존성, 역사적 신뢰성 부족, 자기반성성의 결여 등등[13] — 에만 기인하는 것이 아니다. 더 심각한 문제는 러시아 역사철학이 고유한 내러티브 구조를 통해 러시아 문화의 '특수성'에 대한 신화를 끊임없이 반복 재생산하고 있다는 점에 있다.

앞서 지적했듯이, 이 글의 관심은 로트만 문화기호학에 영향을 미친 역사철학의 전통에 대한 이데올로기적 비판에 있지 않다. 다시 강조하건대, 로트만의 문화기호학은 담론이기 이전에 '이론'이다. 특정한 이론 체계로서 그것은 러시아 문화사를 적용과 분석의 사례로서 채택한다. 이때 로트만이 러시아 문화를 기술하는 목적은 어디까지나 그것을 '기호학적 관점'에서 읽어내기 위함이다. 그러니까 우선적인 관심의 초점은 러시아 문화 텍스트를 바라보는 로트만의 '기호학적 해석'이라는 좌표에 놓여야만 한다. 혹은 다르게 말해, 기호학적 해석의 좌표를 우회한 채 수행되는 모든 이념적, 내용적 비판은 여전히 불충분할 수밖에 없다.

3. 내 것과 남의 것: 마법적 시스템 대 종교적 시스템

민족문화를 비롯한 모든 개별 문화는 스스로의 정체성을 확립하는 과정에서 일정한 방식의 범주적 조작을 수행한다. 외부의 '타자적인 것'으로부터 '자신의 것'을 구분해내는 '이화異化'의 과정이 그것이다. 조직화되고 질서화된 자신의 영역(문화)을 조직화되지 않은 타자의 영역(비문화)과의 대립 관계 속에서 이해하는 것은 문화의 기초적 특징에 해당한다. 로트만에 따르면, "문화의 개념은 그에 대립하는 '비문화'의 개념과 긴밀하게 연관되어 있다. 이런 대립을 야기하는 원인은 해당 문화의 유형에 달려 있지만(즉, 문화의 유형에 따라서 '진짜 종교 대 거짓 종교' '계몽 대 무지' '특정한 인종적 그룹에 속함 대 속하지 않음' 등의 안티테제로 모습을 달리할 수 있지만), 모종의 닫힌 영역에 포함됨과 그로부터의 배제됨 자체는 문화의 개념을 '내적' 관점을 통해 해석하기 위한 가장 중요한 특징을 이룬다."[14]

이와 같은 문화의 보편원리에 입각할 때, 러시아 문화는 아주 흥미로운 특징을 보여준다. 즉, 그것은 모종의 '역전된' 형태를 취하고 있는바, 조직화된 서구(타자)에 조직화되지 않은 (혹은 상대적으로 덜 조직화된) 러시아(자아)를 대립시키고 있는 것이다. 말하자면 여기서 러시아는 일종의 '비문화'로서 서구의 문화 영역에 대립하게 된다. 이와 같은 역전된 자-타 대립의 구조는 러시아가 스스로를 독립된 개별 문화로 인식하기 시작한 이래로 꾸준히 작동하고 있는 가장 강력한 역사문화적 패러다임이다. 나아가 그것은 러시아의 문화적 의식의 깊숙한 심층부에 자리한 의미 가치론적 범주에 해당한다고 할 수 있다. 그렇다면 로트만의 문화기호학에서 이와 같은 전통적 패러다임에 상응하는 메타적 유형론의 모델을 찾아볼 수 있을까?

로트만이 1981년에 발표한 「문화의 원형적 모델로서의 '계약'과 '헌신'」은 이에 관한 흥미로운 사례를 보여준다. 로트만이 제시한 문화유형학의 마지막 모델에 해당하는 이 글에서, 그는 문화의 원형적이고 사회문화적인 두 유형으로서 '마법적 시스템'과 '종교적 시스템'을 구분한다. 마법적 시스템의 유형은 행위의 '상호성'과 '수평적 대응,' 그리고 '계약성'을 특징으로 한다. 거기서 일방의 행위는 반드시 상대편에게 그에 합당한 응답, 이를테면 '계약'에 의해 미리 정해진 응답적 행위를 불러일으킨다. 따라서 이 시스템에서는 일방적 행위란 존재할 수 없다. 왜냐하면 마법사가 자신의 무지 탓으로 올바르지 못한 행위를 수행할 경우, 그의 말과 제스처가 온전한 행위로 인정받지 못할 것이기 때문이다.

반면, 종교적 유형은 이와 다르다. 그것은 쌍방적이고 계약적인 사고가 아니라 일방적이고 위계적인 사고를 중심에 둔다. 여기서 권력자와 피지배자의 관계를 포함한 모든 사회적 관계는 '신과 인간 간의 관계'의 모델에 기초해 파악된다. 따라서 이 유형에서는 한쪽이 자신이 가진 모든 것을 무조건적으로 '바치는' 반면에, 상대방은 그에 상응하는 대가를 줄 수도 있고 그러지 않을 수도 있다.[15]

이러한 구분이 실존하는 형태를 가리키기보다는 일종의 유형학적 분류에 해당한다는 로트만의 전제에도 불구하고, 마법적 모델이 (고대 로마의 법률적 사유와 중세 기사도 문화의 계약적 성격을 물려받은) 서구적 문화 유형에, 그리고 종교적 모델이 정교적 패러다임에 물든 러시아적 문화 유형에 각기 대응된다는 점을 유추하기란 전혀 어렵지 않다.

무엇보다 눈에 띄는 것은, 로트만의 유형론적 이분법이 이른바 '권력관계'에 관한 러시아 역사철학의 전형적 '형식'을 따르고 있다는 점이다. 서구 사회에 '계약'이 존재한다면 러시아에는 '헌신'이 존재한다는 사고, 그곳에서 '거래'가 작동한다면 이곳에선 그 대신 '합일'이 작동한다는 생각은 러시아 민족의 극단성과 양극성만큼이나 전형적인 이념에 해당한다. 가령, 대표적인 슬라브주의자인 키레옙스키I. Kireevsky의 다음과 같은 전형적인 역사철학적 언급을 보라.

서구에서는 〔……〕 모든 것이 조건에 기반하고 있다. 〔……〕 따라서 사회적 계약이란 단지 백과사전주의자들의 발명품이 아니라, 모든 서구 사회가 무의식적으로 지향해왔고 지금은 의식적으로 지향하고 있는 진정한 사회적 이상이다.[16]

베르댜예프는 이렇게 말한다.

러시아적 무정부주의는 자유의 탈취가 아니라 헌신이다. 〔……〕 러시아 민중은 〔……〕 권력을 원하는 게 아니라 권력에 자신을 헌신할 것отдание себя власти을 원한다.[17]

물론 이 두 모델을 바라보는 로트만의 가치론적 입장은 결코 러시아 이념의 그것과 같다고 볼 수 없다. 역사철학의 입장이 서구의 계약적 이성에 대한 러시아의 헌신적 태도의 '우월성'을 말하려는 것이라면, 로트만의 입장은 오히려 그 반대에 가깝다. 로트만이 말하는 종교적 모델은 권력과의 관계를 사고함에 있어 분명 일방적이고 억압적인 성격을 띤다.

로트만에 따르면, 러시아에서 중앙집권적 권력은 서구에서보다 훨씬 더 직접적인 형태로 '종교적 관계'의 모델을 따라 구축되었다. 예컨대, 중세 러시아에서 '계약에 따른 복무'는 명백히 부정적인 가치를 띠었다. 복무의 이상을 계약이 아닌 충성심에 두려는 경향은 군주에 대한 복무 служба를 일종의 예배служение로 변형시켰다. 이런 특징은, 예컨대 민중 의례집인 『도모스트로에』에서도 드러난다. 거기서 "우주에서의 '신,' 국가에서의 '차르,' 그리고 가족에서의 '아버지'는 인간에 의한 무조건적 헌신의 세 단계를 반영하는 동시에 종교적 관계의 체계를 상이한 차원들에서 복제하고 있다."[18]

그런데 여기서 특별한 관심을 끄는 대목은 따로 있다. 로트만이 러시아 역사철학 전통의 이런 뿌리 깊은 패러다임을 나름의 '기호학적' 관점을 통해 '번역'하고 있다는 점이다. 즉, 서구와 러시아의 유형학적 대립이 '계약 대 헌신'과 같은 전통적 용어로 표현되고 있을 뿐 아니라 '조건성(관례성)[19] 대 상징성'이라는 '기호학적 용어'를 통해 번역되고 있는 것이다.

로트만에 따르면, '교환'의 관념에 기초하는 계약적 시스템은 본질상 계약의 '파기 가능성'을 전제하고 있다. 그리고 이 점은 관례적 기호가 지니는 '기만의 가능성' 및 '정보 무효화의 가능성'에 대응된다. 기호의 조건성을 향한 본래적 관념에 충실한 계약의 심리는 역으로 행위의 기호성을 향한 명백한 지향으로 나타난다. 서구 중세의 기사도 문화 시스템은 철저한 제의ritual와 에티켓의 세계, 즉 명예에 대한 '관념'의 세계인 것이다.

반면에, 종교적 시스템은 원칙적으로 기호의 조건성을 배격한다. 예를 들어, '말'에 대한 태도는 이를 잘 보여주는데, 중세 러시아의 의식 구조 속에서 조건적 기호의 대표적 형식인 말을 통한 커뮤니케이션은 곧 '악마와의 거래'를 의미한다(신과의 소통에서 말장난을 생각할 수는 없다). 말의 다양한 해석 가능성은 진정한 의미의 드러냄이 아니라 오히려 '기만'의 욕구와 동일시된다. 기호학적 수단의 유희적이고 상대적인 성격을 거절하는 이 문화 유형은 '비관례성'을 '진리성'과 쉽게 동일시한다. 이에 따라 표현과 내용의 분리 가능성을 전제하는 관례성 대신에 그들 간의 '도상적' 동일시가 전면화되고, 그 결과 전면적인 상징주의가 문화의 상층부에서 작동하게 된다.

여기서 상징주의의 의미를 제대로 이해할 필요가 있다. 주지하듯이, 상징은 기표와 기의의 분리 가능성, 곧 기호의 자의성을 지니지 않는 특별한 기호의 유형을 대표한다. 일찍이 소쉬르가 지적한 대로, "자의적 기호와 달리 상징은 결코 완벽하게 자의적이지 않다. 그것은 결코 완전히 비어 있지 않으며, 언제나 그 안에는 기표와 기의 간의 자연적 결합의 흔적 기관이 남아 있다."[20] 표현과 내용 간의 본질적인 내적 관련성을 가정하는 이런 상징주의가 문화의 상층부에서 전면적으로 가동될 때, 권력은 자연스럽게 신성함의 속성을 부여받게 된다. 권력이 영원한 진리를 내재한 것으로 표상될 때, "국가성에 팽배한 종교적 감정과 이와 관련된 사회심리는 모든 기호작용을 상징적 형상, 곧 살아 있는 성상icon으로서의 차르에게 바칠 것을 요구하게 된다."[21] 흥미롭게도 이런 상황은 매우 역설적인 정반대의 현상을 불러오는바, 즉 문화의 하층부에서는 '영점의 기호학'을 지향하는 극도의 실용주의를 동반하게 된다. 최대한 상징화된 권력층을 제외한 사회의 나머지 구성원에게 요구되는 것은 '순전히 실제적인 활동'일 뿐이다.[22]

아무튼 이를 통해 분명해지는 것은 로트만이 서구적 유형의 마법적 시스템과 러시아적 유형의 종교적 시스템을 각각 기호의 조건성과 상징성으로 '번역'함으로써, 문화유형학적 구분을 (소쉬르의) 기호유형론과 관련짓고 있다는 사실이다.

하지만 '기호학적' 관점과 '문화론적' 관점 사이의 모종의 '충돌'을 감지하게 되는 것은 외견상 두 관점이 생산적으로 조응하는 것처럼 보이는 바로 이 지점에서다. 과연 이 두 관점은 로트만의 체계 내에서 무리 없이 매끄럽게 연결될 수 있을까? 문제의 핵심은 여기서 동원되고 있는 조건성 대 상징성의 이분법적 대립이 로트만의 이론적 사유에서 차지하는 특별한 위상에 있다. 이 대립은 문화의 원칙적인 '복수언어주의'로 요약되는 로트만의 사유 전체를 떠받치고 있는 가장 중요한 토대에 해당한다. 가장 작게는 '말과 그림,' 넓게는 '분절적인 것과 연속적인 것' 사이의 대립으로 치환될 수 있는 그 대립은, 내 것 대 남의 것이라는 다분히 가치론적인 문화적 대립과 연결될 때 추가적 함의를 지니게 된다. '러시아 이론'이 '러시아 이념'과 부딪히는 흥미로운 그 자리의 풍경이 바로 우리의 진짜 관심거리다.

4. 내 것과 남의 것: 분절적 모델 대 비분절적 모델

로트만에 따르면, 고립된 기호체계는 제아무리 완벽하게 구조화된 것이라 할지라도 결코 문화를 구성하지 못한다. 이를 위해서는 최소 두 개 이상의 복수의 기호체계가 요구된다.

바로 이와 관련된 특성이 문화의 원칙적인 복수언어주의이다. 그 어떤 문화도 단 하나의 언어에 만족할 수 없다. 최소한의 체계를 구성하는 것은 나란히 존재하는 두 개의 언어, 가령 말로 된 언어와 조형적 언어의 세트이다.[23]

원칙적으로 상이한 방식으로 구축된 (그래서 완벽한 상호 번역이 불가능한) 두 대립 항(두 언어)의 공존은 인간 의식을 포함한 문화의 전 영역에서 확인되는 보편 현상이다.

인간의 지적 활동의 모든 차원에서 나타나는 양극적 조직화의 양상을 관찰해보면 일정한 대립 쌍을 분별해낼 수 있다. 한쪽 극점에서는 분절적이고 선형적인 조직화의 단초가, 다른 쪽 극점에서는 동질동상적이고 연속적인 조직화의 단초가 우세하다. 그리고 이는 다시 개별 인간 사유의 좌반구적 원칙과 우반구적 원칙에 일정하게 대응될 수 있다.[24]

양극적 조직화의 이런 양상은 가장 높은 차원에서는 '분절적 모델'과 '연속적 모델' 간의 대립으로, 가장 명확한 형태로는 (조건적 기호로서의) 말과 (도상적 기호로서의) 그림 간의 대립으로 로트만의 여러 저작에서 매번 다른 방식으로 제시된다.[25)] 하지만 그들 모두는 메타적 견지에서 일련의 분명한 '유형학적 계열체'를 구성하는바, 앞서 살펴본 기호의 조건성과 상징성 간의 대립 역시 이런 계열체적 대립 관계의 한 예에 해당한다.

그런데 여기서 주목할 것은 이런 이론적 프레임이 암묵적으로 전제하고 있는 '가치론적' 지향이다. 앞에서 열거한 다양한 유형학적 대립이 궁극적으로 암시하는 것은 지금껏 암묵적으로 보편적인 것으로 간주되어온 분절적 세계 모델에 대한 비판적 재고이다. 분절적 모델, 즉 언어적, 논리적, 역사적 의식과 기호작용이란 단지 문화체계를 구성하는 한쪽 항일 뿐이며, 문화의 모든 차원과 실현의 양상에서 그와 함께 길항적 지렛대를 이루며 공존하고 있는 '또 다른' 유형의 모델을 발견할 수 있다는 통찰이 그것이다. 형상(이미지)적, 공간적, 신화적 모델들, 곧 '비분절적(연속적)인 세계상'의 재발견은 로트만의 이론적 탐구를 추동하는 근원적 모티브이다. 인간 의식과 문화 전반에서 비분절적 단초들이 갖는 위상을 정당하게 자리매김하려는 지향은 로트만 기호학의 근원적 동력으로서, 그것은 '반대편 연안'의 버려진 영역, 이제껏 상대적으로 경시되거나 주목받지 못했던 측면을 적극적으로 내부로 끌어들임으로써, 결국 자신의 세계를 온갖 모순과 비단일성 속에서 다시 바라보도록 만드는 방식을 따른다. 로트만의 기호계에서 '변방의 타자'에 해당하는 비분절적(연속적) 모델은 보다 명확하고 합리적인 분절적 세계 모델(대표적으로 언어적 모델)의 필수불가결한 '이항異項'으로서 문화의 주변 지대에서 항상 작용하고 있다.[25)]

로트만의 이론 체계 내부에서 분절적 모델과 비분절적 모델이 지니는 이와 같은 특별한 위상을 염두에 둘 때, 앞서 살펴본 '자-타' 대립의 2원적 유형학은 새로운 각도에서 조명될 수 있다. 로트만이 말하는 분절적 세계상은 명백한 사회적 '코드'와 행위의 '문법'을 지향하는 논리적 '질서'의 세계, 구체적인 상황과 개성들로부터 독립된 추상적 '법칙'의 세계상에 더 가깝다. 반면, 연속적 세계상은 '문법'이 아닌 '텍스트' 속에 기입되는 모델, 논리적 추상화를 통한 문법의 추출 대신에, 다양하고 구체적인 '인간적 요소들'과 집단적이고 유기적인 '기억'(전통)의 활성화를 지향하는 '텍스트적' 세계상에 더 가깝다. 바로 이런 차별화를 토대로 앞선 두 모델은 각기 서구적 유형과 러시아적 유형에 대응될 수 있다.

그렇다면 이런 대응이 암시하는 결과는 무엇일까? 바로 러시아 문화의 '연속적 성격'에 대한 가치론적 재평가이다. 이른바 분절적 세계상의 독단적인 전횡과 경직성을 상대화하고 복수화하는 '비분절적(연속적) 단초들'이란 결국 러시아 문화의 심층부에 생생한 형태로 잔존하는 러시아적인 특징들과 다르지 않다. 그러니까 이와 같은 '역전된' 가치론적 대립 구도 속에서 이제 자연스럽게 '타자'의 형상을 획득하게 되는 '서구적 세계'는 여전히 보편적인 (그런 의미에서 유토피아적인) 추상 문법을 고수하고 있다는 이유로 비판받게 된다. 반면, 모순적이고 역동적이며 구체적인 러시아적 세계는 전자의 경직성과 일방성을 극복할 수 있게 하는 '열린 가능성'의 영역으로 재인식되는 것이다. 가령, 이를 이론적 차원에 적용해본다면, 러시아 문화의 이런 특징들은 (애초에 서구적 패러다임에서 출발한) 기호학 이론 자체를 새롭게 혁신하기 위한 중대한 '잠재성'의 단초로 여겨질 수 있다. 로트만의 아래와 같은 언급은 이런 입장을 명백하게 보여준다.

기호학적 관점을 통한 러시아 문화연구는 두 가지 방향에서 가능하다. 한편으로 연구자는 러시아 문화를 기술하기 위해 충분히 넓은 지평에서 수행되어온 현재까지의 기호학적 탐구의 성과물을 이용할 수 있을 것이다. 또 다른 접근법은 현존하는 기호학적 문화론이 불만족스럽다는 전제하에 러시아 문화의 자료들을 기초로 새로운 방법론을 찾을 것을 지향한다. 우리의 접근법은 명백히 후자다. 우리는 이러한 관점에서, 러시아 문화의 자료들에 관한 연구가 문화기호학의 보편적 방법론을 위한 일련의 새로운 자극이 될 수 있을 것이라고 생각한다. 러시아 문화가 지니는 역동성과 비고정성, 항상적인 내적 모순은 그것을 일종의 역사적이고 이론적인 연병장полигон으로 만들어주며, 본질상 실험적인 이 연구 영역에 대한 지출의 불가피성, 때로는 그것의 예언적인 통찰력을 자극한다.[26]

여기서 로트만이 말하는 "현재까지의 기호학적 탐구의 성과물"이란 물론 서구에서 보편적으로 통용되고 있는 기호학적 방법론 일반을 뜻하는 것이다. 하지만 보다 구체적으로 그것은 1960년대 모스크바-타르투 학파 자신의 보편 원칙이기도 했던 경직된 '구조주의 기호학'의 테제를 가리키기도 한다. 로트만은 현존하는 기호학적 문화론의 한계를 지적하면서, 러시아 문화의 재료를 통해 그것을 '극복'할 것을 말하고 있는 것이다. 그런데 그와 같은 극복이란 사실상 무엇을 뜻하는가? 그것은 '서구적인 것'의 극복이면서 동시에 (서구적인 것에 현저히 정향되었던) 자기 자신의 '과거,' 즉 1960년대 모스크바-타르투 학파의 방법론을 특징짓는 서구지향성[27]을 극복함을 의미하는 것이기도 하다. 다른 무엇도 아닌 '자기 자신의 것'을 연구함으로써 (빌려온 것으로서의) 과거를 극복하려는 지향, 다름 아닌 '러시아 문화사의 자료'를 통해 타자(서구)와 (그 타자에 물든) 자신의 과거를 동시에 극복하기! 어떻게 보면 순전히 이론적 차원에서 발설됐다고 할 수 있는 로트만의 이런 언급이 예사롭게 느껴지지 않는 것은, 그가 (특히 마지막 문단에서) 사용하고 있는 어휘와 개념 들의 숨길 수 없는 역사적 맥락 때문이다.

러시아 문화가 지니는 역동성과 비고정성, 내적 모순성을 '미래'를 위한 긍정적 잠재성으로 간주하고, 러시아 문화연구 영역의 '실험적'이고 '예언적'인 성격을 강조하는 로트만의 이 구절에서, 19세기 러시아 역사 철학을 관통했던 저 악명 높은 '메시아주의'의 음험한 그림자를 느낀다면 그건 지나친 억측일까? 이미 노쇠한 서구 문명을 대신해 러시아가 전 세계를 향해 "새로운 말"을 하게 될 것이라는 주장, 러시아는 다만 "실현되지 못한 가능성" "개발되지 않은 처녀지"일 따름이며, 서구에 대한 러시아의 상대적인 후진성과 결핍은 그 자체로 러시아의 빛나는 미래를 위한 잠재적 발판이 될 것이라는 사고. 주지하다시피, 이런 주장과 사고는 러시아의 원초적인 '과거'를 유토피아적인 '미래'와 혼동했던 슬라브주의자들(키레옙스키, 호먀코프, 악사코프 등)뿐 아니라 조국의 과거와 현재에 대한 '쓰라린 자기 거부'를 두려워하지 않았던 급진적 서구주의자들(차다예프, 게르첸, 벨린스키 등) 역시 자유로울 수 없었던 절대적인 '수사학'의 유형이었다. 가령, 베르댜예프의 유명한 구절을 보라.

역사철학의 문제에 관한 러시아적 고찰은 러시아의 길은 특별한 길이라는 의식으로 이르게 하였다. 러시아는 위대한 동서東西이며 하나의 완전한 큰 세계이며, 러시아 국민에게는 거대한 힘이 숨겨져 있다. 러시아인은 미래의 국민이다. 서구인이 아직껏 해결하지 못한, 또 충분히 제기조차 하지 못한 문제를 그들은 해결할 것이다. 그러나 이 의식에는 항상 러시아의 죄와 러시아의 암흑에 대한 비극적인 인식이 뒤따른다. 때로는 러시아가 심연으로 굴러 떨어지고 있다는 감정이 있다. 문제는 언제나 중간적 문제가 아니라 종말의 문제로서 제기되고 있다는 것이다. 러시아적 의식은 종말론적 의식과 접촉한다.[28]

물론 여기서 로트만의 이론적 관점을 러시아 역사철학의 유토피아적 이데올로기와 일방적으로 동일시하는 것은 매우 위험한 일이 될 것이다. 앞서 지적했듯이, 러시아적인 문화 유형을 서구적 유형과의 대립 관계 속에서 규정하려는 로트만의 지향은 전자의 특수성과 독특함에 대한 반복적 확증을 겨냥하지 않는다. 오히려 그것은 그런 구조가 지니는 일련의 항수적 특성에 대한 문화기호학적 해부를 지향하며, 이런 태도는 러시아적 문화 유형이 지니는 부정적 성격에 대한 날카로운 비판을 결코 비켜 가지 않는다.

그럼에도 불구하고, 로트만의 이론적 사유의 궤적 자체가 '외래 문화의 러시아적 내면화' 과정이 보여주는 전형적 패턴을 일정하게 반복하고 있다는 사실을 확인하는 것은 몹시 거북스럽다. 18세기에 서구 문화의 압도적인 영향력 아래서 근대를 구축했던 러시아는 그에 대한 반동과 거부의 움직임 속에서 스스로의 이념을 만들어야만 했던바, 어떤 면에서 러시아 이념이란 그 '정신적 투쟁'의 과정이 고스란히 담긴 흔적에 다름 아니다. '낯선 텍스트'의 압도적인 영향이 내적 독립을 향한 강한 지향을 불러일으키고, 결국 그 독립 의지가 '내 것'의 본래적 우위를 확증하는 것으로 귀결되는 과정, 이 특징적인 내면화의 과정이 바로 러시아 이념의 내러티브인 것이다.

그렇다면 결국 우리는 로트만 기호학의 진화 과정을 '타자의 내면화'라는 러시아 문화사의 일반 모델이 드러난 또 하나의 사례로 간주해야만 할까? 하지만 다시 물어보자. 어찌 보면 이는 단순하고 명백한 하나의 상황, 그러니까 로트만의 문화기호학이란 결국 러시아 문화가 만들어낸 산물이라는 당연한 사실을 가리키고 있는 게 아닌가? 기술 언어(로트만의 문화기호학)의 본질이 기술 대상(러시아 문화)의 속성에 역으로 포섭되는 이런 역설의 순간 그것은 결국 러시아 문화를 기술하는 강력한 메타언어인 로트만의 문화기호학이 러시아 문화 자체가 낳은 텍스트적 산물로 판명되는 순간에 다름 아니다.

5. 러시아 이념 대 러시아 이론

로트만의 문화기호학이 러시아 문화를 기술하는 메타언어인 동시에 그것의 산물이기도 하다는 사실을 확인하는 것은 궁극적으로 하나의 이론체계로서 로트만 이론의 '문화적 보편성'의 문제를 제기한다. 문화 종속적인 이론체계는 문화적 특수성을 넘어선 보편성을 담보할 수 있을까? "만일 중립적이고 보편적인 메타언어가 단지 (연구자가 속한 문화에 종속적인) 상대적인 것으로만 해석된다면, 그것은 문화적 보편성을 표현하는 데 실패할 수밖에 없"는 게 아닐까?[29]

한때 모스크바-타르투 학파의 일원이었던 퍄티고르스키의 비판은 정확하게 이 지점을 겨냥하고 있다. 그는 현상학적 입장에 기초해 1970년대 이후 로트만의 지적 여정을 "대상의 존재론화"라는 말로 규정한다.

그러나 메타-입지에서 중요한 것은 다음과 같다. 여기서 관찰자는 (문화, 역사 등과 관련된) 자신의 고유한 입지를 거절하지 않는다. 즉, 인공적으로 이화된 완전히 순수하고 '외재적인' 관찰자를 전제하지 않을 뿐 아니라, 반대로 관찰자 자신의 사유를 세계에 대한 사유의 관찰 영역 속으로 끌어들인다는 것이다. 메타-입지의 관점에서 볼 때, 역사란 스스로의 절대적인 자질들을 지니는 대상이 아니라 문화적 사유의 경험, 즉 인식의 구조에 불과한 것으로 판명되는 것이다.[30]

퍄티고르스키에 따르면, 이와 같은 문화적 조건성은 이론체계로서 로트만의 문화기호학이 지니는 치명적인 한계에 해당한다. 하지만 의문은 완전히 해소되지 않는다. 여전히 다음과 같은 물음이 남게 되는 것이다. 퍄티고르스키가 말하는 현상학적 입지, 즉 순수하고 객관적인 학문적 입지란 것은 과연 가능한가? 오히려 인문학의 현대적 맥락에서 볼 때, (학문을 포함한) 모든 담론의 불가피한 '문화 의존성'은 인정할 수밖에 없는 명제가 아닐까?

로트만은 역사기호학 방법론을 다룬 말년의 글에서 다음과 같이 주장한 바 있다. 전통적인 역사학의 방법론이 대상 세계와 역사가의 세계 사이의 최대한의 동일시를 통해 둘 간의 대립을 최소화할 것을 지향했다면, 기호학의 길은 그 반대이다. "기호학은 이 두 구조들 간의 차이를 최대한 드러내고, 그 차이를 기술하며, 이해를 한 언어에서 다른 언어로의 번역으로 다룰 것을 전제한다. 즉, 연구로부터 연구자를 분리(이는 사실상 불가능하다)하는 게 아니라 오히려 연구자의 존재를 의식하고 그 사실을 어떻게 기술에 드러낼 수 있을 것인가를 최대한 고려한다."[31]

그렇다면 우리는 러시아 문화와 로트만의 문화유형론의 관계를 단순한 '종속'이 아닌 '반영'의 관계라고 말할 수 있을까?

'텍스트'로서의 이론은 특정한 시대와 장소가 낳은 문화적 산물이라는 점에서 분명 '독자적'이다. 하지만 그것이 이론인 한, 그 텍스트는 해당 시기의 보편적 문제의식과 어떻게든 관련되지 않을 수 없다. 그리고 이 관련 속에서 그 이론은 이미 '독특하지' 않다. 다르게 말해 모든 이론은 민족적인 동시에 국제적이다. 그것은 민족-지역적 특성과 해당 시기의 보편-인식론적 문제의식이 합해져 만들어진 대화적 합명제로 보아야 한다. 자신의 개별성 속에서 보편성을 표상하는 아주 특별한 유형의 담론, 바로 그것이 이론의 정체성이다.

이렇게 본다면, 하나의 이론적 사유에 대한 평가의 과제는 그것과 보편-인식론적 문제의식을 공유하고 있는 동시대의 다른 이론적 사유와 '비교'의 지평을 확보할 때 보다 생산적으로 수행될 수 있을지도 모른다. 그 비교의 지평 아래서 로트만의 문화기호학은 이른바 러시아 이념의 문제를 넘어 러시아 이론의 문제로서 접근될 수 있다.

모스크바-타르투 학파의 참여자였던 가스파로프의 논문 「타자를 찾아서」는 이 문제와 관련해 여러모로 시사적이다. 그는 1970년대 들어 발생한 기호학 이론의 포스트구조주의적 지향을 분석하는데, 여기서 서구적(프랑스적) 방향과 동유럽적(러시아적) 방향의 차이를 규정하는 그의 관점이 특별히 흥미롭다. 그에 따르면, 동일하게 "타자를 찾아서"라는 말로 규정될 수 있는 두 지적 경향은, 그럼에도 불구하고 완전히 상반된 방향을 따라 움직였다.

프랑스 기호학자들에게 이른바 '동양(중국, 일본, 러시아)적인 것'의

'타자성'은 자신들의 세계에 균열을 일으키고 나아가 그것을 해체하기 위한 인식론적 안티테제로 간주되었다. 가령, 1970년대 들어 바르트와 크리스테바J. Kristeva가 보여준 '동양(일본과 중국)적인 것'을 향한 눈에 띄는 지향을 떠올려보라. 정형화된 독백적 질서의 부르주아 서구 세계와 그 세계의 반영인 구조주의적 방법론으로부터 '탈출'을 도모하고 있던 그들에게, 자신들의 합리적 이성을 통해 이해할 수 없는 이 '다른 세계'는 개인과 집단, 질서와 카오스, 독백과 대화의 신비로운 공존 가능성을 보여주는 '긍정적' 단초로 여겨졌다.[32] 반면, 러시아의 기호학자들에게 서구적 타자성이란 자기 세계의 긍정적 단초들을 통해 극복, 제거해야만 할 존재론적 안티테제로 인식되었다. 가스파로프의 표현을 빌리면, "만일 바르트, 크리스테바, 데리다가 변방으로부터 중심으로, 즉 '타자의' 입장에 서서 (자신들의) '전체주의적인' 정신적 질서를 공격함으로써 새로운 정신적 영역을 창조하고자 애썼다면, 로트만은 동일한 결과를 정반대의 방식으로, 그러니까 합리주의적인 질서를 자신의 세계로부터 변방으로 밀어내, 그것을 '타자'의 책임으로 돌림으로써 얻어냈다."[33] 한마디로 서구가 타자를 통해 자아를 해체하려 했다면, 러시아는 자아의 재발견을 통해 타자를 밀어내려 했다는 것이다.

물론 이와 같은 단성적인 유형론은 가스파로프 자신의 포스트구조주의적 파토스의 산물일 수 있다. 이 점은 동유럽적 노선에 대한 그의 가치론적 평가에서 분명하게 드러난다.

긍정적인 이데아로서 '자신의 것'에 집중하는 이런 노선은 [……] 결국 사유에 일정한 장애 요소로 작용하지 않을 수 없었다. 그것은 예컨대 서구 포스트구조주의에서 볼 수 있는 정도의, 기호학적 질서 자체에 대한 급진적인 재고와 실증주의 지적 전통으로부터의 완전한 해방으로 이끌지 못했다. 이야기될 수 있는 것이란 단지 과도하게 경직된 체계 개념의 적용에 대한 비판이지, 체계적 질서 자체에 대한 비판이 아닌 것이다. 보다 자유롭고 보다 비조직화된, 보다 '역동적인' 문화의 모델이 창조될 수 있었지만, 그럼에도 불구하고 그건 다층적일 뿐 여전히 단일하게 구축된 '모델'일 뿐이다.[34]

여기서 하나의 이론체계가 지니는 생산성을 그를 통한 '급진적'이고 '총체적'인 자기비판 가능성에 두고 있는 가스파로프의 견해는 물론 논란의 여지가 있을 수 있다(서구 포스트구조주의의 모델이 과연 구조주의 패러다임의 완전한 극복과 해체를 가져왔는지의 문제 또한 여전한 논란거리다). 하지만 자-타 대립 구도의 가치론적 상반성을 통해 서구식 기호학과 동유럽식 기호학을 구분하는 그의 유형학은 이론적 담론을 둘러싼 현대적 논의의 중대한 하나의 지점을 가리키고 있다. 소위 '지성사적 관점'에 입각한 현대적 성찰은 다양한 민족적 정체성을 갖는 이론적 담론 간의 '유형학적 비교'의 과제, 즉 그들을 각자의 고유한 역사, 문화, 민족(그런 의미에서, 이데올로기)적 맥락에서 상호 비교하고 재구성하는 작업을 결코 피해갈 수 없다는 사실이 그것이다.

로트만의 문화기호학 방법론을 동시대 서구의 포스트적 사유들과 본격적으로 비교하는 작업, 나아가 그것의 민족적 정체성을 '러시아 이론'이라는 범주 속에서 재규정하는 일은 다른 지면을 요하는 매우 커다란 주제이다. 이 글에서 시도해본 로트만 문화기호학과 역사철학 전통의 비판적 대면은 이 두 과제가 서로 독립적인 것일 수 없다는 것, 그들은 서로 상보적 관계에 놓인 동시적 과제여야만 한다는 사실을 재확인시켜주고 있을 뿐이다.

러시아 이론으로서 로트만의 문화기호학은 범민족적 성격을 띠는 보편 '인식론'이다. 하지만 동시에 그것은 자신의 모태이자 대상일 수밖에 없는 러시아의 '존재론'에 관한 특정한 발언이기도 하다. 이런 이중적 양태로부터 기인하는 모종의 합치와 균열에 관한 비판적 성찰은 향후 로트만의 학문적 유산을 보다 깊게 이해하기 위한 필수적 전제가 될 것이다.[35]

4장

영화기호학과
포토제니

:
**로트만의
'신화적 언어'**

잉여/공백을 찾아서: 내적 타자성의 계보학

이 글은 지난 2007년 핀란드 헬싱키에서 열린 제9회 세계기호학대회 World Congress of IASS-AIS에서 발표하기 위해 작성한 것이다. 학술대회 측에서 "기호학과 몽타주Semiotics and Montage"라는 섹션을 마련했는데, 어쩌다 보니 러시아 (영화) 관련 연구자들이 한자리에 모이게 되었다. 미국에서 온 유리 치비얀Y. Tsivian(그는 국내에도 번역된『스크린과의 대화』를 로트만과 함께 공저했다), 독일에서 온 에이젠슈테인S. Eisenstein 전문가 옥사나 불가코바O. Bulgakova, 에스토니아 타르투 대학의 페테르 토로프P. Torov, 그리고 내가 발표를 맡았다(치비얀과 불가코바, 그리고 현재 뉴욕대에 재직하고 있는 미하일 얌폴스키M. Iampolsky는 현대 러시아 영화학의 대표자들이라 할 만하다).

로트만과 영화의 연결은 전혀 낯설지 않다. 로트만은 온전히 영화의 문제에 바쳐진 두 권의 단행본(공저 포함)을 펴낸 인물이다. 국내에 번역 소개된 로트만의 최초의 책 가운데 하나도 『영화기호학』(1994)이었다. 미국의 경우도 사정은 비슷해서, 1973년에 처음 출간된 이 책은 불과 3년 만에 영어로 번역되었다. 1970년에 출간된 로트만의 대표작 『예술 텍스트의 구조』가 1979년이 되어서야 영역되었음을 생각할 때 이는 대단히 빠른 소개라 할 수 있다.

사실 기호학적 영화이론에서 로트만이 차지하는 입지는 비교적 명확하다. 현대 영화학의 중심 테마 중 하나인 '언어적인 것'과 '시각적인 것'의 대립 문제를 두고, 로트만은 '관습적 기호'와 '도상적iconic 기호'의 공존 및 상호 엮임이라는 문화적 세미오시스semiosis의 본질적 특성으로 답했다. 그에 따르면, "도상적 기호와 관습적(조건적) 기호의 영원한 상호작용은 인간이 기호를 이용하여 세계를 문화적으로 획득하는 본질적 국면"에 해당한다. 그런가 하면 로트만의 문화기호학 이론에서 영화라는 매체가 차지하는 위상 역시 명시적이다. 앞서 말한 본질적 국면이 가장 명징한 형태로 작동하는 매체, 가장 선명하고 의식적인 방식으로 이 상호작용을 드러내고 활용하는 매체는 다름 아닌 영화인 것이다. 그런 점에서 영화는 로트만이 주장하는 복수언어주의полиглотизм를 증명하는 가장 명백한 증거이기도 하다.

하지만 이 글을 쓸 때 나의 관심은 이런 '합의된' 이론적 명제를 향해 있지 않았다. 애초부터 나의 관심은 현대 영화기호학의 바깥 영역, 그것이 제외하거나 놓쳐버린 어떤 외부성, 즉 '포토제니photogénie' 개념으로 대변될 수 있는 현대 영화기호학의 '잉여' 혹은 '공백'의 지점을 향해 있었기에, 로트만의 사유 내에서 그런 외부와 공명하는 지점들을 찾아내는 것이 관건이었다. 이렇게 볼 때, 이 글의 핵심이 되는 개념들(신화와 고유명사)을 처음으로 제시한 로트만의 논문이 1973년에 발표되었다는 사실은 의미심장하다. 1973년은 『영화기호학』이 출간된 해이다. 그러니까 로트만은 바로 그해에 지금껏 축적해온 자신의 이론적 사유를 (영화라는 매체를 대상으로) 집약한 한 권의 책을 내놓은 후, 바야흐로 '새로운' 방향을 향해 움직여갔던 것이다. 그리고 그 새로운 방향을 지시하는 가장 대표적인 논문이 바로 「신화-이름-문화」이다.

위 논문에 영화에 관한 명시적 언급이 단 한 군데도 등장하지 않음에도 불구하고, 나는 이 글이 말하고 있는 바가 영화이론의 맥락에서 재해석될 수 있다고 생각했다. 그러기 위해서는 신화, 고유명사, 탈기호성과 같은 로트만의 개념들을 클로즈업, 얼굴(성), 지표(성) 같은 영화학의 용어들과 '접속'시켜야만 했고, 영화에 관한 로트만의 다른 언급들을 신화론의 맥락에서 다시 읽어야 했다.

한편, 이 글을 지탱하고 있는 또 다른 한 축은 (서구) 영화학의 이론사적 맥락, 즉 장 엡스탱J. Epstein에서 질 들뢰즈G. Deleuze에 이르는 모종의 흐름이다. 비록 영화기호학의 중심으로 들어온 적은 한 번도 없지만, 일종의 '타자'로서 끊임없이 배후에서 작용해왔던 이 흐름을 식별해내고 그것의 정당한 위상을 평가하는 일이 현대 영화학의 긴요한 과제라고 나는 생각했다. 이 흐름에서 가장 결정적인 국면은 물론 '기호학자' 바르트의 궤적, 문화적 의미로부터 현상학적 사물성(지표성)으로 이동했던 그의 '푼크툼punctum' 개념이었다.

이 글을 쓴 지 몇 년이 지난 지금도 이 문제를 바라보는 나의 입장은 크게 바뀌지 않았다. 다만 새롭게 추가된 문제의식이 있다면, 크게 두 가지다. 첫째, 현대 영화기호학의 이 의미심장한 '두번째' 라인, 그 타자적 흐름을 온전히 복원하기 위해서는 거시적인 차원에서 이론의 계보학을 새로 쓰는 것 못지않게 개별 이론(가)의 내부로 좀더 깊숙하게 천착할 필요가 있다는 점이다. 공인된 계보 바깥의 '다른' 흐름을 계열화하는 것을 넘어, 그 자체로 '자기완결적'인 것처럼 보이는 개별 이론 체계들 내부에 존재하는 공백과 잉여(즉, 외부성의 흔적이라 할 자기모순)의 지점들을 찾아낼 수 있는 더 섬세한 접근이 필요하다. 둘째, 이런 관점에서 무엇보다 시급한 것은 러시아 영화이론의 공인된 계보학을 안쪽으로부터 '다시' 작성하는 일이다. 이 글의 말미에서 언급한 것처럼 그것은 익숙한 자신의 내부에서 현저히 낯선 '또 다른 자아'를 대면하는 형태로 이루어진다. 가령, 언어 지향적 영화이론의 대명사처럼 여겨지는 소비에트 '몽타주 이론'에서 언어와 의미의 차원을 초과하는 '신체(몸)'의 현상학을 찾아내는 것이 그에 해당할 수 있다. 언젠가 들뢰즈가 지가 베르토프D. Vertov의 몽타주에서 '물질(성)'의 지각 자체를 찾아낸 것처럼.

나는 지난 2006년에 러시아 영화이론의 '영점'에 해당하는 러시아 형식주의 영화론을 대상으로 유사한 작업을 한 차례 시도한 적이 있다. 내 목적은 포토제니 개념을 염두에 두고 전개되었던 예이헨바움의 '영화 문체론'에서 시클로프스키v. Shklovsky나 티냐노프의 (언어-기호적) 영화 의미론만으로는 결코 완전히 포괄할 수 없는 모종의 잉여 지점, 곧 "자움заум(초이성어)적" 차원을 찾아내, 그것이 갖는 의미를 재성찰해 보는 것이었다. 그렇다면 이와 유사한 방식의 작업을 형식주의 이후의 영화사 전반으로 확장하는 일이 자연스럽게 향후의 과제로 제기된다. 특히 20세기 러시아 영화사의 전무후무한 '고원'이라 할 세르게이 에이젠슈테인의 작품 세계는 이 과제가 반드시 넘어야 할 산맥에 해당할 것이다.

언젠가 랑시에르J. Rancière는 에이젠슈테인에 대해 이렇게 적었다. "그는 새로 탄생한 영화예술을 공산주의에 공헌하기 위한 도구로 이용하지 않았다. 그는 오히려 영화의 실험을 위해, 영화가 구현한다고 믿었던 예술과 모더니티의 관념의 실험, 즉 감각언어로 화한 관념의 실험을 위해 공산주의를 이용했다." 개인적으로 나는 국내뿐 아니라 국외에서도 에이젠슈테인의 미학 세계가 여전히 새로운 '발굴'을 기다리는 거대한 '광맥' 상태로 머물러 있다고 생각한다. 그는 모험적인 탐험가의 욕망을 불러일으키는, 러시아 이론의 가장 중요한 미개척지 중 하나다.

영화기호학과 포토제니

로트만의 '신화적 언어'

1. 포토제니: 영화기호학의 '외부'

1960년대와 1970년대 서구 영화기호학에서 가장 중심적인 주제 중 하나는 영화의 '언어적-시각적 결합체'의 문제이다. 영화에서 언어적인 것과 시각적인 것의 상호 의존성은 다양한 방식으로 때로는 확증되고 때로는 부정되었지만, 거의 모든 영화 이론가들에 의해 공히 언급되었다. 도상적 기호 과정과 관습적 기호 과정이 영화 내부에서 공존하며 상호작용하는 상황, 이 문제는 영화기호학이 결코 피할 수 없는 이론적 주제이다.

한편, 언어적인 것과 시각적인 것 간의 이런 이분법은 그와 직간접적으로 관련된 다른 문제들을 낳는 근본 사태이기도 하다. 가령, 이런 대립에 기댄 두 개의 상이한 미학적 입장은 흔히 몽타주와 포토제니라는 용어로 표현된다. 몽타주 이론이 내러티브 구조의 미학, 그러니까 (자연) 언어에 근거한 미학에 기초를 두고, 해당 미학의 이성적이고 논리적인 성격을 반영하고 있다면, 흔히 언어를 넘어서는 차원을 암시하는 포토제니라는 용어는 이미지에 근거한 미학의 감성적이고 비논리적인 성격, 그것의 불확정적인 성격을 구현하고 있다. 포토제니는 '사진적 영혼'을 뜻하는 프랑스어로서, 흔히 이미지에 존재하는 준-신비주의적 속성을 가리킨다. 루이 들뤼크L. Delluc와 장 엡스탱 등이 활동했던 프랑스 인상주의 영화 시대(1918~28)에 활발하게 탐구된 바 있는 이 초창기 영화론의 핵심 개념에 대한 가장 잘 알려진 고전적 정의는 다음과 같다.

포토제니란 무엇인가? 영화적 복제에 의해 그 정신적 특질이 증가된 사물들, 존재들, 영혼들의 모든 외양을 나는 '포토제닉하다'고 부른다.[1]

이 개념은 영화적 특수성의 (가시적) 본질, 즉 언어를 초과하는 어떤 것, 그래서 결코 '말해질 수 없는' 어떤 것을 설명하기 위해 고안된 것이었다. 말하자면 그것은 "일종의 대리 보충, 사진적 매체를 통해 투사되는 과정에서 사물에 더해진 어떤 증대를 지칭한다."[2]

언어적 체계의 구조에 기댄 몽타주의 미학이 비교적 손쉽게 기호학의 이론적 입장에 조응하는 반면, 영화적 이미지의 시각적 특수성을 문제 삼는 포토제니 미학의 경우에는 원칙적인 난점이 야기된다. 우선 먼저 지적할 것은, 기호학의 관점에서 볼 때 포토제니는 영화의 도상적 측면이 아니라 지표적index 측면과 관련되어 있다는 점이다. 물론 사진 및 영상 이미지는 해당 이미지가 자신이 지시하는 대상을 '닮아 있다'는 점에서 도상성을 갖고 있다. 하지만 기호의 유형에 있어 그것은 도상 기호가 아닌 지표 기호에 해당한다고 보아야 한다. 카메라를 통한 기계적 복제가 만들어낸 사진 이미지는 무엇보다 먼저 지시 대상의 날인, 즉 '흔적'의 성격을 띤다. 사실 사진 및 영화 이미지의 지표성은 어떤 점에서 매체 자체의 근본적인 속성에 기인하는 것이다. 사진 발달사의 관점에서 볼 때, 사진이 '현실의 직접적인 자국,' 즉 감광유제 위에 찍힌 빛의 효과라는 관념은 생각보다 훨씬 더 축자적인 의미를 지니는 것이었다. 예컨대, 그것은 실제 현상의 흔적이 두뇌의 물질에 기록되는 것과 똑같이 사진판의 은염에도 기입된다고 가정했던 19세기 기억 심리학의 추론(엔그램 이론)과 관련이 있다.

벤야민W. Benjamin은 에세이 「사진의 작은 역사」에서 긴 노출 시간을 요구했던 다게레오 타입으로 만들어진 초창기 사진이 어떻게 사진 이미지 자체에 (지속되는) '시간의 흔적'을 새겼는지에 관해 지적한 바 있다.[3] 손택S. Sontag 또한 사진이란 하나의 이미지, 곧 현실의 해석이기도 하지만 죽은 사람의 얼굴을 본뜬 마스크나 발자국처럼 현실을 직접 등사한 그 무엇, 즉 현실의 흔적이기도 하다고 지적했다.[4] 한편, 사진 이미지의 존재론에 입각한 영화 미학을 주장했던 바쟁A. Bazin은 사진을 데스마스크나 주형물과 동렬을 이루는 매체, 즉 빛의 중개를 통해 사물의 특징을 있는 그대로 포착한 것으로 간주했다("그림은 세계를 묘사하지만 사진은 세계를 포착한다"). 요컨대, 영화는 사진의 지표적 객관성을 시간 속에서 완성시킨 것에 해당한다는 것이다.[5]

사진의 지시 대상과 기호는 서로 닮음의 법칙에 따라 연결된 것이 아니라, 퍼스C. S. Peirce적 의미에서 '인접성'과 '인과성'의 원리에 따라 연결되는 것이다. 그에 따르면,

사진, 특히 즉석사진은 매우 지시적이다. 왜냐하면 우리는 어떤 점에서 이 사진이 자신이 재현하고 있는 대상과 완전히 똑같다는 것을 알고 있기 때문이다. 그러나 이 닮음은 다음과 같은 조건, 그러니까 물리적으로 자연에 일대일로 대응되도록 강제된 조건하에 생겨난 것이다. 이런 면에서 그것은 물리적 연결에 의한 […] 기호 유형(즉, 지표적 유형)에 속한다."[6]

지표 기호로서의 포토제니는 현실의 재현이기보다 오히려 보여줌의 순수 사실에 더 가깝다. 몽타주가 언제나 관계, 즉 부분들의 연결(에이젠슈테인의 경우에는 '충돌')에 해당하는 것이라면, 포토제니는 언제나 순수한 드러냄, 즉 '여기 있음' 자체의 표현이 된다. 포토제니는 독자적인 실재로서의 '그 자신'이다.

하지만 기호학의 관점에서 볼 때, 포토제니 개념에 담긴 더욱 문제적인 성격은 그것의 의미론적 차원에서 드러난다. 문제는 자족적 실재로서의 포토제니 개념이 이른바 문화적인 의미작용 '너머의' 차원을 겨냥하고 있는 것처럼 보인다는 점이다. 아마도 바르트의 용어를 빌려 다음과 같이 말할 수 있을 것이다. 영화에서의 도상적 기호 과정이 여전히 '문화적 코드'의 법칙에 의해 조정되고 있고, 그 때문에 '스투디움studium'으로 간주될 수 있다면, 영화의 사진적, 지표적 차원은 분명 '푼크툼'의 차원과 관련되어 있다. 즉, 그것은 소통적이고 상징적인 의미 영역, 문화적인 맥락에 의해 조건화되는 의미 영역에 국한되지 않는다. 차라리 그것은 이 문화적 의미 영역의 충족감을 '내파'하기 위해 온다. 그것은 나를 "찌르고" "상처 입히고" "멍들게 하는" 것이면서, 동시에 내가 그 의미를 명확하게 잡아낼 수 없는 것, 요컨대 의미의 어떤 '외부 hors-champs'에 해당하는 것이다.[7]

이 모종의 외부, 의미작용 일반의 법칙을 통해 남김없이 해명될 수 없는 '또 다른 무엇'의 존재를 따져 묻고자 했던 사람이 다름 아닌 기호학자 바르트였다는 사실은 매우 흥미롭다. 프랑스 영화기호학의 대표적인 이론가인 크리스티앙 메츠C. Metz의 스승이기도 했던 바르트에게 이런 시도는 자기 자신의 이론적 토대를 심문에 부치는 매우 급진적인 반성의 형식일 수 있었다.

바르트의 이런 입장은 초창기에 자신이 행했던 '신화 비판'에 대한 자의식적인 태도에서 잘 드러난다. 바르트는 그가 『신화론』에서 시도했던 '탈신비화적' 읽기의 방법이 널리 퍼져 사실상 일반 문화에 동화되어버린 상황에 깊은 좌절감을 표하면서, (자신이 시도한) "탈신비화(혹은 탈신화화) 자체가 하나의 담론, 상투어의 집합체, 교리문답적인 말이 되어버렸다"고 술회했다. 즉, 이제 해야 할 일은 "신화의 가면을 벗기는 일"이 아니라 "기호 그 자체를 혼란시키는 것"이 되었다는 것. "처음에 (이데올로기적) 기의의 파괴를 추구했다면, 이제는 기호의 파괴를 감행해야만"[8] 한다는 것이다.

바르트는 에이젠슈테인의 영화 「폭군 이반」(1944)의 한 장면을 분석하면서, 기호학적 규칙으로 한정할 수 없는 의미, 자연스럽게 포착되기를 거부하는 어떤 불가해한 의미 층위에 관해 언급했다.[9] 커뮤니케이션적 정보(기호학의 첫번째 의미)도, 상징적 의미작용(기호학의 두번째 의미)도 아닌 이런 '제3의 의미'를 바르트는 "무딘 의미le sens obtus"라고 불렀다.

이 다른 의미, 제3의 의미에 관해서라면, 나의 지성이 빨아들이지 못하는, 완고하면서도 덧없고 매끄러우면서도 포착하기 힘든 어떤 부가물과 같은 이런 또 다른 의미를, 나는 **무딘 의미**라고 부르자고 제안한다. [……] 나는 이 무딘 의미에서, 이 말의 경멸적인 함의까지도 인정한다: 그것은 마치 문화와 지식, 그리고 정보의 **바깥**에서 펼쳐지는 것처럼 보인다.[10]

분명 내 눈앞에 특정한 이미지가 현전하고 있고, 그것이 나에게 미치는 어떤 강렬한 (감정적) 효력affection의 존재 또한 확신하고 있지만, 그것이 정확히 무엇을 의미하는지를 기호화할 수는 없는 상황, 바르트의 표현을 빌리자면, "재현 불가능한 것의 재현"인 이 상황은, 말하자면 나의 눈이 '보고' 있으나 그것이 뜻하는 바를 '말할 수 없는' 상황에 해당한다. 기호학자 바르트는 바로 이런 상황을 영화 이미지의 고유한 본성으로 간주했다.

요컨대, 제3의 의미는 이야기를 전복시키지 않은 채, 영화를 다르게 구조화한다. 그리고 아마도 이런 이유 때문에, 마침내 '영화적인 것the filmic'이 나타나게 되는 것은 바로 이 제3의 의미 층위, 오직 이 층위에서일 것이다. 영화적인 것, 그것은 영화 속에 있으면서도 묘사될 수 없는 것, 재현될 수 없는 재현인 것이다. 영화적인 것은 오직 언어와 메타언어가 끝나는 지점에서 시작된다.[11]

언어와 메타언어가 끝나는 지점에서 시작되는 이 '말할 수 없는' 차원을 '영화적인 것'이라 부를 때 바르트가 의미했던 것이 정확히 무엇인지를 해명하는 일은 쉽지 않다. 그러나 확신을 갖고 말할 수 있는 한 가지는 그것이 무엇을 뜻하건 간에, 어쨌든 도상적 기호와는 다르다는 사실이다. 문화적 의미작용의 과정에 온전히 포섭되지 않은 이 '타자적' 층위는 분명 기호학 '너머'의 지점과 맞닿아 있는바, 말하자면 그건 "문화와 언어, 그리고 코드들의 바깥"을 향해 있는 것이다.

그렇다면 우리의 핵심적인 물음을 다음과 같이 정식화할 수 있을 것이다. 영화기호학은 극히 다루기 어려운 이 현상, 본질상 모호하고 불명확한 이 현상을 과연 어떻게 취급해야 할까? 일단 가능한 대답은 두 가지다. 첫째, 우리는 기호학의 고전적인 입장을 계속 고수한 채로 이 '타자적' 의미 차원을 단호히 거부할 수 있다. 주지하다시피, 이 고전적 입장이란 영화 속의 모든 도상적 차원을 '문화적으로 코드화된 것'으로서 간주하는 입장을 말한다. 두번째로, 우리는 영화기호학의 몇 가지 원칙적 전제를 결정적으로 폐기해버림으로써, 상당 부분 '현상학적인' 입장 쪽으로 전회할 수 있다. 만일 첫번째 태도가 문화적 코드화의 바깥에 자리하는 전적으로 자족적인 영화 이미지란 것이 결코 존재할 수 없다고 주장하는 것이라면, 두번째 태도는 사실상 영화 이미지란 것은 애초부터 기호(체계)가 아니라고 주장하는 것과 다르지 않다.

첫번째 입장의 대표자로 들 수 있는 사람은 움베르토 에코U. Eco이다. 다각도에 걸친 도상론 비판으로 잘 알려진 에코는 영화 이미지란 언제나 이미 '상징적 코드화'의 매개를 거친 결과로서의 '상대적' 도상에 불과할 뿐임을 강조한다. 그것은 '다소간' 동기화된 도상이지만, 그럼에도 언제나 '기호'일 뿐이라는 것이다. 영화 이미지를 '도상 기호'로 간주한다는 것은 곧 그것이 무엇인가를 의미하고 있다는 것, 그리고 그와 같은 의미작용을 위해서는 반드시 특정한 방식으로 '코드화'되어 있어야 한다는 점을 인정한다는 것을 뜻한다. 요컨대, 그에 따르면 "영화기호학은 아직도 여전히 더 완벽해져야 한다. 그러나 그것의 법칙은 영화의 외부에 놓여 있다. 그것은 바로 의미작용 일반의 법칙인 것이다."[12]

한편, 두번째 입장의 사례로 들 수 있는 사람은 러시아 출신의 영화학자 미하일 얌폴스키이다.[13] 1970년대에 기호학의 영향하에서 영화연구를 시작했으나, 이후 점차로 현상학적 입장으로 옮겨 간 그는 2004년에 펴낸 연구서 『언어-신체-사건』에서 다음과 같이 밝히고 있다. "오늘날 영화기호학에 대한 나의 태도는 어떠한가? 오늘날 내게 무엇보다 중요하게 여겨지는 것은, 영화의 본질이 ──그것이 도상적 기호이건 아니건 ──기호작용이라는 생각, 따라서 그것을 특수한 기호체계로 바라보아야 한다는 관념과 단절하는 것이다. 〔……〕 우리는 결코 의식 속에서 도상적 기호들, 즉 현재 부재하는 무언가를 가리키는 지표로서 우리에게 주어지는 재현체들과 마주하는 게 아니다."[14]

이 글에서 시도해보려는 것은 영화 이미지를 바라보는 이런 상반된 두 가지 입장 사이의 딜레마에 대한 어떤 최종적 해답의 제시가 아니다. 질문은 그보다 훨씬 단순하다. 기호학의 모델을 통해 충분히 완벽하게 해명되지 않는 듯 보이는 이 특별한 종류의 영화적 현상에 접근할 '다른' 방식은 없을까? 이 문제적인 현상을 통째로 부정하거나 혹은 그것을 초월적 영역(가령, 신비롭고 주관적인 차원)에 일방적으로 할당하지 않은 채, 그것을 문제화할 수 있는 또 다른 방식은 존재하지 않는 것일까? 이 현상의 문제적 성격을 인정하는 동시에 그것을 '설명'해볼 수 있는 대안적 방법은 불가능한가?

이어지는 글에서는 로트만의 견해, 특히 영화의 '신화적 본질'에 대한 그의 사유가 이 질문에 대한 유용한 통찰을 제공할 수 있음을 증명하고

자 시도할 것이다. 이 증명의 과정을 통해서 현대 영화이론에서 이 의미 심장한 '타자'가 갖는 심오한 의의, 그리고 영화기호학에서 그것이 지니는 불가피한 (보충적) 가치가 자연스럽게 부각될 수 있기를 기대한다.

2. 영화와 신화적 언어: 고유명사의 문제

영화의 신화적 본질에 대한 사유는 사실 로트만 영화기호학의 중심적인 관심사가 아니다. 외려 그것은 극히 주변적인 위상을 갖는다고 말해야 할 것이다. 로트만 영화기호학의 원칙적 입장은 분명 영화 텍스트를 '기호의 사슬'이자 '의미의 네트워크'로 간주하는 고전적 관점에 기초하고 있다.

> 우리가 보고 있는 것 위에는 의미의 네트워크가 투사되어 있다. 우리 앞에 예술적인 서술, 즉 기호의 사슬이 놓여 있다는 것을 알게 되면서, 필연적으로 우리는 시각적인 인상들의 흐름을 의미 있는 요소들로 분할할 것이다.[15]

이런 입장이 뜻하는 바는, 결국 영화를 보는 경험이 '인식'에 이르기 위해서는 단지 화면 위에 보이는 것이 전부가 아니라는 것, 그것의 의미를 규정하고 조정하는 모종의 '법칙'이 있다는 사실을 받아들여야만 한다는 것이다. 예컨대, 그건 '기호학자' 에코의 다음과 같은 진술에 온전히 공명한다.

우리는 영화의 이미지가 무언가를 '말한다'는 것, 그리고 모든 사람이 그것을 이해하는 것은 아니기 때문에, 거기에는 이런 종류의 커뮤니케이션을 지배하는 모종의 기호적 법칙이 존재한다는 것을 받아들여야만 한다.[16]

사실 기호학적 영화이론으로서 로트만의 접근이 갖는 특수성은 도상적 차원과 관습적 차원이 영화 속에서 공존 및 상호작용하는 원리와 양상에 대한 그의 일관되고 집요한 관심에 있다. 허버트 이글H. Eagle(로트만의 『영화기호학』의 영역본 번역가)이 지적하듯, "관습적 코드와 도상적 코드의 양극적인 비대칭성이 예술, 나아가 문화 전반을 위한 핵심적인 기호학적 메커니즘으로서 그 어느 곳보다 명백하게 드러나는 곳은 바로 영화에 대한 로트만의 저작들에서다."[17] 영화는 관습적 코드와 도상적 코드의 끊임없는 상호 엮임을 통해 양극적 비대칭성에 관한 가장 확실한 모델을 제공해준다. 로트만에 따르면, "도상적 기호와 조건적 기호의 세계는 단순하게 공존하지 않는다. 이들은 영원한 상호작용, 부단한 상호이행과 상호배척 속에 존재한다. 두 세계의 상호이행의 과정은 인간이 기호를 이용하여 세계를 문화적으로 획득하는 본질적 국면의 하나다. 그 국면은 예술에서 특히 선명하게 나타난다."[18] 물론 영화는 모든 예술 중에서 가장 명백하고 의식적인 방식으로 이 상호이행의 과정을 드러내고 활용하는 경우에 해당한다.

반면, 이 글에서 다루고자 하는 문제의식, 그러니까 영화의 신화적 본질과 관련된 로트만의 관심은 위와 같은 친숙한 주제 영역, 가령 영화언어의 체계(몽타주)나 서로 다른 두 기호(관습적-도상적) 과정의 상호 관계와 같은 주제 등에서 발견되지 않는다. 그것은 차라리 영화적 현상의 가장 기초적인 차원에서 발견되는바, '스크린 위에 인간의 모습을 재현하는 문제'가 바로 그것이다.

인간 형상의 영화적 재현이라는 이 물음은 앞서 지적한 문제적 개념들(엡스탱의 '포토제니'와 바르트의 '무딘 의미')과 직접적인 관련이 있다. 하지만 이와 더불어 또 한 가지 사실을 언급해야만 한다. 이 물음은 소비에트 몽타주 이론과 프랑스 포토제니 이론의 시대에 그들과 나란히 펼쳐졌던 또 하나의 중대한 이론적 흐름과 관련되는바, 이른바 '가시적 인간Der Sichtbare Mensch'을 모토로 한 벨라 발라즈B. Balázs의 영화이론이 그것이다. 로트만에 따르면, 이 문제(스크린 위에서의 인간의 등장)는 "기호학적 측면에서 너무도 새로운 상황을 창출했던 까닭에, 이제 중요해진 것은 이미 존재하는 어떤 경향의 기계적인 발전이 아니라 새로운 언어의 창조였다."[19]

그렇다면 영화적 재현의 이 기초적 차원은 과연 어떤 점에서, 그리고 어느 정도까지 '신화적인 것'과 관련을 맺고 있는 것일까? 이 질문에 답하기에 앞서 먼저 지적할 것은 '신화'라는 말로 로트만이 의미했던 바이다. 신화에 대한 로트만의 관심은 통상적인 경우와 구분된다. 로트만이 의미하는 신화란 특정한 '내러티브 텍스트' 혹은 '언어적 체계'로서의 신화가 아니다. 신화적인 것을 말하며 그가 항상 염두에 두는 것은 특정한 '의식의 현상'으로서의 신화이다.[20] 로트만에 따르면, 바로 이런 특별한 의식에 따라 특별한 (신화적) 유형의 세계 모델이 구축될 수 있다.[21]

신화적 세계에서 작용하는 기호작용의 지배적인 법칙은 일반적 유형의 그것과 사뭇 다르다. 로트만에 따르면, "신화적 세계에서는 〔……〕

매우 독특한 유형의 세미오시스가 작동하고 있는바, 그것은 일반적으로 명명命名의 과정으로 수렴될 수 있다. 즉, 신화적 의식 속에서 기호는 고유명사와 유사하다."[22] 신화적 세계 속에서는 모든 것, 즉 인간뿐 아니라 모든 사물이 각자의 고유한 이름을 갖고 있다. 신화적 세계에서 사물을 지칭하는 보통명사는 각자의 고유한 이름 또한 갖고 있는 것이다. 가령, 롤랑의 칼은 뒤랑달Durandal, 지크프리드의 검은 발뭉Balmung으로 불린다.

이 점을 잘 보여주는 예는 신화적 세계의 명명적 특성과 몇몇 전형적인 플롯 상황과의 관련성이다. 예컨대, 이름을 지니지 않는 사물에 '이름을 붙이는' 상황이나 환생이나 부활로 간주되는 이름 바꿔 부르기改名의 상황, 동물의 언어(가령, 새나 짐승의 언어)를 구사할 수 있게 되는 상황, 진짜 이름을 알게 되거나 혹은 발견하게 되는 상황 등이 그러하다. 일반적으로 이런 명명의 상황은 일종의 창조 행위로 간주된다. 창조 행위와 명명 행위가 동일시되는 가장 전형적인 경우는 흔히 '아담의 언어'[23]로 불리는 구약의 에피소드이다.

한편, 고유명사에 부과되는 각종 금기 역시 흥미롭다. 예컨대, (동물이나 질병의 이름 같은) 보통명사를 고유명사로 사용하지 못하도록 하는 금기는 분명 그 이름이 신화적 세계 모델 속에서 고유명사로 인식되고 기능하고 있다는 점을 보여준다. 가령, 질병의 이름을 (소리 내어) 말하는 것은 곧 그것을 부르는 것으로 해석될 수 있다. 병이 자신의 이름을 듣고 찾아올 수 있다는 것이다. 결국 로트만에 따르면, 고유명사의 보편적 의미를 극단적으로 추상화하면, 그것은 결국 신화로 수렴된다. 신화적 관념의 특징인 '말과 지시 대상 간의 동일시'가 발생하는 것은 다름 아닌 고유명사의 영역에서인 것이다.

그런데 더욱 흥미로운 것은 고유명사 자체가 우리가 사용하는 자연 언어 내에서 점하는 독특한 위상이다. 이름은 사물의 추상적인 모델이나 그에 대한 개념을 의미하는 것이 아니다. 그건 해당 이름이 귀속되는 '대상 그 자체'를 지시designate하고 있을 뿐이다. 이에 대한 야콥슨의 유명한 지적을 보자.

고유명사는 〔……〕 우리의 언어학적 코드에서 특별한 위치를 차지한다. 〔……〕 영어의 코드 안에서 '제리Jerry'는 제리라는 이름을 가진 사람을 의미한다. 여기서 순환성은 명백하다. 이름은 바로 그 이름이 부여된 사람 자신을 의미하고 있는 것이다. 강아지pup는 어린 개를 의미하고, 잡종mongrel은 피가 섞인 개를, 사냥개hound는 사냥하는 데 쓰이는 개를 의미한다. 하지만 피도Fido라는 개 이름은 그 이름을 갖는 개 이외의 그 어떤 것도 의미하지 않는다. 강아지, 잡종, 사냥개와 같은 단어의 일반적 의미는 강아지스러움pupihood, 잡종성mongrelness, 혹은 사냥개적임 houndness과 같은 추상화를 통해 규정될 수 있는 반면, 피도의 일반 의미는 이런 식으로 기술될 수 없다. 러셀B. Russell의 말을 바꿔 말하자면, 피도라는 이름을 지닌 개는 많지만, 그들은 피도이즘, 즉 피도다움Fidoness 이라는 그 어떤 공통의 속성도 공유하지 않는 것이다.[24]

자신의 원칙적인 개별성(단독성) 때문에 고유명사는 그 어떤 일반화된 추상적 기호로도 번역될 수 없다. 위의 예에서 피도라는 개 이름은 피도다움이라는 어떤 일반적 속성, 즉 유적類的 자질과도 무관하다. 그것은 단지 피도라고 불리는 '바로 그 개' 자체만을 지시하고 있을 뿐이다. 언어학적 범주로서 고유명사를 특징짓는 이와 같은 '순환성'과 '개별성'을 철학적 차원에서 성찰하게 되면, 들뢰즈나 가라타니 고진柄谷善男이 말하는 '단독성the singular'이 도출될 수 있다. 단독성의 모델, 즉 특수성에서 일반성으로 이어지는 유적 회로에 포섭되지 않는 단독성-보편성의 고리는 로트만이 말하는 신화적 세계상, 곧 고유명사의 존재론과 크게 다르지 않다.

고유명사는 어떤 언어에 가지고 간다고 해도 그대로라는 점에서 '보편적'인 것이지만, 그것이 결코 교환(대체)될 수 없는, 즉 번역될 수 없는 것이라는 점에서 '단독적'이고 '개별적'인 것이다. 특수성이 일반성의 관점에서 파악된 개별성이라면, 단독성은 그것과 대립되는 것으로서, 더 이상 일반성의 영역에 속할 수 없고 반복될 수도 없는 개별성을 가리킨다. 이것은 '그것 이외의 다른 어떤 것도 아닌 바로 그것'으로서, 들뢰즈나 고진은 이런 '단독성'만을 주체에 의해 내면화될 수 없는 진정한 '타자성'으로 간주한 바 있다.[25]

결국 고유명사는 대상으로부터 분리할 수 있는 기호가 아니라 그 대상 자체의 분리 불가능한 특질을 이루고 있다. 분명 고유명사는 언어 기호체계의 일반적 회로에 완전히 회수되지 않는 어떤 잔여물의 성격, 요컨대 언어 기호의 '내적 타자성alterity'을 갖고 있는 것이다.

한편, 고유명사와 관련된 신화적 세미오시스의 훨씬 더 중요한 특성은 그것의 극단적인 '친밀함'이다. 고유명사를 사용한다는 것은 지시되는 대상의 '단독성'만을 뜻하는 게 아니다. 이 개별적인 대상은 반드시 그것을 부르는 사람에게 '직접적으로 알려져' 있어야만 한다. '경희'라는 이름은 그 이름으로 불리는 어떤 여자를 알고 있는 사람에게만 참된 의미를 갖는다. 따라서 이 세계 속에서 모든 것이 (심지어 사물들마저) 자신의 고유한 이름을 갖고 있는 한, 이 세계는 극단적으로 '친숙한' 관계들로 이루어진 세계일 수밖에 없다. 모든 것이 각자의 이름으로 불리는 세계, 그 세계 속에서 모든 것은 다른 모든 것에게 지극히 잘 알려진 친숙하고 친근한 것이어야만 한다.

'신화적인 것'을 특징짓는 이 모든 특성이 영화에 역시 본질적임을 이해하기는 어렵지 않다. 로트만에 따르면, 모든 것을 오래되고 친근한 것, 사람들과 그토록 가깝게 연관된 어떤 것으로 제시하는 일은 신화의 전형적인 자질일 뿐 아니라 영화의 특징이기도 하다. 만일 초상화를 '조형예술 언어의 고유명사'로 간주할 수 있다면, 이 정의는 영화에 더욱더 걸맞은 것이 될 수 있다. 어떻게 보면 영화는 '고유명사들로 이루어진 세계'에 다름 아니다. 영화에서 우리가 보게 되는 것은 특정한 인간 및 사물을 마치 초상화처럼 그려내고 있는 일련의 이미지-쇼트들이다. 신화 속에서 모든 보통명사가 기능적으로 고유명사와 동일시될 수 있는 것처럼, 영화는 자신이 담아내는 모든 것을 지극히 친숙한 사물, 곧 반복 불가능한 개별성으로 특징지어질 수 있는 '단독적 사물'로 바꿔놓는다. 그렇다면 이런 특징적인 변모의 기능, 보통명사를 고유명사로 바꿔놓는 중대한 신화적 기능을 담당하는 고유한 수단을 영화는 갖고 있는가? 물론 그렇다. '카메라-눈kino-eye'을 특징짓는 가장 대표적인 형식, 클로즈업close-up이 바로 그것이다.

3. 클로즈업: 고유명사로서의 얼굴-기호

영화에서 '신화화'의 역할을 담당하는 가장 중요한 기제는 클로즈업

이다. 로트만에 따르면,

영화의 클로즈업은 매우 가까운 거리에서의 관찰이라는 일상의 경험
을 자동적으로 연상시킨다. 매우 가까운 거리에서 사람들의 얼굴을 관
찰하는 것은 어린아이의 세계나 지극히 친밀한 세계의 특징이다. 영화는
바로 이를 통해 모든 등장인물 — 친구와 적들 — 이 관객과 친밀한 관
계를 맺는 세계로 우리를 옮겨놓는다. 그리고 이 경우에 있어 친분 관계
란 인물의 특징을 상세히 알고 있을 뿐만 아니라 핏줄의 불거짐과 얼굴
의 주름을 직접적으로 보는 것까지를 포함하는 매우 내밀한 관계인 것이
다.[26)]

영화에서의 클로즈업, 그것은 매우 가까운 거리에서 인간의 얼굴을
보는 경험이다. 그리고 로트만의 맥락에서 이것이 의미하는 바는, 영화
에서 우리가 보게 되는 것이 '보통명사'로서의 얼굴이 아니라 '고유명사'
로서의 얼굴이라는 사실이다. 영화에서 클로즈업을 통해 우리가 보게
되는 것은 배우의 역할뿐 아니라 (고유명사로서의) '배우 자신'이기도 하
다. 그는 본질상 보통명사로 번역(즉, 일반화)될 수 없는, 개별적인 단독
성인 것이다.[27)] 연극에서라면 장애로 작용할 수도 있는 이런 현상은 영
화적 수용에 있어서는 본질을 이룬다. "이 인물과 가깝다는 느낌은 모
든 관계가 원칙적으로 친밀성에 기초하고 있는 세계, 즉 신화의 세계로
우리를 옮겨놓는 것이다."[28)]

뿐만 아니라 클로즈업은 '스크린 위의 인간'을 '소설 속의 인간'과 유
사하게 만들고, 이를 다시 '무대 위의 인간'과 구별할 수 있게끔 하는 또
하나의 특징을 갖는다. 영화는 영상을 확대하거나 혹은 그 영상이 스크

린 위에서 지속되는 시간을 연장함으로써(문학 서술에서 이에 해당하는 방식은 묘사를 상세하게 한다거나 여타의 의미부각 장치를 도입하는 것이 될 것이다), 인간 외모의 특정한 '세부'에 주의를 집중시킬 수 있는 것이다. 이런 방법들은 인간의 몸으로 이루어진 영상에 특별한 의미를 부여해준다.

그러나 문제의 핵심은 배우의 '얼굴,' 더 정확하게는 스크린 위에 나타난 그 얼굴의 이미지가 모종의 '문화적 기호'로서 완벽하게 설명되지 않는 것처럼 보인다는 점이다. 물론 그의 얼굴, 그의 신체, 나아가 모든 종류의 '몸의 테크닉technique of body'은 일종의 문화적 기호로서 간주될 수 있으며, 또 그렇게 해석될 수 있다. 그들은 갖가지 가치론적, 윤리적, 미학적 범주 속에서 묘사될 수 있으며, 이 범주들은 시대와 문화에 따라 계속해서 변화한다.[29] 하지만 정말로 그게 전부일까?

부인할 수 없는 사실은 이 모든 것과 더불어 우리가 스크린 위에서 보게 되는 것은 일종의 '현상학적 대상'으로서의 배우라는 점이다. 그것은 말하자면 '푼크툼'으로서의 인간의 얼굴인바, 결코 (문화적 기호인) '스투디움'을 통해 완벽하게 '다 사용될 수' 없는 어떤 것이다. 바르트가 여배우 그레타 가르보의 얼굴, 그리고 에이젠슈테인 영화의 스틸사진에 등장하는 한 노파의 얼굴에서 발견했던 게 바로 그것이다.

가르보는 인간의 얼굴을 보여주는 것이 여전히 관객들을 깊은 엑스터시의 상태로 몰아넣을 수 있었던 시대에 속한다. 즉, 얼굴이 일종의 절대적인 육체의 상태, 도달할 수도 없고 그렇다고 포기할 수도 없는 상태를 재현하는 상황에서, 마치 마약에 취하기라도 한 양 글자 그대로 인간의 얼굴에 넋을 잃어버리는 그런 상태 말이다. 〔……〕 이것은 틀림없이 경탄

할 만한 대상-얼굴visage-object이다.[30]

나는 폐부를 찌르는 듯하면서도, 마치 필요로 하지 않는 곳에서 아무 말 없이 끝내 남아 있으려고 고집을 피우는 손님처럼 불안한 어떤 특징이, 틀림없이 노파의 이마 부근에 자리하고 있음을 감지했다. 〔……〕 하지만 이미 이미지 VI에서는, 무딘 의미는 사라지고 단지 고뇌의 메시지만 남게 된다. 그리하여 나는 고전적인 재현에 부과된 추문, 추가물 또는 표류 같은 것들이 눈썹까지 내려 쓴 두건, 감긴 눈, 볼록한 입과 같은 미묘한 관계에서 정확하게 비롯된다는 것을 이해하게 되었다.[31]

이것들은 일종의 책, 그러니까 읽혀져야 할 가독적 텍스트인 동시에 깊게 경험되는 실재, 다시 말해 감응affection의 대상이 되는 '감각적 사물'이기도 하다. 그리고 바로 이 점에서 자크 오몽J. Aumont의 말을 빌리자면,

하나의 클로즈업은 항상 하나의 얼굴, 그리고 하나의 상相을 보여준다. '클로즈업'과 '얼굴'은 그러므로 상호 교환적이다. 둘 사이의 공통분모는 감각적이고 동시에 '가독적인' 하나의 표면을 산출하는 작업이며, 들뢰즈의 표현처럼 이는 어떤 실체entité를 산출하는 작업이다.[32]

요컨대 '과도한' 감각적 의미를 경험하기 위한 최적의 장소, 그건 다름 아닌 인간의 얼굴인 것이다. 엡스탱과 발라즈, 그리고 바르트는 바로 이 장소에서 의미작용의 의미심장한 '타자성'을 확인할 수 있었다. 클로즈업된 인간의 얼굴, 그것은 기호학에 대한 잠재적 위협으로서의

'자족적 실재'에 다름 아니다. 언젠가 엡스탱을 그토록 깊게 매혹시켰던 클로즈업(그는 클로즈업을 "영화의 영혼soul"이라 불렀다)은 발라즈의 이른바 '인상학적physiognomic' 영화이론의 중심 테마이기도 했다. 발라즈에 따르면, "카메라는 얼굴에 너무나도 가까이 다가갈 수 있기 때문에 심지어 〔……〕 전혀 의도적인 통제하에 놓여 있지 못한 특정한 얼굴 부위의 '미세한 인상학적' 디테일까지 보여줄 수 있다."[33] 즉, 클로즈업 이미지는 본질적으로 인간 동형적anthropomorphic인데, 클로즈업은 그것이 인간의 것이건 사물의 것이건 간에 관계없이 언제나 '얼굴'을 재현하는 것이다(클로즈업은 온갖 사물의 '얼굴'을 드러내는 마술적 기제이다). 이는 신화에서 모든 대상이 이름으로 불리는 것(즉, 고유명사를 갖는 것)과 마찬가지다.

인간을 포함한 모든 사물과 자연 현상을 일종의 인상학적인 '얼굴–상相'으로 만드는 클로즈업의 독특한 능력, 그것은 로트만의 맥락에서 볼 때는 고유명사로 대변되는 신화적 세미오시스의 메커니즘과 다르지 않다. 신화 속에서 모든 보통명사가 기능적으로 고유명사로 바뀌는 것과 마찬가지로, 영화 속의 클로즈업은 그것이 포착한 모든 대상을 '거의 만져질 수 있을 정도'의 사물로 바꿔놓는다. 그리고 바로 이 과정에서 발생하는 것이 현전에 대한 강렬한 '현상학적' 경험인 것이다.

여기서 특별히 강조해야 할 것은 로트만의 개념에서 신화적 세미오시스가 지니는 '타자성'의 원칙이다. 로트만에 따르면, "세미오시스의 보다 발달된 관점에서 볼 때, 신화적인 의식은 '탈기호적인 것asemiotic'으로 해석될 수 있다."[34] 여기서 "세미오시스의 보다 발달된 관점"이란 신화적 의식의 바깥 혹은 그것 이후의 관점이란 뜻으로, 앞서 말한 '아담의 언어' 이후의 상태, 그러니까 표현과 내용, 이름과 대상 사이의 근원적이고 본연적인 결속이 끊어진 이후의 상태를 뜻한다. 다시 말해 그건 언어 기호의 '관습성,' 기표와 기의 간의 자의적 관계가 당연한 것으로 간주되는 상태, 한마디로 '기호적' 의식의 단계라고 할 수 있다. 발달된 기호학적 의식의 관점, 곧 일반적인 문화적 의식의 관점에서 볼 때 신화적 의식은 '탈기호적인 것'으로 간주된다.

그러나 이는 다른 무엇, 예컨대 '반기호적인 것nonsemiotic'으로 간주될 수 없는데, 왜냐하면 그것은 기호적 세미오시스를 단순히 '부정'하는 게 아니라 그것의 (경계를 넘어서는) 어떤 '외부성(a-)'을 지시하는 것이기 때문이다. 그리고 이런 '외부성'은 다시 정확하게 포토제니의 개념에도 상응하는 것이다. "엡스탱의 포토제니는 다른 방법으로는 알려지지 않았을 차원, 급진적으로 낯설어진 타자성에의 호소"[35]이기 때문이다.

결국 포토제니 개념으로 대변될 수 있는 이런 '낯선' 의미화의 현상을 두고, 그것의 깊은 본질을 문제삼는 일, 가령 '그것은 과연 기호로 간주될 수 있는가'라고 되묻는 일은 불가피하다. 포토제니적인 영상 이미지는 과연 기호인가? 만일 기호가 아니라면 우리는 그것을 어떻게 정의해야 하는가?

이 질문과 관련해, 들뢰즈가 영화 이미지의 구성 성분으로 제시한 '기호적 질료matière signalétique'라는 독특한 개념은 흥미로운 시사가 될 만하다. 직역하자면 '신호하는 물질'에 해당하는 이 개념은, 들뢰즈에 따르면 언어적 요소에도 불구하고 결코 언어체계(랑그)나 언어가 아니다. 그것은 언젠가 "에이젠슈테인이 원초적 언어 혹은 시원적 언어로서의 내적 독백에 비유했던 것"으로, "하나의 조형적 덩어리, 탈-기표적a-signifying이며 탈-통사적인a-syntaxic 질료, 어쨌거나 언어학적이지 않은 방식으로 형성된 질료"를 가리킨다. 그것은 일종의 선조건, 즉 "자신이 조건짓는 것보다 권리상 선행하는 어떤 조건"인 것이다.[36) 요컨대, 이 특이한 기호-질료는 분명 무엇인가를 표시하는 것signaletic이지만, 동시에 아직은 의미화되지 않았다는 점에서 (기호 이전의) 물질에 해당하는 것이다. 들뢰즈에 따르면, "모든 기표화 이전에 있는 최초의 기표 가능한 것signifiable," 그런 의미에서 일종의 "언표 가능태"라 할 수 있는 이 기호적 질료가 바로 영화 이미지의 내재적 가시성의 핵심을 이루는 "운동-이미지"에 해당한다.[37)

그러나 전前기호학적인 잠재 기호이면서 아직은 기호가 아닌 것, 본질상 질료이면서 동시에 모종의 의미 잠재성을 띠고 있는 것, 언표 가능한 것이면서 동시에 본질상 언어적으로 형성되지 않은 질료인 이것은, 결코 어느 날 갑자기 들뢰즈가 고안해낸 발명품이 아니다. 그것은 영화라는 매체가 자신의 미학적 독자성에 관한 자의식을 일구어내기 시작한 첫번째 지점, 그 '기원적' 풍경의 자리에서부터 '이미' 존재했던 문제인 것이다.[38)

반세기에 걸친 영화 이론사에서 끊임없이 이름을 바꿔가며 재등장하곤 했던 이 문제, 들뤼크와 엡스탱의 '포토제니,' 발라즈의 '인상,' 미트리J. Mitry의 '아날로공analogon,'[39) 바르트의 '무딘 의미' 등을 통해 계속해서 반복 출현했던 이 '증후적' 문제는, 오늘날 영화기호학의 가장 강력한 '타자'가 되어 귀환한 듯 보인다. 영화기호학, 혹은 더 넓게 과학적이고 합리적인 용어를 통해 대상을 기술할 것을 지향하는 여하한 이론적 담론은, 과연 이 문제적인 '잉여'의 의미 영역을 자신 안에 온전히 포섭함으로써 영화이론의 장을 결정적으로 확장할 수 있을까?

4. 영화와 의식의 이종성: 이분법에서 혼종성으로

영화의 신화적 본질에 관한 로트만의 사유가 갖는 의심할 바 없는 장점은, 그의 개념을 통해 우리가 앞서 말한 의미화의 '탈기호적' 차원을 어떤 신비스런 '물자체'의 현상으로 환원해버릴 위험성, 다시 말해 그것을 초월적인 것으로 만들어버릴 위험성을 피할 수 있다는 점에 있다. 로트만의 이론적 프레임은 '신화적인 것'의 이름으로 대두되는 세미오시스의 '낯선' 차원을 적극적으로 인정할 수 있는 가능성을 제공한다. 물론 이 타자성의 차원은 일상의 (자연)언어를 통해 '본래 모습 그대로' 재건될 수는 없다. 하지만 우리는 그것의 부정할 수 없는 존재성을 '흔적'의 형태로 남아 있는 항시적인 영향을 통해 확인할 수 있다. 가령 시적 메타포, 유아적 유형의 세미오시스, (무엇보다도 확연하게는) 고유명사 속에서 이 영향이 확인된다.

로트만에 따르면, 신화적 유형의 이런 탈기호적 차원이란 결국 세미오시스의 또 다른 적법한 측면에 불과한바, 그 세미오시스란 우리 인간 의식의 가장 본질적인 특성이라 할 사유의 원칙적인 '혼종성heterogeneity'의 표현에 다름 아닌 것이다. 사실 이와 같은 (사유의) 혼종성 문제는 또 하나의 중대한 국면인 신화적 세미오시스의 '화용론적' 측면에서 증명되어야 할 과제다. 신화적 유형의 커뮤니케이션은 일반적 소통의 유형인 '나-그(녀) 커뮤니케이션'에 해당되지 않는다. 보다 정확하게 말해 그것은 '자기커뮤니케이션автокоммуникация'이라 불리는 독특한 재귀적 소통[40]의 유형을 따른다. 신화는 언제나 나에게 이미 알려진 사실, 즉 '나 자신'에 관해 이야기하며, 그것의 의미는 원칙적으로 동어반복적이다. 분명 이 측면은 포토제니와 푼크툼 개념의 핵심을 이루는

'주관성'의 문제를 해명하기 위한 열쇠가 될 수 있을 것이다. 하지만 이는 별도의 글에서 다루어야 할 주제이다.[41]

결국 로트만의 신화론이 영화적 의미작용의 낯선 '타자적' 차원과 관련해 우리에게 재차 강조해주는 것은 인간의 의식과 문화 자체의 내적 '혼종성'의 원칙이다. 우리는 여전히 각종 대립 항을 두고 선명한 이분법을 구축하는 것(가령 언어 대 이미지, 상징 대 도상, 논리적인 것 대 감각적인 것, 몽타주 대 포토제니 등)에 훨씬 더 익숙하다. 하지만 보다 생산적인 다음 단계의 작업은 이런 선명한 이분법 대신에 우리들로 하여금 다양한 대립 양상의 공존 및 상호작용의 절대적인 필요성을 확신하지 않을 수 없게끔 하는 모종의 '혼합 영역'을 찾아내는 방향으로 조준되어야만 할 것이다.

예컨대, 몽타주 이론의 내부에서 인간의 '신체'와 관련된 현상학적이고 인상학적 측면을 재발견하는 작업이라든지, 에이젠슈테인의 '감각 이미지' 개념 안에 '원초적 논리'의 사유가 반영되어 있음을 확인하는 작업 등은 이런 혼합 영역을 겨냥한 연구의 적절한 예가 될 수 있을 것이다.[42]

하지만 이를 위해 먼저 전제되어야 할 것은 영화기호학 그 자신의 혁신적인 변모일 것이다. 분명 영화기호학은 자신의 내부에서 현저히 낯선 '또 다른 자아'를 직면할 수 있을 만큼 충분히 혁신될 필요가 있다. 로트만은 사망하기 얼마 전, 모스크바-타르투 기호학파의 역사에 관한 짤막한 글에서 다음과 같은 희망을 피력했다. 이 희망은 오늘날의 영화기호학에도 절실하게 들린다.

학문적 사유는 그것의 담지자들이 원칙의 순수성을 옹호하는 데 온

힘을 쏟게 될 때 마감된다. 예지의 상징인 뱀은 자신의 껍질을 벗으며 자라난다. 사고 또한 스스로를 벗어나며 발전하는 것이다.[43]

5장

문화사와 도시기호학

:
상트페테르부르크를
중심으로

도시연구: 간間학제적 문화론을 위한 통사론

이 글은 지난 2009년 한국 도시사학회가 주최한 겨울 워크숍 "도시와 근대성의 경험"에서 발표 의뢰를 받고 작성한 것이다. 나로서는 언젠가 '도시와 로트만'을 주제로 글을 쓰려 마음먹고 있었기에 좋은 구실이 되었다.

무릇 세계의 모든 도시는 단순한 주거지를 넘어서는 의미를 갖고 있지만, 특히 러시아 문화에서 도시는 아주 특별한 위상을 갖는다. 러시아의 대표적인 두 도시 모스크바와 페테르부르크는 중대한 문화적 상징물의 성격을 띤다. 그것은 세계사적 의미를 지니는 역사적 사건들의 배경일 뿐만 아니라 우리에게 익숙한 수많은 예술작품들의 무대이자 그것을 낳은 사상들의 발원지였다. 그런 점에서 그것은 '도시 이상의 도시,' 이를테면 러시아의 문화와 역사가 날줄과 씨줄로 얽힌 채 옛것의 흔적 위에 새로운 기표가 끊임없이 덧붙여진 기호학적 양피지에 가깝다. 때문에 도시라는 '텍스트'는 (도시)기호학이라는 이름을 붙이지 않더라도 이미 복잡한 '읽기'의 대상이 될 수밖에 없다.

　　그중에서도 도시 페테르부르크는 로트만에게 출신지를 넘어서는 특별한 의미를 지닌다. 20세기 러시아 지성사에서 페테르부르크는 말 그대로 '문화적 경계 지대'의 역할을 수행했다. 20세기 초반의 페테르부르크는 서구의 최신 문화가 밀수되던 장소였다. 당시 러시아 예술의 모더니즘적 경향을 주도했던 일군의 예술가들, 잡지 『예술 세계』의 동인이었던 페테르부르크의 모던보이들은 『백색평론』을 읽고 보들레르, 위스망스, 베를렌의 분위기에 푹 빠져 있었던 페테르부르크의 유럽화된 코스모폴리탄이었다.

　　그리고 얼마 후 바로 이런 혁신적인 예술 운동을 배경으로 20세기 문학연구의 흐름을 바꿔놓은 혁명적 사건이 일어났다. 러시아 형식주의가 바로 이 도시 페테르부르크에서 출현했던 것이다. 러시아 형식주의와 로트만 기호학 간의 관계는 문학을 대하는 태도와 관점의 유사성에 그치지 않는다(1960년대에 소련에서 타르투 학파의 구조주의는 형식주의의 부활로 받아들여졌다). 1940년대 중반 제2차 세계대전 복무를 마치고 로트만이 대학에 복학했을 때, 레닌그라드 대학 어문학부에는 20여 년 전에 (반대파가 붙인) '러시아 형식주의'라는 명칭으로 세상을 떠들썩하게 만들었던 바로 그 젊은이들이 중년의 학자가 되어 학생들을 가르치고 있었다. 예이헨바움, 토마솁스키, 지르문스키, 구콥스키, 그리고 『민담의 형태론』의 저자 프로프V. Propp까지. 로트만이 자신의 학문적 뿌리인 페테르부르크에 자리 잡지 못하고 제국의 변방 에스토니아로 떠날 수밖에 없었던 것은 유대계 혈통 때문이었다(그는 에스토니아의 타르투 대학에 평생 재직했다). 로트만이 졸업을 했던 1950년대 초반, 소련 사회 전반에는 이른바 '코스모폴리터니즘'과의 투쟁이 벌어지고 있었고, 사실상 그것은 공공연한 반유대주의의 성격을 띠었던 것이다.

하지만 문화적 모태와의 이런 강제적 '분리'는 어쩌면 그것과의 더욱 강력하고 지속적인 '결속'을 야기한 동인이었을지도 모르겠다. 로트만은 평생에 걸쳐 자신의 문화적 모태로 끊임없이 되돌아갔다. 도시 페테르부르크, 러시아식 근대를 대변하는 이 상징적 기표는 단 하나의 고유명사로 압축될 수 있다. 바로 푸시킨이라는 이름이다. 푸시킨과 그의 시대(18~19세기 중반)는 로트만에게 영원한 영감의 원천이자 지식의 보고였다. 푸시킨의 글과 삶을 통해서 그의 시대 전체가, 그를 낳은 러시아 근대 문화 전체가 생생한 행태와 표현을 얻는다. 푸시킨과 페테르부르크, 그리고 근대성, 제유적 포함 관계를 이루는 이 세 개의 동심원은 로트만의 사유가 그것을 중심으로 끝없이 공회전하는 일종의 중력장을 이룬다. 러시아 문화를 대상으로 한 로트만의 평생에 걸친 탐구는 이 동심원의 폭을 확장하고 그 깊이를 늘려가는 과정과 다르지 않았다. 말년에 로트만이 행한 TV 강연 시리즈와 사후에 그것을 묶어 출판한 저서 『러시아 문화에 관한 담론』(2011)은 이 지난한 탐색 과정의 총결산이라 할 만하다.

도시기호학을 주제로 한 이 글에서 나는 주로 페테르부르크를 둘러싼 '문화사적' 사실들에 집중했다. 물론 이는 단순한 사실들의 나열에 그치지 않는다. 도시란 신화와 세계관, 이데올로기가 복잡하게 응축된 문화의 저장고이자 발생기라는 이론적 전제가 그 앞에 깔려 있다. 4년이 지난 지금, 나는 도시라는 주제가 갖는 확장성과 잠재력에 이전보다 더 큰 확신을 갖게 되었다. 도시는 (역사적) 사실과 (문화적) 담론이 교차하는 흥미로운 텍스트일 뿐만 아니라, 상이한 학제적 관심사와 문제들을 상호 교차시킴으로써 우리가 알던 많은 것들을 새롭게 재조명해 볼 수 있도록 하는 유용한 교차점에 해당한다. 즉, 오늘날 도시에 관한 담론은 '기억 연구'가 그런 것처럼, 하나의 학문 분야가 독점할 수 없는 모종의 메타주제로 부상했다.

나는 기존 (어)문학연구가 이 보편적 메타주제에 보다 적극적으로 개입할 필요가 있다고 주장하고 싶다. '텍스트 읽기'라는 본연의 방법론적 정체성을 십분 활용하는 한편, 문화연구 및 사회과학적 접근들과 생산적으로 교류할 수 있는 교차점을 꾸준히 모색해야만 한다. 이를 통해 간학제적 연구 주제로서의 도시연구를 더욱 풍성하고 다채롭게 만드는 가운데 전통적인 (어)문학연구가 스스로의 외연을 넓혀 주변 학제들과 소통할 수 있는 공통의 번역어를 찾아낼 수 있기를 기대한다. 도시연구는 도시의 '랑그'뿐 아니라 언제나 그것을 '초과'해 흘러넘치게 마련인 도시의 '파롤(들)'을 다뤄온 (어)문학연구가 그 어떤 것보다 앞서 갈 수 있는 최적의 무대가 될 수 있을 것이다.

문화사와 도시기호학

상트페테르부르크를 중심으로

1. 기호학과 역사연구: 문화사의 기호학

기호학과 역사연구, 언뜻 보기에 그다지 잘 어울릴 것 같지 않은 이 조합은 로트만의 경우엔 전혀 낯선 풍경이 아니다. '문화사가'로서의 학문적 뿌리는, 롤랑 바르트에게 문학비평이 그랬듯이 기호학자 로트만에게 마지막까지 남아 있는 본질적인 토대였다. 보편적이고 추상적인 메커니즘에 개입하고 있는 구체적이고 역동적인 맥락을 잡아내는 능력, 혹은 반대로 지극히 작고 사소한 디테일을 통해 광의의 이론적 개념을 조명하는 능력은 문화기호학자 로트만의 가장 중요한 특성이다.

물론 '역사로의 복귀'라고 부를 만한 '전환'의 국면이 없었던 것은 아니다. 이른바 '1960년대식 지향,' 즉 구조-기호학적 방법론을 통해 문화의 메타개념을 수립하려는 지향은 대략 1970년대 중반을 기점으로 상당 부분 후퇴했다. 그 대신에 들어선 것이 역사, 정확하게는 '러시아 문화사'에 대한 연구였다. 문화의 보편 메커니즘을 향한 추구는 역사 속에서 문화의 '구체적인 표현들'을 찾아내는 일에 자리를 내주게 되었고, 이 전환은 문화의 소우주, 즉 '일상' 안에서 대우주로서의 역사를 되읽어내는 작업으로 구체화되었다. 물론 로트만 자신은 이런 전환을 '되돌아감'으로 표현했고, 거기서 러시아 기호학의 특징을 보았다.

개인적으로 나는 어디서 역사적 기술이 끝나고 어디서부터 기호학이 시작되는지 명확한 선을 그을 수 없다. 거기엔 대립도, 급격한 단절도 없다. 내게 이 두 영역은 유기적으로 얽혀 있다. [……] 역사연구로부터의 이탈은 다시 그것으로 되돌아가기 위해 필수적인 것이었다. 전혀 새로운 토대 위에 다시 서기 위해서 전통과의 연결이 파괴되어야만 했던 것이다. 공시적 모델을 지향할 때 역사가는 자유를 얻는다. 기존 역사연구에서 쌓인 방법론적 오물에서 벗어난 진정한 자유, 다시금 자기 영역으로 되돌아갈 수 있도록 하는 기반을 얻게 되는 것이다. 바로 여기에 추상적 모델을 계속해서 견지했던 서구 기호학과 우리의 차이가 있다. 우리에게 그것은 전통적 유물론에 새로운 무기를 제공하는 데 필수적인 지적 분야였던 것이다.[1]

드미트리 세갈D. Segal이 "기호학적 역사주의"[2]라 부른 바 있는 이 시기의 문화사 연구는 사실 구조시학과 사회심리학, 그리고 인류학이 뒤섞인 복합 학제의 성격을 띠고 있다. 그것은 주로 러시아 역사의 전개를 기호적 패러다임의 교체 과정으로 기술하는 문화사 모델 연구와 특정 시기 인간들의 일상적 행위를 문화체계 내에서 작동하는 문화적 코드들을 통해 읽어내는 행위시학 연구에 집중돼 있다.[3] 알려진 대로, 러시아의 역사와 기호학 간의 이런 예기치 않은 만남은 몹시 새롭고 생산적인 결과들을 낳았다. 그것은 현대 러시아 문화론 및 역사연구에 지대한 자취를 남긴바, 가령 오늘날 '2원 모델'이나 '연극성(극장성)' 같은 로트만의 개념들은 러시아에서 중등 교과서적인 지식이 되었다. 또한 그 성과들은 소비에트의 경계 너머로 빠르게 전파되어,[4] 그 영향력의 범위가 러시아 연구 진영을 넘어 신역사주의에까지 이르렀다.[5] 가령, '문화'의 미세 영역을 세밀하게 분절하고 탐구하는 로트만의 기술 방식은 많은 이들에게 자연스럽게 클리퍼드 기어츠의 '두터운 묘사'를 떠올리게 했고, 이에 관한 비교 연구가 행해지기도 했다.[6]

요컨대, '모든 것을 포괄하는 질서'라는 1960년대적 관념이 허물어진 자리에 대신 등장한 기호학과 역사 간의 로트만식 결합은 (이전의 구조시학의 토대 위에서) 새로운 문화사 기술 모델 및 해석학적, 미시적 역사 서술 방법론을 도입했고, 그 결과는 '러시아 문화사에 대한 기호학적 다시 읽기'로 실현되었던 것이다.

2. 로트만의 도시기호학과 상트페테르부르크

도시에 대한 로트만의 탐구, '도시기호학'이라 이름 붙일 수 있는 그의 연구들은 앞서 말한 1970년대의 문화시학으로부터 나온 자연스런 결과물로 볼 수 있다. 도시를 읽는 그의 관점과 방법론은, 그것이 '역사(의 텍스트)로 투사된 기호학'이라는 점에서 서구의 그것과 분명하게 구별된다. 이런 차이는 로트만의 '위상(기하)학적topological 문화 모델' 개념[7]을 이용해 도시 형태에 대한 의미론적 프레임의 형성을 시도한 프랑스의 기호학자 그레마스A. J. Greimas의 '토폴로지 기호학'[8]과 비교할 때 잘 드러난다. 그레마스의 도시기호학은 이데올로기적 차원의 내용 분석을 비켜 간 '도시 텍스트의 (언어)문법'을 기술하는 데 집중하는데, 이 점에서 (구체적 파롤parole로서의) 역사를 뺀 (랑그langue로서의) 도시 유형학에 해당한다고 볼 수 있다.

반면, 로트만의 도시론에서 가장 기본이 되는 전제는 복잡한 기호적 메커니즘으로서의 도시란 "끊임없이 새롭게 자신의 과거를 배태하는 메커니즘"이며, 그런 점에서 "문화와 마찬가지로 시간에 대립하는 메커니즘"이라는 것이다.

건축물, 도시적인 의식과 제례, 도시의 청사진 그 자체, 거리의 명명, 그리고 그 밖의 수천 가지 과거의 잔재들은 끊임없이 과거 역사의 텍스트를 새롭게 발생시키는 약호 프로그램으로 등장한다.[9]

한마디로 도시는 신화와 세계관, 이데올로기가 복잡하게 응축된 문화의 저장고이자 발생기로서, 문화가 만들어놓은 여러 상징체계 속에서 매우 특별한 위치를 차지한다.[10]

그렇다면 도시라는 이 특별한 상징체계에 어떻게 접근할 수 있을까? 로트만에 따르면, 도시기호학은 두 가지 기본 영역으로 구분될 수 있다. '공간으로서의 도시'와 '이름으로서의 도시'가 그것이다. 전자가 도시 공간의 구조적 모델 및 그와 연관된 신화적 측면을 강조한다면, 후자는 도시의 명칭과 결부된 이데올로기와 문화적 상징성을 다룬다. 두 분석 영역 모두의 공통적 대상은 로트만 자신의 문화적 모태이자 러시아식 근대의 시발점인 제국의 도시 '상트페테르부르크'이다.

페테르부르크는 어떤 도시인가? 지난 2003년 300주년을 맞은 이 도시는, 1703년 표트르 대제가 당시까지 유럽사의 주류에서 비켜나 있던 러시아를 서구화, 근대화의 길로 이끌기 위해 핀란드 만과 네바 강 어귀의 늪지대 위에 건설한 거대한 계획 도시이다. 15만 명 이상의 인명을 희생시키고 탄생한 무덤 위의 도시, 기적 같은 건설의 신화와 함께 적그리스도와 악마의 신화를 잉태한 도시가 바로 페테르부르크다. '유럽으로 열린 창'이라는 말이 잘 보여주듯이, 서구를 향한 강렬한 열망을 응축한 이 도시는 이른바 '러시아적 모더니티'의 전형적인 결과물인 동시에 그 모더니티의 다양한 '왜곡'을 증명하는 문제적인 텍스트다.

러시아 동화에 나오는 마법의 도시처럼, 페테르부르크는 비약적으로 성장했다. 다른 곳(서구)에서라면 몇 세기에 걸쳐 일어났을 일들이 그곳에선 불과 50년 동안 급속하게 이뤄졌다(10년 동안 늪지의 한가운데에 3만 5천 개의 건물이 들어섰다). 늪지대에 기적처럼 출현한 페테르부르크는 그 도시의 주체들에게조차 인간적 현실로 다가오지 않았다. 표트르가 "이곳에 도시를 건설할 것이다"라고 선언했을 때 그의 말은 마치 "빛이 있으라"고 했던 신의 명령을 연상시켰다. "우리 황제께선 도시 전체를 건설하신 다음 그것을 땅 위에 내려놓으셨소"라는 당대의 전설은 이를 보여주는 하나의 사례이다.

말 그대로 늪지대 전체를 돌로 메운 대공사는 가히 신화적 규모를 자랑한다. 늪을 메울 그 많은 돌들은 당연히 다른 지역에서 옮겨와야만 했다. "강둑의 유명한 화강암은 핀란드에서, 궁정의 대리석은 이탈리아,

우랄, 중동에서, 반려암은 스웨덴에서 들여온 것이었다. 조립현무암과 석판암은 오네가 호수, 사암은 폴란드와 독일, 건축용 석회화石灰華는 이탈리아, 타일은 베네룩스와 뤼베크에서 가져왔다. 유명한 표트르의 청동기마상을 받치는 화강암 대좌는 높이 12미터, 둘레 30미터에 달했다. 약 66만 킬로그램에 이르는 이 화강암을 옮기는 데만도 1천 명의 인원과 1년 6개월 이상의 시간을 필요로 했다. 이 화강암이 발견되었던 숲에서 수도까지 13킬로미터를 처음엔 도르래로, 그다음엔 특수 제작된 거룻배로 옮겨야 했던 것이다. 성 이삭 성당의 36개의 거대한 화강암 원기둥도 마찬가지였다."[11] 사실 피라미드를 건설할 때를 제외하면, 이처럼 엄청난 양의 석재가 운송된 경우는 전례를 찾아보기 어렵다. 이 과정이 어느 정도의 끔찍한 희생을 동반했는지를 상상하는 것은 전혀 어렵지 않다. 불과 3년 동안 이 새로운 도시는 약 15만 명에 가까운 노동자를 '삼켜버렸던' 것이다.

그렇게 해서 돌과 뼈, 이 두 개의 원초적 기표는 도시 페테르부르크를 수식하는 지표적 환유인 동시에 이후 창궐하게 될 '페테르부르크 신화'의 근원적인 신화소가 되었다. 늪지대의 심연 위에 돌로 세운 도시, 그리고 심연을 메우고 있는 수많은 뼈들. 러시아 정교의 공식적인 축복 속에 탄생한 이 도시는 무시무시한 저주의 말과 함께 태어났다. 표트르에 의해 수도원에 유배당한 첫번째 부인 예브도키야E. Lopukhina는 유형지에서 이렇게 말했다. "그곳이 텅 비게 하라!" 그리고 축복과 저주의 이러한 이중성은 페테르부르크의 신화와 역사에 계속해서 그 그림자를 드리우게 된다.

페테르부르크는 자연에 대한, 그리고 러시아의 지체에 대한 승리를 의미했다. 1703년 페트로파블롭스키 성채 건설로 시작된 도시 건축은

18~19세기를 거치며 계속되어 수많은 대로prospect, 광장, 궁전, 정원, 첨탑, 동상, 운하 들로 이루어진 독특한 문화 공간을 형성하게 되었다. 오랜 시간을 두고 자연스럽게 팽창한 '커다란 시골' 모스크바와 달리, 페테르부르크 건축과 토목 계획의 기본 원리는 철저하게 '합리성'에 의존했다(당시 사람들은 "마침내 이 도시에 기하학이 당도했다"고 썼다). 러시아인들에게 모스크바가 어머니이자 심장과 같다면, 페테르부르크는 머리, 그것도 '차가운' 아버지의 머리에 해당한다. 이 아버지의 두뇌와 함께 러시아의 근대는 시작되었다. 그곳은 최초의 러시아 과학아카데미가 생겨난 장소이며, 최초의 공공도서관, 최초의 극장, 최초의 식물원, 평민 자녀를 위한 최초의 학교가 문을 연 장소이다.

페테르부르크는 그 자체로 '근대' 러시아 문화의 새로운 방향성을 표상하는 상징적인 기호였다. 이 도시는 모든 면에서 하나의 도시 이상의 의미를 지녔던바, 그것은 러시아인을 유럽인으로 개조하기 위한 거의 유토피아적이라 할 방대한 문화공학의 계획이었던 것이다.[12] 그 계획의 문화적 목적은 오로지 모스크바적인 '중세'를 거부하고 유럽식의 '근대'를 도입하는 것이었다. 그러니까 '유럽으로 열린 창'인 페테르부르크를 통해 문화적 정체성의 코드를 철저하게 개편함으로써, 과거 러시아의 '무지'하고 '후진적'인 관습을 버리고 진보적이고 계몽된 근대 서구 세계에 동참하려는 것, 바로 이것이 페테르부르크식 근대의 목표였던 것이다.

요컨대, 도시 페테르부르크가 대변하고 있는 것은 18세기 러시아의 새로운 문화적 상황, 곧 이전 시대의 모든 것에 대한 전면적인 '거부'와 '부정'이다. 그렇게 '갑자기вдруг'와 '새로운новый'이라는 두 단어는 18세기 러시아 문화를 수식하는 대표적인 술어가 된다. 시인 칸테미르D. Kantemir의 유명한 구절, "표트르의 영민한 교시를 소중히 하니, 그로써 우리가 갑자기 이미 새로운 민족이 되었기 때문이다"는 이를 잘 보여준다. 그렇다면 이런 새로움과 단절의 지향은 어디에서 가장 잘 찾아볼 수 있을까? 로트만에 따르면, 그것은 고유명사로서의 이름, 곧 도시명을 둘러싼 기호학에서 드러난다.

3. 도시명의 기호학: '베드로'의 도시에서 '표트르'의 도시로

1982년에 발표된 논문 「표트르 대제의 이데올로기에 나타난 '모스크바–제3로마 개념'의 반향」[13]은 '이름으로서의 도시'에 관한 로트만의 견해를 보여주는 대표적인 글이다. 먼저 지적할 것은 여기서 말하는 것이 일방적인 '단절'의 수사학이 아니라는 점이다. 오히려 로트만이 주목하는 것은 단절과 연속성 간의 복잡한 변증법, 다시 말해 과격한 단절의 의지 안에서 (역설적으로) 발견되는 역사적 연속성의 문제이다. 로트만의 분석에서 드러나는바, 페테르부르크 건설을 둘러싼 이념들은 과거 모스크바 시대의 지배 이데올로기였던 '모스크바 제3로마론'[14]의 재해석이었다. 그러니까 과거와의 단절을 특징으로 하는 그 문화는 오히려 역사의 연속성의 증거가 되는 셈이다.[15] 페테르부르크를 덮고 있는 중층적 시간 모델은, 황제의 칭호와 페테르부르크의 명명에 수반된 각종 상징적, 기호적 의미에서 무엇보다 잘 드러난다.

상트페테르부르크는 '성聖 베드로의 도시'라는 뜻을 갖는다. 로트만에 따르면, 이 명칭에는 뚜렷하고 의식적인 '로마 지향성' 이데올로기가 숨겨져 있다. 중세적 신성에 대한 근대적 세속 권력의 승리라는 18세기의 방향 전환은 페테르부르크를 '신新로마'로 보는 견해에 권위를 부여해주었다. 표트르는 신성의 중심부, 예컨대 새로운 예루살렘이 되는 대신 최고의 권력적 전통을 따르는 길을 택했고, 그것은 바로 페테르부르크를 '신로마'로 표상하는 길이었다. 이와 같은 로마 지향은 수도의 이름 뿐 아니라 문장emblem에서도 드러나는데, 페테르부르크의 문장은 로마 시를 계승한 바티칸의 문장에서 따온 모티프의 변형된 형태이다. 즉, 페테르부르크의 문장은 "의미론적으로 도시의 이름에 상응한다. 이름과 문장이 공히 하나의 동일한 이념에 대한 언어적, 시각적 표현이 되는 것이다."[16]

한편, 페테르부르크의 로마 지향성을 보여주는 또 다른 사례는 도시의 수호성당인 '페트로파블롭스키 성당'이다. 도시 최고의 건물로 의도된 이 '베드로와 바울' 성당은 본래의 기획에 따르면 도시 중앙에 위치한 성채 위에 자리했는데, 이는 분명 로마 시의 성 베드로 성당과 유추가 존재했음을 증명한다. 그런데 여기서 잊지 말아야 할 것은 이와 같은 명명의 기호학이 새로운 창조라기보다는 오히려 '옛것의 재전유,' 그러니까 "기존하는 문화적 약호의 틀 안에서 행해진 일련의 개명으로 간주될 수 있다"[17]는 점이다. 요컨대, 표트르 대제의 이데올로기 속에 '모스크바-제3로마 개념'의 반향이 여전히 겹쳐 울리고 있었던 것이다.

그러나 명명을 둘러싼 가장 흥미로운 양상은 역시 상트페테르부르크라는 도시명이 갖는 이중적 해석의 가능성이다. 베드로의 러시아식 이름은 표트르이며, 그래서 '성스러운 베드로의 도시'는 곧 '표트르의 도시'이기도 하다. 상트페테르부르크라는 명칭은 'Saint'라는 수식어가 어디에 걸리느냐에 따라 두 가지로 해석될 수 있다. 독일식 명칭인 Sankt Petersburg가 문법적으로 소유격, 즉 '성스러운 Peter'의 도시라는 뜻을 갖는다면, 러시아에 수용된 형태인 Sankt Peterburg(소유격 's' 누락)

는 그런 의미가 모호해지므로 '표트르의' 신성한 도시로 이해될 수 있다. 로트만의 분석이 보여주는 예리함은 그가 이 두 가지 의미론 사이의 미세한 변화, 그러니까 '성 베드로의 도시'가 '황제 표트르의 도시'로 바꿔치기되는 은밀한 전환의 국면들에 주목하고 있다는 점에서 드러난다.

우선, 베드로와 표트르의 동일성은 사도 베드로가 미래 교회의 '반석'이 될 것이라는 복음서의 말씀에 기초한다. 베드로는 돌pietre이라는 뜻이며, 이는 자연스럽게 중세의 '목조 러시아'에 대립되는 '석조 러시아,' 곧 '돌로 된 수도 페테르부르크' 이미지로 연결된다. 즉, "돌은 러시아 및 러시아의 화신으로서의 페테르부르크를 상징하는바, 표트르는 조물주-창조자, 곧 러시아를 변형시킨 조각가로 제시"[18]되는 것이다. 상트페테르부르크가 '페트로폴' 혹은 '페트로그라드'로 변형될 때,[19] 사도 베드로의 연상은 점점 더 모호해지는 반면, 황제와의 연상은 계속해서 강화된다.

한편, 이름의 기호학에서 벌어진 이런 변화는 도시의 중심 수호성당의 역할 변경에도 반영된다. 페테르부르크의 두번째 성당인 '성 이삭 성당'이 과거의 페트로파블롭스키 성당을 대신해 수도의 중심 성당으로 부상하게 된 것이다. 성 이삭 성당은 황제 표트르의 생일(5월 30일)과 축일이 같은 비잔틴의 성인 이삭 달마시안의 이름을 따 건설한 것으로, 본래 도시의 중심부가 아닌 '유럽화된' 남쪽의 해군성 지역에 위치했다. 차르의 탄생일을 직접 상기시키는 이 성당은, 그러나 "수도의 중심부가 네바 강 남쪽으로 옮겨가고 18~19세기에 도시의 외곽선이 확장됨에 따라, 본래 페트로파블롭스키 성당이 수행하기로 되어 있었던 여러 기능을 효율적으로 수행하면서 수도의 중심 성당으로 부상했다."[20] 이 모든 과정이 뜻하는 바는 명백하다. 결국 페테르부르크라는 이름에 내포된 두 가지 의미 중에서 '표트르의 의미론'이 '베드로의 의미론'을 압도하기 시작했고, 이에 따라 제국 로마의 지향성이 점차 황제 표트르를 향한 개인 숭배로 이어지게 되었던 것이다.

도시의 이름을 둘러싼 로트만의 이와 같은 분석은 이른바 '신화적 의식의 담지자'로서 고유명사의 문제, 숨겨진 역사적 과정들을 조명해주는 상징적 기호로서 이름이라는 흥미로운 연구 주제를 개시해주었다. 그것은 명명이 단지 의미작용과 언어가 연결되는 문제에만 국한되지 않는다는 것, 이름이란 공간에 결부될 뿐 아니라 공간 안에서의 변화를 통해 시간의 범주와도 결부된다는 점을 분명하게 보여주었다(즉, 문화적 기호로서의 이름은 또한 역사적 의미들의 저장고이자 발생기가 되는 것이다).

명명은 물리적인 것과 개념적인 것 사이에서 고도의 커뮤니케이션적 목적을 지닌 채 모델링이 발생하는 바로 그 장소이다. 만일 이름이 언어의 기초적 단위라면, 언어의 창조와 세계의 창조는 근원적이고 역동적인 방식으로 서로 얽혀 있다. 언어의 창조와 공간의 기호화는 나란히 진행되는바, 공간 안에 존재하는 것들의 기호적 사용(명명)은 언어와 개념적으로 동일한 성격을 갖게 되는 것이다.[21]

4. 도시 공간의 기호학: 페테르부르크 신화와 텍스트

도시기호학의 두번째 기본 영역인 '공간으로서의 도시'는 1984년에 발표된 논문 「페테르부르크의 상징학과 도시기호학의 제 문제」에서 집중적으로 다뤄진다. 이 글의 서두에서 로트만은 도시 공간의 지리적 배치에 관한 유형학을 시도하는데, '동심적centric 모델'과 '이심적eccentric 모델'의 구분이 그것이다. 자신을 둘러싼 주변 세계와의 관계에서 '중심'의 위상을 부여받는 첫번째 모델의 경우, 이들은 통상 "대지의 중심"에 위치하면서(물론 여기서 중요한 것은 실제로 중심에 위치하는지의 여부가 아니라 '중심으로서 간주된다'는 사실 자체다), 우주 자체의 이상화된 모델이 된다. 가령, 그것은 "천상 도시의 원형"이나 "주변 세계를 위한 성소聖所"로 나타난다. 이 모델의 대표적인 경우로 로마, 예루살렘, 모스크바 등이 있다. 당연히 이 모델은 열림보다는 닫힘, "적대적인 것으로 평가되는 주변 세계로부터의 분리"를 지향한다.

한편, 도시는 그와 연결된 대지와의 관계에서 "이심적으로," 다시 말해 그것의 "경계 너머에" 자리할 수 있다. 스뱌토슬라프, 샤를 대제, 무엇보다도 기존 국가의 국경 너머에 새 수도를 건설했던 표트르 대제의 경우가 이에 해당한다. 동심적 모델의 폐쇄성과 비교했을 때, 이심적 구조는 열림과 해체, 개방된 문화적 접촉을 지향한다. 동심적 모델이 대개 '고산 도시'(이는 땅과 하늘의 중개자로 표상된다)의 이미지와 관련된다면, 이심적 구조는 문화 공간의 변경, 예컨대 '해안이나 강어귀'에 위치한다. 주로 창조와 관련된 신화를 통해 '하늘과 땅의 대립'을 활성화하는 전자에 비해, 후자는 '인공 대 자연의 대립'을 강조한다. 특히 홍수나 범람 등의 자연력에 의해 도시의 인공성이 몰락하게 되는 이야기, 종말론의 신화나 멸망의 예언은 후자를 특징짓는 자질이다.[22]

실제로 페테르부르크의 경우, 이심적 모델의 특징을 고스란히 보여준다. 언젠가 이 인공의 도시가 흔적도 없이 사라질 것이라는 불길한 종말론의 신화는, 어쩌면 페테르부르크의 첫 삽이 떠지던 그 시점부터 이미 도시의 실제 역사를 뒤덮고 있었다. 페테르부르크의 실제 역사는 신화적 요소로 점철되어 있었던바, 유언비어나 구전 야사 등의 형태로 민중의 삶에 깊숙이 뿌리내리고 있었던 것이다.

그렇다면 페테르부르크의 이런 뿌리 깊은 신화학은 어떻게 설명될 수 있을까? 물론 그 원천적 발효소는 도시 건설이 수반했던 끔찍한 희생의 상처('뼈 위에 세워진 도시')이다. 하지만 보다 포괄적인 원인은 페테르부르크로 대변되는 18세기 러시아의 문화적 기호, 곧 '역사의 부재'라는 기호로 보아야 한다. 앞서 이야기했듯이, 표트르 시대 이데올로기의 특징은 18세기 초반 러시아가 체험하고 있던 것을 하나의 '출발점' 혹은 '시작'으로 간주하려는 경향이었다("갑자기, 새로운" 러시아). 이에 따른 자연스런 결과는 무엇인가? 그것은 "그 이전의 모든 것을 존재하지 않는 것, 혹은 최소한 역사적 현실성을 결여한 무지와 혼돈의 시대에 속하는 것이라고 선포하는"[23] 것이다. 다시 말해, 표트르 시대 이전의 러시아는 '무'로 간주되며, 이상적인 러시아는 지나간 것과 무관한 것이 되어야만 한다. 그리고 이와 같은 역사 부재의 상황 아래 자연스럽게 신화의 맹렬한 성장이 유발된다. 기호적인 진공 상태를 가득 메운 것은 다름 아닌 '신화'였던바, 인공적인 도시의 상황은 전적으로 신화적인 것이 되었던 것이다.

그런데 무엇보다도 흥미로운 것은 역사와 신화의 이와 같은 '몸 섞기'가 단지 신화적 이야깃거리에만 머물지 않았다는 사실이다. 이 도시는 탄생 이후 거의 곧바로 허구적 분신, 그러니까 도시의 이미지와 자기인식에 영향을 끼치는 자신만의 쌍둥이를 갖게 되었다. '문학적 페테르부르크literary Petersburg'가 그것이다. 이는 단순히 도시의 예술적 '반영'이나 '재현'이 아니라 푸시킨이나 도스토옙스키의 작품들에서 찾아볼 수 있는 섬뜩한 '분신alter-ego'의 캐릭터에 해당한다.

도시 페테르부르크와 러시아 문학, 이 둘은 서로 분리할 수 없이 부착된 두 세계이다. 러시아의 작가들은 다름 아닌 페테르부르크에서 음울한 자기반영성을 발견했다. 시인 브로드스키J. Brodsky의 말을 빌리면, 페테르부르크는 그들의 "새로운 세계"였던 것이다. 앞서 이야기한 페테르부르크의 '신화적' 의미장은 러시아 문학사에서 일련의 문학작품에 의해 집요하게 재현되고 변주된다. 이런 재현과 변주는 일명 '페테르부르크 텍스트'라는 독특한 주제적 계열체를 형성했던바, 그 맨 앞자리에는 러시아 국민문학의 아버지 푸시킨의 텍스트가 자리한다.

푸시킨의 서사시 「청동기마상」(1837)은 도시 페테르부르크의 신화를 구성하는 가장 중요한 대립 중 하나인 물과 돌의 충돌을 다룬다. 자연력을 대변하는 '물'과 문화를 대변하는 '돌' 사이의 충돌은 도시의 신화를 지탱하는 기본 축이다. 페테르부르크는 습지 위에 바위로 쌓아놓은 인공물이다. 돌로 건설된 이 도시는 이성과 합리성의 결과물, 즉 인간의 이성과 의지가 자연에 거둔 승리를 대변한다. 하지만 바위(문명)보다 먼저 그곳에 존재했던 자연(물)은 결코 그냥 사라지지 않는다. "그곳이 텅 비게 하라"는 저주의 말을 실현하려는 듯, 물이 주기적으로 범람했던 것이다. '모든 것을 파괴하는 홍수'에 대한 환상은 페테르부르크의 운명을 둘러싼 이야기에 지속적으로 등장하는 주제였다. 홍수 신화라 불리는 이 환상은 사실에 근거한 것으로, 바다 수면보다 낮은 곳에 건설되었던 이 도시는 건설 초기부터 빈번한 홍수에 시달렸던 것이다.

「청동기마상」의 배경은 1824년의 대홍수이다. 약혼녀 파라샤와의 행복한 결혼 생활을 꿈꾸던 가난한 하급관리 예브게니는 대홍수로 인해 모든 것을 잃는다. 미치광이가 되어 거리를 헤매던 그는 표트르 대제의 동상인 '청동기마상'과 마주치게 된다. 인간이 살기에 적합하지 않은 이런 늪지대 위에 도시를 건설한 자, 그래서 결국은 오늘의 이 모든 불행을 초래한 장본인을 향해 예브게니는 증오의 말을 던진다. "당신, 위대한 건설자여. 그래 어디 두고 봅시다!" 하지만 위대한 황제는 가련한 한 '작은 인간'의 분노마저 용납하지 않는다. 무서운 청동기사가 밤새도록 말발굽을 울리며 자신을 뒤쫓는 환영에 시달리던 예브게니는, 결국 다음 날 아침 네바 강가에 차가운 시체로 떠오른다.

페테르부르크 도시 신화의 중심에 자리한 핵심은 그것의 '인위적' 성격이었다. 페테르부르크의 세계상에서 언제나 강조되는 '환영성'의 모티브는 바로 이 점과 관련된다. 합리주의적이고 유럽적인 외양을 지닌 페테르부르크가 실은 "아무런 기반도 없이 공중에 매달린 도시"라는 관념은, 그것을 환상적이고 유령적인 공간으로 바라보게끔 만들었다. 늪지대 위에 건설된 인위적인 계획도시, 흔적도 없이 사라질 운명을 지닌 비실재적 도시로서의 페테르부르크 신화는 또 한 명의 위대한 작가 고골에 의해 '거짓'과 '허위'의 모티브로 변주된다. 소설 「넵스키 대로」(1835)에서 고골은 이렇게 말한다.

오, 이 넵스키 대로를 믿지 말지어다! 모든 것이 기만이고, 모든 것이 꿈이며, 모든 것이 겉보기와는 다르다. 넵스키 대로라는 건 언제나 거짓말을 한다.[24]

19세기 모더니티의 수도 파리의 '러시아판 판타스마고리아phantas-magoria'로 볼 수 있는 넵스키 대로는 그 자체로 도시 페테르부르크를 상징하는 환유이다. "우리 수도에 이 아름다운 거리보다 더 즐겁고 화사하고 번쩍이는 게 또 있을까"라는 찬사의 이면에서 왜곡되고 변질된 모더니티의 음울한 자화상이 펼쳐진다. "단지 하루만에 어떤 환상фантасмагория을 만들어내는가! 이 거리는 하루에 얼마나 많은 변화를 겪는가?"[25] 아름다운 마돈나가 추악한 창녀로 판명나는 곳, 순수했던 화가(피스카료프)가 아편과 환상에 의지하다 결국은 면도날로 자신의 목을 긋게 되는 곳, 넵스키 대로는 그런 곳이다.

'페테르부르크 텍스트'의 정점이자 가장 잘 알려진 무대는 도스토옙스키의 작품들이다. "7월 초순, 굉장히 무더운 저녁 무렵에 한 청년이 S 골목의 세든 조그마한 자기 하숙방에서 한길로 나와, 뭔가를 망설이듯 천천히 K다리 쪽으로 발길을 옮겼다"[26]라는 문장으로 시작하는 소설 『죄와 벌』(1866)은 페테르부르크가 만든, 그리고 페테르부르크에 바쳐진 작품이라 해도 과언이 아니다. 페테르부르크의 빈민가 센나야 광장을 중심으로 펼쳐진 거리를 한 청년이 걷고 있다. "벌레만도 못한" 인간인 전당포 노파의 집에 당도하기 위해, 그는 정확히 730보를 걸어간다. 찌는 듯이 덥고, 참을 수 없을 만큼 심한 악취가 풍기는 거리, 라스콜리니코프의 위대한 망상과 살인은 바로 '이 거리에서' 생겨나고 실행되었다. 『죄와 벌』은 19세기 러시아 대도시의 실상에 관한 더할 나위 없이 생생한 사회적 기록이자, 그 속에서 살아가는 인간들의 '정신 상태'를 보여주는 빼어난 임상보고서이다.

도스토옙스키가 그려낸 페테르부르크의 또 하나의 모습은 '빛'과 '몽상'의 왕국이다. 페테르부르크의 여름밤, 마치 대낮처럼 환한 그 기이한 밤의 풍경은 그곳에 사는 사람들을 '몽상가'로 만든다. 넘쳐나는 빛의 장난이 도시 곳곳을 흐르는 수많은 물줄기와 그 위에 드리운 짙은 안개를 배경으로 펼쳐질 때, 이제 그곳은 현실과 꿈이 뒤섞이는 환상의 도시로 바뀐다. 도스토옙스키의 소설 『백야』(1848)는 바로 이런 빛의 몽롱함 속에서 벌어지는 몽상가의 낭만적 사랑을 다룬다. 현실과 몽상의 경계가 모호해진 몽상가의 삶에서 백야는 그런 삶을 상징하는 알레고리가 된다.

> 이 안개 한가운데 있으면 이상하리만치 집요한 몽상이 백 번도 더 내게 떠오르는 것이다. 이 안개가 걷혀 위로 사라질 때, 안개와 함께 이 썩어빠진 도시 전체가 사라지는 것은 아닐까? 안개와 함께 이 도시도 걷혀, 연기처럼 사라져서 이전의 핀란드 늪지대만 남는 건 아닐까?[27]

도스토옙스키가 한 주인공('지하생활자')의 입을 빌려 "지구상에서 가장 추상적이고 인위적인 도시"라고 부른 바 있는 페테르부르크는 이렇듯 몽상가와 살인자, 미치광이와 혁명가로 이루어진 19세기 러시아 문학의 중심 제재이자 영감의 원천이 되었다.[28]

한편, 페테르부르크의 인위성이 수반하는 또 다른 중대한 특징으로 그 공간의 '극장적 성격театральность'을 들 수 있다. 로마네스크와 바로크, 고딕과 고전주의가 인접해 있는 유럽 도시의 혼합된 건축양식(물론 이것은 오랜 세월에 걸친 도시 건설의 자연스런 결과이다)에 익숙한 유럽인들은 페테르부르크의 "독특하게 집약된 거대한 앙상블"의 인공적인 아름다움에 충격을 받는다. 오래된 유럽의 도시들이 수세기에 걸쳐 다양한 건축양식으로 건축된 아름다운 건물들을 모아놓은 것이라면, 페테르부르크는 약 50년간 단일한 원칙에 따라 완성되었다. 당시 유럽에서 이런 원칙을 적용할 수 있게끔 넓은 공간을 제공할 수 있는 곳은 페테르부르크뿐이었다.

나는 한 걸음 내디딜 때마다 완전히 서로 다른 두 가지 예술, 즉 건축과 장식의 끊임없는 혼합에 놀라게 된다. 표트르 대제와 그의 후계자들은 자신들의 수도를 극장으로 여겼다.[29]

그것은 점점 강하게 내게 연극의 인상을 준다. 그 연극에서 배우들은 거대한 리허설을 하며 평생을 보낸다. 그 누구도 자신의 배역을 모르고, 개관일은 절대로 오지 않는다. 왜냐하면 감독이 자기 신하들의 연기에 결코 만족하는 법이 없기 때문이다. 배우들과 관객들은 평생을 허비한다. 소위 '북방의 문명'이라는 기치 아래 영원히 끝나지 않을 이 사회적 코미디를 완성하기 위해 그렇게 하는 것이다.[30]

18세기에 러시아를 여행했던 프랑스의 퀴스틴 후작Marquis de Custine[31]의 이 감상은 페테르부르크의 '혼성 복제물'에 대한 유럽인의 전형적인 반응을 보여준다. 페테르부르크 건축의 인위성과 그 안에 담긴 복제성의 감각은 페테르부르크를 거대한 인공 무대(극장)로, 그 도시의 건축물들을 거대한 무대장치로 느끼도록 만들었다. 페테르부르크 공간의 극장성을 드러내는 중대한 지표는 '무대' 영역과 '관객' 영역 간의 확실한 구분이다. 여기서 무대 위의 사건을 바라보는 관객은 반드시 존재해야 하지만, 그와 동시에 무대 위의 연기자에게 마치 '없는 것처럼' 여겨져야 한다(연극의 '제4의 벽'의 법칙을 기억하라). 그리고 이와 같은 연극의 상황이 요구하는 필수적인 요건은 당연히 의식적인 '연기'일 수밖에 없다.

　우리는 황제와 황후를 알현했다. 황제는 단 한순간도 자신이 누구인지를, 그리고 자신이 계속해서 환기시키는 관심이 무엇인지를 잊을 수 없는 것처럼 보였다. 그는 끊임없이 '포즈를 취했다.' 이로부터 이끌어낼 수 있는 결론은 그는 진심일 때조차 결코 자연스러울 수가 없다는 것이다. 〔……〕 황제는 언제나 자신의 역할을 의식하고 있으며, 그 역할을 위대한 배우처럼 연기한다고 말할 수 있을 것이다.[32]

　여기서 강조할 것은, 마치 배우가 되어 '연기하는 듯한' 이런 상황이 단지 황제 개인의 주관적 취향이 아니라는 점이다. "마치 무대 위에 선 것처럼" 살아가는 것은 (황제를 포함한) 그 시대의 귀족 전체, 어쩌면 18세기 러시아 사회 전체가 직면했던 보편적 정황을 가리킨다. 페테르부르크 시대의 개막, 표트르의 야심찬 개혁이 불러온 가장 중요한 결과 중 하나는 다름 아닌 "일상의 전면적인 연극화"였던 것이다.

　'일상의 연극화'란 무엇인가? 18세기 러시아 문화에 나타난 '일상 행위의 시학'을 다룬 논문에서 로트만이 지적하는 바에 따르면, 당시 문화의 주체였던 러시아의 귀족들이 처하게 된 상황은, "자신들의 고국에서 하루아침에 외국인이 되는 경험"과도 같은 것이었다. 가령, 그것은 통상적으로 '자연적인' 행위에 해당하던 영역이 어느 날 갑자기 통째로 '학습'의 영역으로 바뀌어버린 상황에 해당한다. 먹고, 입고, 마시고, 인사하는 법과 같은 일상 행위의 모든 규범들을 (마치 외국어를 배우듯이) 새롭게 익히고 배워야 하는 상황. 이런 상황은 당연하게도 그들의 일상적 삶을 '연극과 같은 것'으로 만들었다. 그들은 말 그대로 "항상 무대 위에 선 것처럼" 살아가게 되었던 것이다.[33] 황제 표트르는 이 연극의 대본에 해당하는 소책자를 출간하기도 했는데, 그가 직접 독일어 원서를 개작하고 윤색한 책 『젊은이를 위한 예법』에는 행위 예절에 관한 다양하고 상세한 지시가 들어 있다. "항시 외국인들과 함께 있는 자신을 상상할 것," "음식을 뱉"거나 "나이프로 이를 쑤시"거나 "큰 소리로 코를 풀지 말 것."[34]

　무대 위의 실존, 자신을 바라보는 관객의 시선을 항시적으로 전제하는 이런 존재 상황은 대문자 '타자'로서의 서구(유럽)에 직면한 러시아적 근대의 자의식을 말해주는 것이다. 이를 로트만의 공간기호학적 개념을 빌려 말하자면, 결국 그건 '이심적 공간 모델'의 필연적인 결과물에 다름 아니다. 자기 자신을 국경의 경계 밖에 위치지음으로써 타자 앞에 스스로를 개방해야 했던 문화, 그 공간의 역학은 이렇게 드러난다.

　　관객석을 향한 요구는 지리적 관계에서 이심적 공간 배치에 해당하는
　　기호학적 대응물이다. 페테르부르크는 자기 자신에 대한 관점을 가지지
　　못했던바, 끊임없이 관객을 구성해낼 필요가 있었던 것이다.[35]

　결국 페테르부르크 신화의 중심적 특성인 '환영성'과 '극장성'을 거쳐 최종적으로 만나게 되는 것은, 이심적 모델의 불가피한 실존이라 할 자기모델화 작용, 즉 타자의 관점에 비춰 자기 자신을 바라보는 자의 복잡하고 역동적인 자의식의 드라마이다. 이 드라마의 맥락에 설 때만이 비로소 로트만이 말하는바, 러시아 사상의 특수한 양상을 이해할 수 있다. "서구에 한 번도 가보지 못했고, 서구어를 알지도 못하며, 심지어 실제의 서구에 아무런 관심도 없는" (러시아의) 서구주의자, 혹은 "일곱

살 때까지 러시아어를 전혀 몰랐던, 〔……〕 러시아어를 배우기 위해 특별히 대학교수를 초빙해야만 했던"[36] (러시아의) 슬라브주의자라는 역설의 존재가 비로소 이해되는 것이다. 러시아의 역사적, 문화적 정체성을 바라보는 상반된 두 입장은 공히 대문자 타자, 서구와의 접촉이 만들어낸 결과, 즉 "페테르부르크 문화의 산물"인 것이다. 이렇듯 "페테르부르크의 기호학에서 '자기 것'과 '남의 것'의 복잡한 교직은 이 시기 문화 전체의 자기 평가에 흔적을 남겨놓았다."[37] 결국 페테르부르크 도시 공간의 기호학은 급진적인 유럽화의 형태를 취한 러시아의 근대화 프로젝트가 남긴 자의식의 드라마에 다름 아닌 것이다.

5. 19세기 페테르부르크: 저개발의 모더니즘

지금껏 살펴본 페테르부르크의 패러다임이 이후 어떤 모습으로 진화해갔는지의 문제는 흥미로운 고찰의 대상이 될 수 있다. 그것은 페테르부르크 '복화술'의 흥미진진한 스펙터클, 혹은 스스로의 (혼종적) 정체성 앞에서 고뇌하는 자의식의 내적 드라마가 될 수도 있을 것이다. 비록 로트만은 러시아 근대 문화의 문턱이라 할 18세기에 대부분의 분석을 할애했지만, 그의 통찰들에서 이후 세기의 풍경을 유추해보는 일은 어렵지 않다.

도시 페테르부르크가 경험한 근대성의 자취는 여러 각도에서 논의될 수 있다. 하지만 그중 무엇보다 중요한 결과는 아무래도 러시아의 정체성에 관한 자의식의 성장일 것이다. 대문자 타자의 중심부, 즉 프랑스 파리로 문화적 성지순례 여행을 떠나던 러시아의 귀족들이 유럽적인 것과는 '다른' 러시아적 원리와 방식에 대해 심각하게 성찰하게 된 것은 페테르부르크의 첫 삽이 떠진 지 100년도 채 지나지 않아서였다.

베네딕트 앤더슨B. Anderson이 민족주의의 출생기로 보았던 18세기 후반 이래로, 러시아의 정체성에 관한 질문은 사실상 단 한 번도 사회 정치적 담론의 중심부로부터 벗어나본 적이 없었다. 러시아의 정체성은 무엇인가? 이 질문은 러시아의 예술, 역사, 종교, 정치, 철학을 아우르는 유일무이한 보편 문제였다. '러시아는 무엇인가'라는 이 질문, 러시아의 '정체성'과 미래의 '노선'을 둘러싼 이 '지긋지긋한' 문제를 두고 푸시킨에서 솔제니친A. Solzhenitsyn에 이르는 모든 진지한 러시아의 작가, 문학비평가와 역사가, 화가와 작곡가, 신학자와 철학자가 씨름해왔던 것이다.

그 고뇌에 찬 씨름은 때로는 변방 지식인이 자국의 끔찍한 지체 상황을 두고 느껴야 했던 쓰라린 자의식(차다예프)으로 나타나기도 했고, 때로는 유럽을 향한 적대 감정을 수반한 강력한 문화적 '독립 의지'(다닐렙스키)로 변주되기도 했다. 하지만 다양한 변주에도 불구하고, 모든 경우에서 러시아에 대한 관념은 상대 항으로서의 서구 없이는 존재할 수 없었다. 근대 러시아의 민족의식은 애초부터 유럽의 존재에 대한 의식적인 반작용에서 출발했던바, '상상' 속의 유럽은 서구가 아니라 러시아를 규정할 필요에 따라 발명되었던 것이다. 대표적인 서구주의자이자 유럽적 교양인이었던 알렉산드르 게르첸A. I. Gertsen의 아래 구절은 이를 잘 보여준다.

우리는 이상, 비난의 대상, 본보기로서의 유럽을 필요로 한다. [……] 만일 유럽이 그렇지 않다면 우리는 그런 유럽을 창조할 필요가 있을 것

이다.[38]

여기서 주목할 것은 러시아의 근대 경험과 그에 따른 민족의식의 성립 과정에 부여되는 모종의 '대표성'이다. 18세기 초반에 강력하고 급진적인 서구화 개혁을 추진했던 러시아는 외부에서 유입된 서구적 가치를 빠른 속도로 내면화하는 동시에, 그로부터 정신적, 문화적 독립성을 추구해야 했던 모든 (비서구권) 주변부 근대화의 원형적 내러티브를 대변하고 있다. 가령, 서구적 형태의 근대를 부정적인 기호(이미지)들로 표상하고, 그에 대한 대안으로 자신들의 '전통적' 가치를 재발견(사실상 발명)해내는, 흔히 부정적 옥시덴탈리즘이라 불리는 사고의 메커니즘은 이후에 나타날 비서구권 주변부 근대화의 일반적 모델을 명백하게 예고해준다.[39]

『현대성의 경험』이라는 저명한 저작을 남긴 마샬 버먼M. Berman은 "오염과 혼종의 도시" 페테르부르크가 거쳐 간 격동의 19세기를 "20세기 제3세계 출현의 원형"으로 파악했다. 그것은 "훗날 아프리카, 아시아, 라틴아메리카의 민족과 국가가 당면해야 했던 모든 문제와 대결"했던 원형적 시기라는 것이다. 버먼에 따르면, 저개발의 모더니즘을 표상하는 도시 페테르부르크의 이런 역사적 경험은 이른바 "페테르부르크 인플루엔자"가 되어, 제3세계의 여러 도시들(라고스, 브라질리아, 뉴델리, 멕시코시티)을 떠돌고 있다. "페테르부르크 인플루엔자는 뉴욕, 밀라노, 스톡홀름, 도쿄, 텔아비브의 공기에도 주입되었으며, 그것은 계속해서 불고 또 불고 있다."[40]

니콜라이 1세 치하의 페테르부르크에서, 위험스러웠지만 역동적이었던 표트르 대제의 정신은 이 도시를 장악하기에는 충분했지만 활성화하기에는 역부족이었던 하나의 망령이자 유령으로 축소되었다. 따라서 페테르부르크가 현대적인 유령 도시의 원형으로서 도시 자체를 확립해야 했다는 것은 놀라운 일이 못된다. 〔……〕 바로 그러한 모순은 페테르부르크 자체를 분명히 기이한 형식의 현대화를 위한 원천과 영감으로 만들었으며, 이러한 모더니즘을 우리는 '저개발의 모더니즘'이라고 부를 수도 있을 것이다.[41]

버먼의 지적에 따르면, 이 시기의 러시아를 특징짓는 가장 괄목할 만한 또 한 가지 사실이 있다. 대략 두 세대에 걸친 이 시기에 "가장 위대한 세계문학 중 하나가 탄생했다"는 놀라운 사실이 그것이다. 이 도시는 "가장 강력하면서도 지속적인 현대성의 신화와 상징들, 가령 작은 인간, 잉여 인간, 지하 세계, 전위대, 수정궁, 그리고 마지막으로 노동자위원회와 소비에트 같은 것들을 생산해냈던 것이다."[42]

아무튼 분명한 사실은 이 '유행성 독감'의 유일무이한 발원지 중 하나인 도시 페테르부르크가 19세기 들어 더 이상 정규 행정부의 합리적 수도, 역사적 진공 상태로서의 인공 도시에 머물 수 없었다는 사실이다. 시간이 흐름에 따라 그것은 애초에 계획된 이상으로부터 멀어져 갔던바, 말하자면 "역사로 가득 채워졌다. 그것은 다양한 민족과 계층의 주민들로 이루어진 복잡한 지형적, 문화적 구조를 획득하게 된 것이다."[43]

이 역사화의 과정에서 나타난 민족적 자의식의 발흥과 더불어 주목해야 할 것은, 도시기호학의 보편소라 할 두 층위 간의 '분열'이다. 로트만은 이 두 층위를 각각 "메타언어로서의 페테르부르크"와 "예술 텍스트로서의 페테르부르크"라는 개념으로 지칭한다. 이 두 층위는 군사 수도이자 정부 소재지(국가 행정의 중심지)로서의 도시와 경제적 중심지이자 이질적 언어들의 만남의 장소로서의 도시를 가리킨다. 군사 수도로서의 이상("신로마")이 단일한 기호체계 속에서 엄격하게 유지되는 단층성을 요구했던 반면, 기호적 복수언어주의를 법칙으로 삼는 상업 도시로서의 실재("러시아의 암스테르담")는 결코 그와 같은 단층성의 이상에 부합할 수 없었다. 만일 메타언어적인 단층성을 대변하는 장소가 앞서 말한 도시의 수호 성당(페트로파블롭스키 성당과 이삭 성당)이라면, 예술 텍스트의 특징인 기호적 복수언어주의를 대변하는 상업 도시 페테르부르크의 상징물로 꼽을 수 있는 것은 단연 넵스키 대로일 것이다(최근 발견된 1830년대의 석판화에 따르면, 당시 넵스키 대로의 가게 상호 절반 이상이 이중 언어로 표기되었거나, 영어나 프랑스어로만 표기되었다고 한다).

버먼에 따르면, 넵스키 지역은 예외적으로 '세계주의'를 표방하는 곳이었다. 니콜라이 정부의 억압적인 통치하에서 이 점은 특히 중요한데, "넵스키 지역은 페테르부르크에서 국가의 지배를 받지 않았던 하나의 공공 공간이었다. 정부는 이 지역을 '통제'할 수는 있었지만 이곳에서 생겨난 작용과 상호작용을 '만들어낼' 수는 없었다. 따라서 넵스키 대로는 사회적이고 심리적인 세력이 자발적으로 나타날 수 있었던, 일종의 자유 구역으로 부상하게 되었"[44]던 것이다. 요컨대 넵스키 대로는,

페테르부르크에서(아마도 러시아 전역에서) 단 한 구역, 현재 존재하는 모든 계층이 다 같이 모여들었던 구역, [……] 궁전과 도시 저택들을 소유하고 있는 귀족층부터 [……] 가난한 기능공, 매춘부, 낙오자와 보헤

미안에 이르기까지 모든 계층이 다 같이 모여들었던 구역이었다. 넵스키 대로는 이들을 모두 다 끌어들여 소용돌이 속에서 빙빙 돌린 다음에 이들이 할 수 있었던 것을 경험하게 했고 만날 수 있게 했다. 페테르부르크 사람들이 넵스키 지역을 사랑하고 끊임없이 신화화했던 까닭은, 이 구역이 저개발 국가의 심장에서 현대적인 세계의 모든 현란한 약속의 전망을 자신들에게 제공해주었기 때문이었다.[45]

메타언어가 규범적인 '정확성'을 지향한다면, 예술 텍스트는 언제나 '부정확성'과 '모순성'을 지향한다. 그러나 양립 불가능한 이 두 원칙의 끊임없는 대립과 길항이 문화 그 자체를 움직이는 동력이 되듯이, "예술 텍스트로서의 페테르부르크와 메타언어로서의 페테르부르크 간의 투쟁은 도시의 기호적 역사 전체를 메우고 있다."[46] 후자의 이상적인 모델은 그것의 실제적 구현을 위해 싸웠고, 동시에 그 경향은 지속적이고도 성공적인 현실의 반작용에 직면했던 것이다. 그렇다면 도시 페테르부르크의 기호학이란 결국 이 투쟁의 연대기에 붙여진 이름과 다르지 않을 것이다. 그런 점에서 그 기록은 아주 '특수한' 것이지만 동시에 '보편적인' 것이기도 하다. 로트만의 아래 구절을 우리는 그렇게 받아들여야만 할 것이다.

텍스트와 코드, 관계와 연상 들의 양으로 볼 때, 그리고 얼마 되지 않는 존재 기간 동안 축적된 문화적 기억의 규모로 볼 때, 페테르부르크는 세계 문명의 독특한 현상으로 간주될 만한 자격이 있다. 동시에 페테르부르크의 독특한 건축물들이 그런 것처럼, 페테르부르크의 문화 역시 러시아의 정신적 삶이 획득한 민족적 과업 중 하나이다.[47]

제3부

대화와
주체

6장

문화 상호작용과
글로컬리티

:
바흐친과 로트만의
'대화' 개념

경계 위의 삶과 소통: 자아 모델로서의 대화

이 글은 지난 2009년 영남대학교 인문학연구소가 주최한 학술대회 "내셔널리즘에서 글로컬리즘으로: 가능성의 모색"의 발표 의뢰를 받고 작성한 것이다. 글로컬리즘glocalism에 관해 평소부터 깊은 관심을 가진 것은 아니었지만, 이 개념이 우리 시대의 변화된 '조건'을 가리키는 대표적인 용어 중 하나라고 생각해오던 터였다.

주지하다시피, 글로벌리즘의 배경을 이루는 보편적 맥락은 이른바 세계화, 즉 전지구적 자본주의화를 골자로 하는 세계사적 흐름이다. 단일(민족)국가의 경계를 넘어선 자본, 정보, 인력의 탈경계적 무한 이동과 그에 따른 초국적 문화 소통 현상이 그것이다. 과거에 민족국가라는 완충적 매개를 거쳤던 지역적인 것the local과 지구적인 것the global의 만남이 직접적 대면의 양상을 띠게 되었고, 이에 따라 갖가지 새로운 형태의 문화 접변 현상을 만들어내고 있다.

글로컬리티의 정치경제학적 배경에 관해서는 물론 다각도의 분석과 비판이 가능할 것이다. 이 글에서 나의 관심은 글로컬리티 개념의 문화적 차원을 향해 있다. 지금까지 글로컬리티와 관련된 문화적 논의는 대개 '혼종성'이나 '횡단성' 같은 탈식민주의의 개념과 용어 들을 원용하는 방식으로 이루어져왔다. 하지만 나는 가급적 탈식민주의 담론의 맥락에 기대지 않은 채 이 문제를 고찰할 수 있는 다른 방식을 고민했고, 그중 하나가 글로벌-로컬 관계의 토대를 이루는 정체성 및 소통의 몇 가지 근본 개념을 재고찰해보는 것이었다. 이와 관련해 내가 특별히 염두에 둔 것은 바흐친이나 로트만 같은 러시아 이론가들에게 나타나는 '대화적 자아'의 개념이었다. 여기서 말하는 대화는 일종의 '자아 모델'이자 '세계 모델'이라고 할 수 있는데, 나는 이 개념을 단순히 독립적인 두 항 간의 소통 상황이 아니라 그러한 소통 자체를 가능하게 만드는 근본적(존재론적) 조건, 혹은 더 나아가 그 과정에서 발생하는 창조적 변용의 잠재성을 가리키는 것으로서 제시하고자 했다.

글을 쓰던 당시에 나를 이끈 문제의식은 크게 두 가지였다. 무엇보다 먼저 나는 '글로컬리티'라는 합성어에 은연중에 깃들어 있는 편의(주의)적 발상이 못마땅했다. 글로벌의 문제점을 로컬로 메우고, 로컬의 한계를 글로벌로 극복한다는 식의 이런 '합산'의 논리는 어정쩡한 봉합에 불과하며, 더 나쁘게는 자본과 권력의 편리한 구호로서 '소비'될 공산이 크다. 이런 위험을 피하기 위해서는 글로벌과 로컬을 덧붙이는 '합산'의 논리가 아닌 '감산'의 논리가 필요했다. 즉, 기존 개념들을 서로 결합하기 위해서가 아니라 당연시되던 그 개념들을 근본적으로 '재고'하기 위한 뺄셈의 논리가.

두번째로 나는 오래전부터 품고 있었던 한 가지 물음에 관해, 이번 기회에 그것의 계보학적 차원을 다뤄보고 싶었다. 자아 혹은 주체의 모델과 관련한 독특한 '러시아적 관점'이 존재하는가라는 물음이 그것이다. 당시의 나에겐 이 작업을 시작하기에 가장 적절한 개념어가 다름 아닌 '대화'라고 생각되었고, 따라서 바흐친에서 출발하는 것은 필연적이었다. 로트만의 후기 사상에 미친 바흐친의 지대한 영향은 이미 주지의 사실이었기에, 나는 그 영향력의 흔적을 확인하는 것보다는 오히려 로트만이 바흐친의 유산을 자기화하는 방식, 특히 '문화 간 소통'의 맥락에서 대화의 개념을 전유하는 양상에 주의를 집중했다.

이 글을 쓰고 난 후 '대화적 자아'의 모델을 향한 나의 관심은 더욱 커졌다. 동시에 그 관심을 이른바 '러시아적 주체'라는 대ㅅ주제와 연결시키려는 의도 역시 한층 명확해졌다. 이런 관심과 의도는 자연스럽게 다음 7장의 글로 이어졌다.

글을 쓴 지 5년이 흐른 지금 나는 위의 두 가지 문제의식에 몇 마디 상념을 덧붙이고 싶다. 우선 글로벌리즘 혹은 글로컬리즘이라는 용어에 관해. 대략 1990년대 후반부터 시작된 '전지구화'를 둘러싼 떠들썩한 담론적 유행은 이제 어느 정도 일단락된 것처럼 보인다. 그에 따라 한때 우리 모두를 어떻게든 끌어당겼던 이 시대개념에 대한 '거리를 둔' 조망과 성찰도 비로소 가능해졌다. 내가 보기에, (주어진 현실 명제로서의) 글로벌리즘과 (그에 대한 방법적 대안으로서의) 글로컬리즘이라는 개념적 구도는 그 뒤에 자리한 보다 본질적인 또 다른 2원 구도의 이형異形이었던 것 같다. '보편주의universalism'와 '다문화주의multiculturalism'의 2원 구도가 그것이다.

이른바 차이와 존중의 다원주의로서의 다문화주의가 억압적 보편주의(가령, 민족주의)에 대한 진정한 대안이 아니라 외려 그와 효과적으로 '공모'하는 방법적 짝패에 불과하다는 비판은 지난 수년간 꾸준히 제기되어왔다. 그와 같은 비판에 따르면, 이를테면 다문화주의가 존중한다는 타자들의 정체성과 문화란 실정적 내용이 제거된 "일종의 텅 빈 지구적 위치"이거나 혹은 이미 정교하게 "교화된domesticated" 타자성에 불과하다. 뿐만 아니라 다문화주의로 대변되는 상대(주의)적 특수주의 particularism의 횡행은 '화폐적 추상'으로 표상되는 가짜 보편성(금융자본의 전지구화와 그에 따른 추상적 동질화)과 '유기적으로 접합된 하나의 총체'를 이룬다. 문화적 상대주의 혹은 공동체적 특수주의가 갖는 특징은 억압받는 부분집합들의 문화적 미덕을 활성화하려는 시도로 드러나는데, 이때 의사quasi 보편성의 논리는 이런 시도와 대립되는 게 아니라 오히려 그것을 적극적으로 '이용'한다.

상업적 투자와 관련된 한 공동체 그리고 그것의 영토들보다 화폐적 동질성의 새로운 형상들의 창안에 더 매력적이고 적절한 것도 없을 것이다. [……] 탐욕스런 투자 자본에게 여성들, 동성애자들, 장애인들, 아랍인이―승인과 소위 문화적 개별성을 요구하는 공동체의 형태로―출현하는 것은 이 얼마나 무궁무진한 잠재력인가! 그리고 술어적 특성들의 무한한 조합이란 이 얼마나 기막힌 횡재인가!(알랭 바디우, 『사도 바울』)

이렇듯 이미 차이가 현실이 된 상황에서 차이의 정치학은 무력할 뿐 아니라 반동적이기까지 하다. '(새로운) 보편주의의 재구성'이라는 문제의식은 바로 이 지점에서 제기되었다. 온갖 세속적 '차이들'을 무심하게 가로지르며traverse 여하한 사회적, 상징적 정체성과 과감하게 절연

unplugging함으로써 비로소 가능해지는, 사건과 단절로서의 보편주의의 정초! 바디우와 지젝을 위시한 이 새로운 보편론자들은 말한다. 지금 이 순간 필요하다면, 차이의 시대를 거슬러, 우리 자신의 타자성을 변화시켜서라도, 동일자를 (다시) 쟁취해야만 한다고. 차이들을 폐기하는 대신 평등성을 산출하는 보편성, 정체성과 공동체를 보존하거나 대체하는 게 아니라 그것들을 무효화하고 해체하는 보편성. 하지만 "~을 하지 않는 편"을 택하는 이런 식의 모델이 구체적으로 어떤 모습으로 형상화될 수 있을지, 과연 그것이 엄연히 존재하는 집단적 정체성의 귀속력을 무화시킬 수 있을지는 여전히 불투명하다. 다만 한 가지 분명하게 말할 수 있는 것은, (새로운) 보편성의 정초라는 이 어려운 과제가 이른바 '주체(성)subjectivity'의 문제를 결코 우회할 수 없을 거라는 사실이다.

주체(성)의 문제, 내가 '대화'의 개념에 주목하면서 다루고자 했던 '자아 모델'의 문제는 사실 구조와 주체의 상관관계라는 더 큰 이론적 맥락 속에 자리매김되어야 했다. 주체의 개념을 권력의 '효과'로 간주하는 (포스트)구조주의의 주체 비판 이래로 주체의 '구성적' 성격은 주지하듯이 일종의 불문율이 되었다. 그에 따라 주체의 또 다른 측면인 행위성agency의 문제는 상대적으로 뒷전으로 물러나고, 구조를 넘어설 수 있는 예측 불가능한 행위적 힘으로서의 주체는 간과되어온 게 사실이다. 우리는 과연 주체의 '구조적 결정성'을 넘어서는 주체에 관한 새로운 사유를 모색할 수 있을까? 확실한 것은, 차이를 넘어서는 보편성의 사유는 필히 구조를 넘어서는 주체의 사유와 함께 가지 않을 수 없다는 점이다. 오늘날 데리다, 아감벤, 바디우 같은 사상가들이 (특히 벤야민과 바울적 주체 개념에 기대어) 모색하고 있는 이론적 돌파구 또한 정확하게 이 지점을 가리키고 있다.

그러니까 이제 와 뒤돌아보면, 내가 '러시아적 주체'라는 말로 주제화하고자 했던 문제의식은 서구 대 러시아라는 문화적 유형학의 프레임뿐 아니라 구조와 주체의 관계를 대하는 이론적 입장의 유형학에 해당하는 것이었다. 이 장의 문제의식을 이어가는 7장의 고찰이 결국 구조 내에서의 주체성의 계기, 곧 '수행성performativity'의 테마로 이어지게 된 것은, 그러므로 필연적이었다고 할 것이다.

문화 상호작용과 글로컬리티

바흐친과 로트만의 '대화' 개념

1. 합성어 글로컬리티가 의미하는 것

글로벌global과 로컬local의 합성어인 글로컬리티glocality 개념이 빠지기 쉬운 함정은 그것을 두 개념의 편의적 결합으로 이해하는 것이다. 글로컬리티가 글로벌과 로컬의 단순 결합으로 이해될 때, 가령 글로벌라이제이션의 문제점을 로컬로 보완하고 로컬의 한계를 글로벌로 극복한다는 식의 편의적 발상이 생겨난다. "글로벌하게 생각하고 로컬하게 행동하라Globally think and locally act" 따위의 구호가 대변하는 이런 편의적 발상의 바탕에 깔린 사고는 글로벌한 것과 로컬한 것이 따로따로 선재하고, 오늘날 필요한 것은 그 두 관점을 상황에 맞게 취사선택해 결합하는 일이라는 것이다(글로벌을 콘텍스트로, 로컬을 텍스트로 보는 견해

또한 마찬가지다. 거기서 글로컬리티의 과제는 글로벌을 배경으로 한 로컬의 콘텐츠화로 수렴된다).

　글로컬리티라는 합성어는 전지구적인 것과 지역적인 것의 편의적인 결합이 아니라 그 둘 사이의 불가피한 상호조건성을 가리키는 개념으로 이해될 필요가 있다. 즉, 그것의 핵심은 둘 사이의 본질적인 연계와 상호성 자체에 있지, 상황에 따른 적당한 배합에 있지 않은 것이다. 글로컬리티의 개념을 기존의 글로벌과 로컬 개념의 적절한 결합쯤으로 편리하게 받아들이게 될 때, 그것은 손쉽게 글로벌과 로컬의 기존 욕망에 포획되기 마련이다. 가령, 글로벌 자본의 전략을 통해 로컬의 독자성이 글로벌화의 용이한 알리바이로 작동하는 경우(코카콜라 회사의 슬로건인 "우리는 다국적multinational이 아니라 다지역적multilocal이다"를 보라)나, 혹은 반대로 중심-주변의 위계적 패러다임에 의해 굴곡진 로컬의 자의식이 기존의 국가 단위를 넘어서는 더 큰 단위(글로벌)의 인정을 욕망하는 경우, 글로컬리티의 개념은 효과적인 구호로서 '소비'되곤 한다. 이럴 때 글로벌과 로컬의 개념은 물리적인 지리학이나 영토에 따른 구분이라는 기존의 함의에서 벗어나지 못할 뿐 아니라 로컬(들)의 '단독적singular 보편성'이나 '글로벌한 소수성'과 같은 생산적 범주들을 포착하지 못하는 한계를 지닐 수밖에 없다.

　결국 관건은 글로컬리티의 개념에 대한 훨씬 더 근본적이고 적극적인 이해에 달려 있다고 할 수 있을 것이다. 그럴듯한 구호로서 소비되지 않는 길, 해당 개념에 담긴 비판적 잠재력이 생산적으로 부각될 수 있는 방도는 없는 것일까? 이를 위한 한 가지 방안으로 글로컬리티의 개념을 '덧셈'이 아닌 '뺄셈'의 차원에서 접근해보는 것은 어떨까? 즉, 글로벌과 로컬에 관한 기존 개념을 결합하기 위해서가 아니라 오히려 기존에 당연시되어온 글로벌과 로컬의 개념을 근본적으로 '재고'하기 위한 수단으로써 글로컬리티의 개념에 접근해보는 것이다. 글로벌과 로컬의 합산을 일컫는 이름이 아니라 그 둘 모두에 대한 근본적인 물음이 제기되는 장소, 그 물음의 발원지로서의 글로컬리티.

글로컬리티를 통해 로컬과 글로벌 양자를 '낯설게 만드는' 이 길은 물론 문화적 정체성을 둘러싼 다채로운 질문들을 동반하는 복잡하고 어려운 작업이 될 것이다. 또한 그 작업은 손쉬운 해답이나 대안을 모색하는 대신에 문제설정의 조건과 틀 자체를 다시 생각해보는 근본적인 것이 되어야만 할 것이다. 이를테면, '하나의 개체나 문화가 존재하는 근본 형식은 무엇인가,' 나아가 '하나의 개체(문화)가 또 다른 개체(문화)와 접촉하고 소통할 수 있게 하는 근본적인 메커니즘은 무엇인가'와 같은 물음이 그것이다.

이런 본질적 차원의 물음들을 염두에 두고서, 이 글에서 주목하려 하는 것은 일종의 '자아 모델'이자 '세계 모델'로서의 '대화'의 개념이다. 우리는 특별한 종류의 상호작용을 일컫는 대화라는 개념이 자아와 타자, 개인과 사회의 관계를 바라보는 기존 모델을 대체하면서 중심적이고 일차적인 것으로서 대두되는 과정, 그리고 그것이 문화들 간의 상호작용을 모델화하기 위한 본질적 메커니즘으로서 사유되는 과정을 살펴보려 한다. 이 고찰의 중심 대상은 20세기 러시아의 대표적인 두 사상가인 바흐친과 로트만의 이론으로, 두 사람이 제시했던 몇몇 주요 개념을 면밀히 검토하고, 이를 오늘날의 변화된 문화적 상황에 비춰 재해석해볼 것이다. 이를 통해 서로 대립하는 두 항이 기존의 방식대로 상호작용하는 게 아니라 그 자체가 출발점이 되는 존재론적 조건이자 창조적 변용의 잠재적 가능성을 가리키는 '대화'의 개념을 부각시키고자 한다.

이런 시도가 앞서 지적한 글로컬리티 개념의 비판적 전유 작업, 즉 글로 벌과 로컬의 관계에 대한 '새로운' 사유를 자극할 수 있는 계기가 될 수 있기를 기대한다.

2. 바흐친의 자아 모델: 경계적 실존과 대화

대화의 개념은 흔히 바흐친의 문학론, 특히 소설론의 맥락에서 논의되곤 한다. 주지하다시피, 바흐친은 도스토옙스키의 소설을 '다성악적인' 작품으로 간주했고, 그것을 '대화주의'의 모범으로 내세운 바 있다. 그러나 사실 바흐친의 초기 단계, 그러니까 언어가 주요 요소로 등장하는 체계적인 세계관('메타언어학')이 수립되고 그것이 소설적 세계 모델('다성악적 대화주의')로 확장되기 훨씬 이전부터, 바흐친의 집중적인 관심은 다름 아닌 '자아 모델'의 문제를 향해 있었다.

자아의 모델에 관한 바흐친적 이해의 가장 큰 특징은 상식적인 '자기 폐쇄적self-contained 모델,' 즉 영혼의 선장으로서의 자아라는 개인 모델에 대한 거부이다. 바흐친은 개인의 (주관적) 심리를 한 인격체의 '내부'에 가두는 것에 반대하고 그것을 내부와 외부 세계 사이의 '경계' 지대에서 벌어지는 역동적인 사건으로 파악하고자 했다. 그에 따르면, 어떤 개인도 어떤 사회적 존재도 자기 경계 내에 갇혀 있지 않다. "인물들은 주권적인 내부 영토를 지니지 않으며, 전적으로 언제나 경계 위에 있다."[1] 여기서 개인의 심리적 삶을 일종의 경계선의 현상으로 파악하는 바흐친의 비판적 관점이 겨냥하고 있는 것은 물론 하나의 개체나 문화를 '분명한 경계를 지니는 공간적 총체'로서 상상하는 (전통적인) 사고의 모델이다.

하지만 문화의 영역을, 경계와 더불어 내부 영토도 가지고 있는 일종의 공간적인 총체라고 상상해서는 안 된다. 문화의 영역에는 내부 영토가 없다. 그것은 전적으로 경계를 따라서, 즉 모든 곳의 모든 측면에 걸쳐 뻗어 있는 경계를 따라서 분포되어 있다. [……] 모든 문화적 행위는 본질적으로 경계 위에서 살아 움직인다. 여기에 그 중대함과 의미심장함이 존재한다. 경계에서 분리되면 문화적 행위는 그 토양을 잃게 되어 공허하고 오만해지며, 퇴화하여 죽게 된다. 바로 이런 의미에서 우리는 모든 문화적 현상의 구체적인 체계성을 말할 수 있게 되는바, 말하자면 모든 문화적 현상의 자율적 포함, 혹은 포함적 자율성이 바로 그것이다.[2]

바흐친이 보기에, 공간적 총체를 상상하는 사고의 모델이 자아의 개념에 적용될 경우에 나타날 수 있는 가장 흔한 오류는 문제의 해답을 '내부'에서 찾으려는 경향이다. 잘 알려진 것처럼, 프로이트 심리학에 대한 바흐친의 저항과 비판은 바로 이 지점에 걸려 있다. 1920년대에 심리학과 언어학에 관한 공동의 저서를 남긴 바흐친/볼로시노프[3]에 따르면, 심리는 결코 한 인격체 '속'에 자리해서는 안 된다. 나의 뇌는 내 속에 있지만, 나의 심리는 내 것이 아니다. "주관적 심리는 유기체와 외부 영역 사이의 어떤 지점, 즉 두 현실 영역을 가르는 경계선상에 위치해야 한다."[4] 바로 이 경계선상에서 유기체와 외부 세계 사이의 특별한 만남이 발생하는데, 그 만남은 "기호를 통한" 만남이다. 요컨대, "심리적 경험이라는 것은 유기체와 외부 환경과의 접촉을 기호에 의해 표현한 것이다."[5]

개인 심리의 이와 같은 경계적 특성을 무엇보다 잘 보여주는 것은 바흐친의 '내적 발화внутренняя речь' 개념이다. 프로이트의 '무의식' 개념을 대신하는 대안으로 제시된 바 있는 '내적 발화'는 우리의 '머릿속'에서 실행되는 외적 발화, 곧 우리가 흔히 '의식'이라고 부르는 어떤 것을 가리킨다(여기서 바흐친의 전형적인 로고스 중심주의적 입장, 즉 "내면 생활의 토대와 골격을 구성하는 것은 다름 아닌 말"이라는 관점이 드러난다).[6] 문제의 핵심은 내적 발화와 외적 발화 사이에는 프로이트식의 단절, 즉 의식과 무의식 간에 존재하는 것과 같은 존재론적 차이가 없다는 점이다. 기호(언어)라는 매개를 통해 연결된 내적 경험과 외적 경험은 연속적이다. 다시 말해 의식과 무의식의 구별은 두 가지 종류의 실재 사이의 차이가 아니라 의식이라는 동일한 현상의 변이형들이다. 요컨대, 둘 사이의 차이는 '존재론적인' 것이 아니라 '이데올로기적인' 것에 불과하다. 바흐친은 프로이트의 무의식을 통상적인 '공식적' 의식과 구별하여 '비공식적' 의식이라고 바꿔 부르는데,[7] 바로 이 비공식적 의식의 언어가 '내적 발화'에 해당한다.

여기서 강조할 것은 개인의 내적 심리를 바라보는 이런 관점이 이른바 주체나 자아에 관한 서구식 모델의 근본 토대를 의문시하는 급진적인 것이라는 점이다. 그것은 개인의 내면과 외적 세계 사이의 연속성을 강조하고 있을 뿐 아니라 자아의 형성 과정에 관한 일종의 '전도된' 모델을 제시하고 있다. 바흐친과 동시대에 활동했던 언어심리학자 비고츠키L. Vygotsky의 독창적인 실험에서 보다 명징한 형태로 나타나는 그 모델을 다음과 같이 요약할 수 있다. '안에서 밖으로'가 아니라 '밖에서 안으로.'

자아에 대한 서구식 관점을 향한 비고츠키와 바흐친의 공통된 불만은 '자아란 먼저 주어지는 것이고 그다음에 사회화된다'는 관념이었다. 이와 정반대의 가정을 시험하고 대안적 모델을 구성하기 위해 비고츠키는 이른바 '자아 중심적egocentric 발화'의 현상을 집중 검토한다. 그는 자아 중심적 발화를 원초적 자폐 상태와 마지못한 사회화 사이의 타협으로 간주하는 피아제J. Piaget의 견해에 맞서, 자아 중심적 발화란 처음부터 사회적이고 환경 지향적이었던 발화의 직접적 소산이라는 정반대의 주장을 내놓는다. 비고츠키의 주장에 따르면, 유아는 내적 사유를 '외면화'하는 것이 아니라 오히려 외적인 언어의 상호작용을 '내면화'하는 법을 습득한다. 즉, 유아는 다른 사람에게 말하는 법을 배운 다음에 비로소 대화를 내적 발화로 내면화하는 것이다. "사유의 참된 발달 방향은 개인에서 사회로가 아니라 사회에서 개인으로 진행된다"는 것, 이것이 비고츠키의 결론이다.[8]

자아의 내면을 사고하는 이런 입장으로부터 도출할 수 있는 일차적인 추론은 물론 개인과 사회의 대립에서 후자의 선차성을 단언하는 '마르크스주의자' 바흐친의 입장이다. 이 입장에 따르면, 외적인 언어가 사회적으로 선재하고 그 이후에 내적인 언어가 있기 때문에, 말을 한다는 것은 결코 내적 언어(사고)를 외부로 표출하는 것이 될 수 없다. 반대로 우리는 우선 외부에서 언어를 취해 자신의 것으로 삼는 것이지, 처음부터 그런 것이 내부에 자리하는 것이 아니다. 예를 들어, 바흐친을 '철저한' 마르크스주의자로 파악하는 가라타니 고진이 그런 예인데, 그에 따르면 마르크스가 개인적 의식의 밖으로 나가는 중대한 과제를 수행하는 과정에서 '사회'라는 것을 발견했듯이, 바흐친 또한 개인에서 출발하는 독백적 체계를 대신하는 대안적 모델로서 "복수 체계의 끊임없는 (다성악적) 교통" 그 자체인 '사회'를 파악했다는 것이다.[9]

하지만 여기서 분명히 할 것은 이런 입장이 개인과 사회라는 애초의 대립 항을 반복하는 단순한 '방점'의 이동으로(즉, 개인에서 사회로) 이해되어서는 안 된다는 점이다. 1920년대 후반에 주요 저작들을 공유했던 동료들(볼로시노프와 메드베데프)이 일종의 '절충적' 방식, 그러니까 대립하는 주요한 두 경향을 찾아내 양극단의 부적합성을 들춰내고 그들 간의 절충 지점을 표기하는 방식을 사용했을 때(볼로시노프 명의의 두 저서인 『마르크스주의와 언어철학』과 『프로이트주의』는 정확히 이런 패턴을 따른다), 바흐친은 분명 그와 같은 패턴에 만족하지 못하고 있었다. 마르크스주의자였던 동료들이 그런 패턴을 통해 개인적인 것을 사회적인 것 안으로 (그리고 역사적인 것 안으로) 흡수시키고자 했을 때, 바흐친은 오히려 '개인적인 것과 사회적인 것의 구별 자체를 해체하는 방식'으로 작업하고 있었다. 바흐친의 본질적인 사유는 애초에 그런 구별 자체가 잘못 도출된 것일 수도 있다는 의심으로 나아갔던바, 바로 그런 근본적인 재고의 지점, 사유의 방식을 규정하는 '틀' 자체를 향한 의심의 지점에서 도출된 것이 '대화'의 개념이었던 것이다.

개인의 내적 심리를 본질상 '영토 바깥의 사태'와 관계하는 경계적 현상으로 파악하는 바흐친의 자아 모델은, 이른바 '소설적 존재론'의 영역을 거쳐 '철학적 대화론'으로 나아갔다.

> 자아와 타자(또는 사회)를 일차적인 대립 관계로 간주하는 한, 그는 아직 프톨레마이오스의 단계에 머물러 있었다고 하겠다. 그의 코페르니쿠스적 혁명은 대화를 중심적이고도 일차적인 것으로 만드는 것이었으며, 자아와 사회의 낡은 대립을 부차적인 추상 개념으로 만드는 것이었다.[10]

잘 알려져 있다시피, 바흐친에게 '소설'은 단순한 장르가 아니다. 그것은 (자아와 마찬가지로) 세계의 특별한 의미를 조직하고 있는 다양한 목소리와 발화 방법 들의 고도로 복잡한 조합이자 대화이다. 가령, 소설의 진정한 스타일이 이질적인 스타일들의 조합인 것처럼, 자아는 내부에 존재하는 특정한 목소리라기보다는 그 안에 담긴 수많은 목소리들을 조합하는 특정한 방식을 의미한다. 이런 점에서, 초기의 자아 개념으로부터 바흐친이 이끌어낸 새 모델을 '소설적 자아novelistic self'라고 부를 만하다. 도스토옙스키의 소설 세계를 이질적인 목소리와 의식 들이 충돌하는 '대화적 우주'로서 고찰하려는 바흐친의 시도는 결국 그를 다음과 같은 유명한 '대화적 존재론'으로 이끌게 된다.

삶이란 곧 대화에 참여함을 의미한다. 질문하고, 듣고, 반응하고, 동의하는 등등. 인간은 자신의 전 삶을 통해 이러한 대화에 참여한다. 눈과 입과 손과 영혼, 정신 그리고 모든 육체와 행위를 통해, 그는 말 속에서 자신의 모든 자아를 탐구하며, 이러한 말은 인간 삶의 대화적 짜임, 즉 세계적인 심포지엄 속으로 편입된다.[11]

지금껏 살펴본 바흐친의 논의가 시사해주는 중대한 통찰은 무엇인가? 물론 그것은 하나의 개체나 문화의 '경계적 실존'에 관한 사유이다. 홀로 고립된 채 기능하는 사유란 애초부터 불가능하며, 그것은 본질상 자신을 초과하는 더 큰 맥락, 즉 외부(타자)를 필요로 한다(우리는 이를 고립된 체계로서의 로컬과 그를 초과하는 외부 맥락으로서의 글로벌로 바꿔 읽어볼 수도 있을 것이다). 그러나 이에 못지않게 의미심장한 것은 대화적 존재론을 향한 바흐친의 지향이 이미 확립된 질서 혹은 개념 안에서 그것의 부정과 마주치는 방식을 따르지 않는다는 사실이다. 바흐친의 관심은 반대로 그런 질서나 개념 자체를 차후에 성립시키는 원초적인 사태, 즉 구조를 개방시키고 외부(즉 타자)를 개입시키는 최초의 '차이'와 '복수성'을 지적하고 서술하려는 데에 있다. 물론 이런 구조화 이전의 원형적 상황을 '인정'한다고 해서 문제가 종결되는 것은 아니다. 문제의 본질은 이런 구조 아닌 구조, 환원적 구조 이전의 본래적 사태의 작동 메커니즘을 해명하는 것이며, 그것을 개념적 언어를 통해 기술하는 것이다. 만일 우리가 글로컬리티의 개념을 글로벌과 로컬 개념을 성립시키는 더욱더 근본적인 원형적 사태로서 규정하고자 한다면, 그러한 사태를 기술하기 위한 적합한 언어와 개념을 발명할 필요가 있다.

3. 로트만의 기호계: 혼종성과 비대칭성

원형적 사태의 개념화와 관련해 우리의 특별한 흥미를 끄는 것은 바흐친의 대화적 존재론을 독특한 기호학적 전망 속에서 새롭게 전유했던 로트만의 사유이다. 로트만은 이론적 사유의 후반기(1980년대 이후)에 '기호계semiosphere'라는 개념을 창안했는데, 흔히 '세미오스피어'로 불리는 이 개념은 여하한 종류의 기호적 행위와 소통이 이루어지는 총체적인 장, 즉 일종의 기호 생태계를 뜻한다. 러시아의 생물학자 베르나츠키V. Vernadsky가 만든 생물계biosphere 개념에 빗대 창안된 기호계는, 상이한 언어와 다양한 기호체계의 단순한 축적이 아니라 그것들의 존재와 기능을 위해 선재하는 기호학적 조건, 한마디로 모든 구체적 기호 작용에 앞서 존재하는 단일하고 총체적인 메커니즘을 뜻한다.

로트만의 이 개념은 '존재한다는 것은 곧 대화한다는 것이다'라는 바흐친의 앞선 명제를 내면화한 결과로 볼 수 있다. 소통 없는 의식이란 있을 수 없으며, 그런 점에서 나의 자기 인식(존재 규정)은 오직 너(외부)와의 대화적 관계 속에서만 가능하다는 바흐친의 명제는 기호계의 개념 안에서 직접적인 반향을 얻는다. 기호계 개념의 가장 중요한 특징은 '고립된 정적인 체계는 원칙적으로 불가능하다'는 점이다. 즉, 그것이 가정하는 공리는 모든 체계는 온전히 작동(기능)하기 위해서 '언제나 이미' 기호계라는 일정한 기호학적 공간 연속체continuum에 잠겨 있어야만 한다는 것이다. 대화적 상황, 즉 '기호학적 체계들의 앙상블'은 개별 언어들에 앞서는 '존재론적 조건'이 된다.

여기서의 대화란 물론 이미 확립된 정체성들이 기존의 언어와 코드를 사용해 서로 소통하는 과정을 가리키는 것이 아니다. 그 반대로 대화는 주어진 모든 언어와의 관계에서 기호적 선차성을 지닌다. 소통 없는 의식이란 불가능하기에 "대화는 언어에 선행하며 그것을 생성한다고 말할 수 있다."[12] 기호학적 체계들의 앙상블, '기호계'의 존재가 개별 기호 형성물들에 선행하는 그것들의 존재 조건이 되는 것처럼, 개별 요소들 간의 '대화적' 관계는 그들을 통한 의미 생성을 가능하게 하는 본질적인 근거가 된다. 만일 현 세계의 기호계가 "위성들의 호출, 시인들의 시, 동물들의 외침까지 포함하는 광역적인global 것"을 의미한다면, '인간이 된다는 것'은 곧 기호계의 참여자이자 기여자가 된다는 것을 의미하며 이는 영원한 기호학적 상호작용, 즉 '대화' 속에 놓임을 뜻하는 것이 된다.[13]

로트만의 기호계 개념에서 오늘날의 문화적 현실, 즉 '전지구화'라 불리는 보편적 상황을 떠올리게 되는 것은 자연스럽다. 로트만에 따르면, '기호계'는 그것을 떠나서는 기호작용 자체가 불가능해지는 모종의 총체적인 공간 연속체이다. 따라서 이와 같은 총체적 메커니즘을 고려하지 않고서 그것을 채우고 있는 개별 기호들을 분석하는 것은 의미가 없다.[14] 로트만은 이 점을 다음과 같이 설명한다.

조각조각의 비프스테이크를 붙여서는 송아지를 얻을 수 없지만, 송아지를 잘라내면 비프스테이크를 얻을 수 있다. 이와 마찬가지로 개별 기호 행위를 총합하여 기호 세계를 얻어낼 수는 없지만, 그러한 세계의 존재는 특정 기호 행위를 현실로 만들어준다.[15]

요컨대, 개별 기호체계를 구성하는 요소들의 기능과 상호 관계는 오직 기호계라는 '총체'의 관점을 통해서만 온전히 파악될 수 있으며, 이때 보다 일차적인 것은 그 메커니즘(건물)을 이루는 개별 부분(벽돌)이 아니라 기호계라 불리는 거대한 체계 자체이다.

이와 같은 로트만의 사고는 전지구적 연계성의 구조가 만들어낸 새로운 상황에 적절히 상응한다. 전지구적 네트워크와 상호의존성의 강화로 인해 이제 특정한 지역적 사건은 결코 해당 지역의 한정된 맥락에만 머물 수 없게 되었다. 그것은 필연적으로 단일 세계의 전지구적 지평으로 끌어올려져 글로벌한 맥락에서 해석되게 된 것이다.[16] 이를 로트만식으로 바꿔 말하자면, "기호계의 단위, 즉 기능하는 메커니즘의 가장 작은 단위는 개별 언어가 아니라 문화의 전체 기호학적 공간"[17]인 것이다.

하지만 기호계 개념이 전지구화라는 오늘의 현실에 시사하는 무엇보다 중요한 통찰은 그것의 내적 구조가 보여주는 본질적인 특성인 '이질성/혼종성'에 있다. 기호계의 내부는 결코 동종의 균질적 요소들로 이루어져 있지 않다. 로트만에 따르면, "기호학적 공간은 다양한 이질적 언어와 그들 사이의 무수한 경계로 가득 차 있는바, 그것들은 완벽한 상호 번역 가능성으로부터 절대적인 번역 불가능성에 이르는 (넓은) 스펙트럼을 따라 갖가지 방식으로 연관된다."[18] 다시 말해 기호계의 내적 공간은 (그것을 외부와 분리시키는 일차적 경계 이외에도) "무수한 내적 경계로 절단되기 때문에, 그것을 횡단하며 이동하는 각각의 메시지는 수없이 번역되고 변형되어야만 하며, 새로운 정보를 생성하는 과정은 그에 의해 눈덩이처럼 불어나게 되는 것이다."[19]

사실 기호계의 개념은 로트만 후기 이론의 핵심을 이루는 명제인 복수언어주의 개념을 공간적으로 표현한 것으로 볼 수 있다. 복수언어주의란 "기호학적 구조가 기능하기 위한 최소한의 조건은 인공적으로 유리된 단 하나의 언어나 그 언어로 된 텍스트가 아니라 상호 간에 번역 불가능한 관계에 놓인 평행하는 언어들의 쌍"이라는 명제이다. 로트만에 따르면, "그 어떤 사유하는 조직체도 단일구조적이고 단일언어적일 수는 없다. 그것은 반드시 상호 번역이 불가능한 다언어적인 기호학적 조직체들을 포함해야만 한다. 모든 지적 구조의 필수적인 조건은 내적인 기호학적 이종성異種性이다."[20] 복수언어주의가 지배하는 공간, 다언어적 소통의 공간인 기호계 안에서 당연히 부분들 간의 관계는 자동적인 성격을 띠지 않는바, 그것은 매번 기호학적 긴장, 때로는 드라마틱한 성격을 띠는 대립을 전제한다.

여기서 모든 "사유하는 조직체들"의 필수 조건인 내적 구조의 '이종성'은 로트만에 의해 "대화적 구조"라는 말로 지칭된다. 로트만의 맥락에서 단일언어적 구조가 '독백적' 구조에 해당한다면, 이중언어 혹은 복수언어적 구조는 '대화적' 구조에 해당한다.

> 원칙적으로 '독백적인(즉, 단일언어적인)' 조직체는 새로운 전언(사유)을 발생시킬 수 없다. 사유하는 조직체는 원칙상 (최소한의 체계에 있어) 대화적(즉, 이중언어적인) 구조를 지녀야 한다. 이런 결론은 대화적 텍스트의 구조에 관한 바흐친의 근본적인 사유에 얼마간 새로운 의미를 부여해준다.[21)]

기호계의 내적 구조 형성 원칙은 두 가지 방향으로 작동한다. 그것은 한편으로는 개별 요소들을 기호학적 단일체로 강력히 통합하고, 다른 한편으로는 고도의 '개별화'의 방향을 따른다. "문화의 발전과 함께 체계의 전적으로 단순한 3항, 즉 커뮤니케이션 참여자들 간의 상호 이해의 호응성은 상실된다. 나아가 〔……〕 문화의 전체 메커니즘은 그들 각각의 고유함을 증대시키는 방향으로 작동하고, 이는 결국 자연스럽게 교제의 어려움을 수반하게 된다."[22)]

여기서 알 수 있는 것은 무수한 (내적) 경계로 이루어진 이질적 언어들의 소통과 번역의 장인 기호계는, 전지구화의 복잡하고 모순적인 과정과 마찬가지로, 부분(지역)과 전체(세계) 양쪽으로 동시에 진행되는 운동의 장이라는 사실이다. 전지구화의 과정 자체가 (새로운) 지역화의 배경이자 자극체가 된다는 지적은 이 대목에서 전적으로 온당하다. 그것은 통일과 통합을 구축할 뿐 아니라 끊임없는 차이와 분열을 동시에 만들어내는 기제인 것이다.

이와 같은 복잡하고 다층적인 기호계의 이미지는 분명 전지구화의 과정을 서구화, 동질화, 근대화로 요약되는 협소하고 평면적인 과정으로 파악하는 단종론적 입장에 맞서는 혼종론混種論의 대안적 모델로 받아들여질 만하다.[23] 하지만 기호계의 내적인 이질성과 전지구화 과정의 복합적인 혼종성이 그것의 내부 공간을 규정하는 실질적인 힘의 질서와 권력의 위계 문제를 무화시키는 것은 결코 아니다. 전지구화 과정에 대한 문화론적 시각은 그 과정 속에 엄연히 상존하는 정치적, 경제적 불균등의 문제를 비켜 갈 수 없다. 중심과 주변의 대립이 (탈중심화된 전지구적 제국 안에서) 극복된 것이 아니라 오히려 더욱 복잡해졌을 뿐이라는 비판은 여전히 유효하기 때문이다.

이와 관련해 지적해야 할 기호계 개념의 마지막 특성은 내부 구조의 '비대칭성'[24]이다. 기호계를 구성하는 상이한 언어들은 서로 비대칭적이다. 그 언어들 간의 상호 번역을 정보의 발생기로 만드는 것은 다름 아닌 그들 사이의 비대칭성이다. 그리고 이런 비대칭성은 무엇보다 명백하게 기호계의 '중심centre'과 '주변periphery'에서 드러난다. 기호계의 중심과 주변에서 벌어지는 역동적인 메커니즘에 관한 로트만의 사유는 기호계와 관련된 논의에서 가장 흥미진진한 부분이다. 그것은 문화적 세계화가 부각시킨 가장 핵심적인 논의의 지점, 바로 문화 간 상호작용의 문제와 연결된다.

4. 영향에서 대화로: 문화적 대화와 변형의 메커니즘

로트만의 문화기호학 이론은 후반기에 이를수록 점점 더 '문화 간 상호작용'의 문제에 깊게 천착했다. 사회적 소통 양식과 매체의 급격한 발전, 특히 전지구화로 대변되는 변화된 물적 조건을 고려했을 때, 이와 같은 발전의 과정은 그 자체로 의미심장하다. 전지구화의 시대를 맞아 문화연구의 패러다임을 교체해야 할 필요성은 이미 오래전부터 제기되어왔다. 전통적인 문화연구의 중심 패러다임이었던 '문화 내적' 소통의 문제, 즉 하나의 문화 내부에 다양한 하위문화subcultures가 공존하고 대립하는 문제를 대체하면서 점점 더 절실하게 대두되는 과제는, 서로 다른 문화가 접촉하고 소통하는 과정, 그리고 그 과정에서 발생하는 각종 사태와 현상을 체계적으로 이해하는 일이다.

　　문화적 상호작용의 문제를 바라보는 로트만의 시각은 개인의 심리적 삶을 일종의 '경계선의 현상'으로 파악하는 바흐친의 관점을 기호학적 전망 아래 구체화하고 있다. 무엇보다 중요한 것은 문화의 '자생적 발전'과 '외적 영향'을 단일한 (역동적) 과정의 상호 교차하는 두 양상으로 파악하는 그의 통찰이다. 문화사의 실제 과정에서 확인되는 것처럼, 문화의 자생적 발전과 외적 영향은 서로 뗄 수 없이 연결되어 있다.

　　문화의 역동성은 고립된 내적 과정이나 혹은 외적 영향의 수동적 장으로서 그려질 수 없다. 이 두 경향은 상호 긴장 속에서 실현되는바, 그 본질을 왜곡하지 않은 채 그로부터 추상화될 수 없다.[25]

　　이런 견해는 문화를 일종의 '기호학적 인격personality'으로 간주하는 로트만의 독특한 이론적 입장에서 직접적으로 파생된 것이다. 내적 과정과 외적 과정의 분리 불가능한 일체성은 문화의 특징이자 동시에 인격의 특징이기도 하다. 타자와의 대화적 공존 및 소통이 '자아'의 존립에 필수적인 것처럼, 타 문화와의 상호작용은 (개별) '문화'의 정체성에 필수적이다. 문화 상호작용의 문제에 접근하는 로트만의 원칙적 입장은 다음 구절에 잘 요약되어 있다.

지금껏 연구자들의 주된 관심은 어떤 텍스트에 대한 다른 텍스트의 영향이 **가능해지는** 조건은 무엇인가라는 물음에 집중되어 있었다. 우리의 관심을 끄는 것은 이와는 다른 물음이다. 낯선 텍스트는 어째서, 그리고 어떤 문화적 상황 조건하에서 필수 불가결한 것이 되는가? 이 물음은 다음과 같은 식으로 제기될 수도 있다. 낯선 텍스트는 언제, 그리고 어떤 조건하에서 '나 자신'의 창조적 발전을 위해 **필수 불가결한 것이 되는가?** 또 다른 '나'와의 접촉은 언제, 어떤 조건하에서 '내' 의식의 창조적 발전을 위한 불가피한 조건이 되는가?[26]

결국 로트만이 묻고자 하는 것은 낯선 텍스트의 영향이 어떻게 '가능해지는가'가 아니라 어째서 그런 영향이 '불가피한지'에 관한 질문이다. 만일 이를 문화 간의 소통이 아닌 개인 간의 커뮤니케이션에 적용해본다면, '각 개인은 어떻게 타인과 소통할 수 있게 되는가'라고 묻는 대신에 '어째서 개인은 타인과 소통하지 않고서는 살 수 없는가'라고 물어야 한다. 문화의 상호작용 문제에 접근할 때 나타나는 이런 원칙적인 차이는, 소통의 형식적 가능성을 묻는 하버마스J. Habermas의 입장('인과적 합리성')과 대화의 존재론적 필연성('존재한다는 것은 곧 대화한다는 것')을 강조하는 바흐친의 입장만큼의 거리에 해당한다고 볼 수 있다.

이런 입장이 단언하는 명제는 "문화의 내적 발전은 외적 텍스트의 항시적인 유입이 없이는 불가능하다"는 것이다. 한 문화의 '외부,' 다른 민족이나 문화, 혹은 타 지역의 전통으로부터 도입된 낯선 텍스트를 포함하는 외부는 모든 문화에 필수적이다. "문화의 발전은 창조적 의식의 행위와 마찬가지로 교환의 행위이며, 그것은 언제나 타자, 즉 이 행위 수행의 파트너를 전제하는"[27] 것이다. 로트만은 문화 상호작용에 대한 이런 관점을 다음의 구절로 요약한다.

문화적 영향 관계를 지칭하는 '영향'이라는 부정확한 개념은 '대화'라는 용어로 바뀌어야만 한다. 보다 넓은 역사적 조망 안에서 문화의 상호작용은 언제나 대화적이다.[28]

그렇다면 그가 말하는 대화로서의 상호작용은 일반적 의미의 문화적 영향 관계와 어떻게 다를까?

대화로서의 상호작용이 지니는 첫번째 특징은 문화적 소통의 비대칭성이다. 문화들 사이에서 이루어지는 대화는 대화 참여자 중 어느 한쪽(발신자)이 더 큰 경험의 양을 갖고 다른 쪽(수신자)은 그 경험을 자기화하는 일에 관심을 둔다. 즉, 원칙적으로 불균등한 조건에서 수행되는 비대칭적 소통의 상황인 것이다.

두번째 특징은 문화들 사이에서 이루어지는 이 대화가 정보의 방향성을 달리할 수 있다는 점이다. 수신자 측의 '대답'은 능동적인 자극체로 작용했던 본래의 발신자 문화가 아닌, 전혀 다른 제3의 문화를 향할 수도 있다. 문화 간 교제의 과정에서 텍스트의 흐름이 자신의 방향을 바꿀 수 있다는 것, 이는 문화 간 대화의 본질적인 특징이다.

문화 간 대화의 세번째 특징은 바로 이런 전환shift의 국면에서 텍스트들이 '낯선' 언어에서 '자신의' 언어로 번역된다는 점이다. 이런 번역의 과정은 당연히 '변형transformation'을 동반하게 되는데, 본래의 텍스트가 수용자 문화의 맥락과 법칙에 따라 현저한 변형을 겪게 되는 것이다.

  마지막 네번째로 이런 번역을 거친 이후의 '응답' 텍스트는 애초에 수용 문화를 자극했던 발신자 문화보다 훨씬 더 큰 강도의 문화적 의미를 지닌 채 (재)전송될 수 있다. 전달된 텍스트가 수용 문화의 내부에서 강력한 '증폭'의 과정을 거친 후 훨씬 더 커다란 규모로 재발신되는 것이다(로트만은 이를 가리켜 "눈사태와 같은" 성격이라 표현했다).[29] 요약하자면, 문화적 소통의 경우 대화의 개념은 일반적인 언어학적 개념과 일치하지 않으며, 오히려 상이한 언어를 사용하는 커뮤니케이션, 즉 다언어적 소통의 모델에 보다 가까워진다고 할 수 있다.

  그런데 여기서 반드시 언급하고 넘어가야 할 것은 문화의 영향 관계를 바라보는 로트만의 시각에서 확인할 수 있는 모종의 역사적 자의식이다. 그것은 이른바 '주변부' 문화의 역사적 조건에 관한 자의식으로, 거기에는 중심의 압도적인 영향력 아래에서 자신의 정체성을 확립해야만 했던, 그리고 이후엔 그 스스로 발신자의 역할을 담당했던 문화에 대한 집중적인 관심이 드러난다(우리는 이를 '후발근대 문화'의 자의식이라 부를 수도 있을 것이다). 최초의 비서구권 주변부 국가라 할 수 있는 러시아 문화에 대한 로트만의 고찰은 한국을 포함한 비서구권 후발근대 국가들의 문화적 상황, 특히 글로컬리티라는 오늘날의 문화적 화두와 공명하는 바가 크다. 러시아 문화의 역사적 조건에 기초해 문화 상호작용의 문제 틀을 새롭게 짜보려는 로트만의 시도는 이를테면, 다음과 같은 핵심 물음으로 집약될 수 있을 것이다. 문화적 영향력의 수신자는 어떻게 발신자가 보낸 전언을 내면화하여 그 스스로 발신자가 되는가?

주변은 어떻게 중심의 역할을 수행할 수 있게 되며, 그 과정에서 발생하는 변형의 구체적인 메커니즘은 무엇인가?

문화적 대화와 변형의 메커니즘에 대한 로트만의 이해를 종합해보면, 대략 다음과 같은 다섯 단계를 따른다고 볼 수 있다. 첫째, 최초에 텍스트는 일방(향)적인 전달의 형식을 따른다. 수용자 측의 의식은 외부로부터 전달되는 텍스트를 이해되지 않는 낯선 언어 그대로 기록(기억)한다. 이는 마치 이질적인 언어 환경에 처한 어린아이의 상황과 유사한데, 이때 나타나는 것이 분절되지 않은 정보의 총체적인 수용, 가령 직접적인 '모방'의 방식이다.

이어지는 다음 단계에서는 낯선 언어의 '습득усвоение' 과정이 나타난다. 수용자 측 문화는 외부에서 도입된 낯선 텍스트를 만들어낸 '규칙들'을 습득하게 되고, 그에 따라 원본 텍스트와 '유사한' 새로운 텍스트들을 만들어내기 시작한다. 이는 그야말로 유사품을 제조하는 단계로, 이 단계에서 원본 텍스트의 정본성은 그대로 유지된다. '결정적 국면'이 도래하는 것은 그다음 세번째 단계인데, 수용자 측 문화의 기호학적 본성에 따라 낯선 타자의 전통이 근본적으로 변형되는 것이다. 이 단계에서 종종 '낯선 것'은 완전히 외양을 바꾸면서 '자기 것'이 된다.

흥미로운 것은 외래 문화가 이런 근본적인 변형을 거쳐 자기화된 후, 수용자 측 문화의 내부에서 '정신적인 독립성'을 향한 강력한 지향이 발생한다는 점이다. 즉, 네번째 단계에서 수신자 문화는 자신에게 전달된 외적 텍스트의 이념적 가치를 그것의 전달자인 발신자 문화로부터 '분리'시키기 시작한다. 종종 수입된 가치는 자연적이고 범인류적인 진리, 말하자면 영원한 진리로서 재구성되고, 문화적 전유의 최종 단계에서 마침내 그것은 '원래부터 있던 고래古來의 진리'가 되어 수용자 문화의 고대적 '전통' 속에서 재발견되기에 이른다(수입된 타자의 이념이 어느새 수용자 측의 문화가 원래부터 지니고 있던 '민족적인 것'으로서 재구성되는 것이다). 그리고 수용자 측 문화가 자신의 고대성을 재발견하기 시작하는 바로 이 단계에서 역할의 변경이 일어난다. 수용자 측 문화가 자신의 중심적인 위치를 주장하기 시작하면서, 수신자에서 발신자로 변화하는 것이다. 마지막 다섯번째 단계에서 발신자의 위치로 이동한 문화는 (앞서 말한 '눈사태적인' 성격에 따라) 훨씬 더 많은 양의 텍스트를 만들어내면서 문화적 영향력의 범위를 비약적으로 확장하게 된다.[30]

상술한 각 단계는 물론 보다 정치한 분석과 비판의 대상이 되어야 하겠지만, 문화적 영향 관계를 모델링하는 로트만의 시도에서 곧바로 다음과 같은 통찰을 도출할 수 있다. 우선, 그가 문화 상호작용의 양상을 일종의 '문화 번역cultural translation'의 과정으로 파악하고 있다는 점이다. 문화 번역은 특정한 텍스트가 하나의 맥락에서 다른 맥락으로 전이될 때 발생하는 것으로, 이때 반드시 동일한 것 가운데에서의 차이, 즉 '새로운' 텍스트가 만들어진다. 특정한 문화 텍스트가 새로운 담론 구조 속에 위치하게 될 때, 본래적 의미의 변형과 전치는 불가피하다. 이 점은 문화적 담론이 지배 문화에서 피지배 문화로 향하는 일방통행로가 아니라는 것, 서구의 담론을 '모방'하며 반복하는 '번역' 행위가 그 자체로 일종의 창조 행위(문화정치학의 보다 일반적 용어로 말하자면, '저항'의 계기)가 될 수 있다는 점을 시사한다.

요컨대, 이 모델의 핵심 키워드는 일방적인 이식과 수용이 아닌 변형과 창조이다. '주변'에 해당하는 수용 문화 내에서 발생하는 적극적인 재코드화의 창조적 가능성을 강조하는 그의 입장은 분명 문화의 크레

올화를 이론화하는 여타의 입장(가령, 탈식민주의)과 궤를 같이한다. 모방으로 시작된 반복은 원본 텍스트의 권위를 분열시키고 차이를 주체화하는 수행적performative 잠재력을 갖는다. 모방은 모방이되 창조이며, 수용은 수용이되 저항인 것이다.[31]

주목할 것은 이런 창조적 변형 과정이 낯선 외래 텍스트의 변형뿐 아니라 수입 문화 자체의 자기모델링에도 변형을 불러오게 된다는 점이다. 앞서 살펴봤듯이, 수신자 문화는 자신에게 전달된 외적 텍스트의 이념적 가치를 자기화하는 과정에서 자신의 문화가 본래부터 지니고 있었던 '전통'을 재발견하게 된다. 수용자 측 문화 내부에서 정신적인 독립성을 향한 강력한 지향이 나타남과 동시에 수용 문화의 전통적 유산을 수입 문화의 그것에 앞서는 우수한 것으로서 재확인하는 전략이 동원되는 것이다. 하지만 분명한 사실은 순수한 기원을 향한 이런 욕망이 사실상 만들어내게 되는 것은 모종의 '혼합물'이라는 점이다. 정신적 독립의 열망이 만들어낸 '전통적 가치'란 것은 결국 수입된 타자의 텍스트로부터 촉발된 재구성의 산물이며, 바로 그런 의미에서 혼종적 교배의 결과물일 뿐이다.

흔히 이 재구성의 과정은 점령, 오염, 독립 따위의 어휘를 동원한 자극적인 서사를 통해 재현되곤 하지만, 사실상 거기서 벌어지고 있는 것은 텍스트와 맥락 사이의 갈등, 경합, 조정, 그리고 타협의 역동적 과정이다. 여기서 외적 영향의 일방(향)성과 더불어 포기(극복)되어야 할 것은 자국 문화의 순수한 기원(전통)에 관한 (신화적) 믿음이다. 결국 두 경우 모두에서 우리가 확인하는 것은 '이미 언제나' 낯선 텍스트와 몸을 섞고 있는, 모종의 혼합물인 것이다.

'자기 자신의 것'을 향한 문화적 '자의식'의 발현이 그 본질상 내부에서 스스로 발원한 것이라기보다는 외래 문화의 강한 자극(때로는 '압도적인' 영향)으로부터 생겨난 것이라는 점은 아무리 강조해도 지나치지 않다. 인간 개체의 경우가 그런 것처럼, 문화적 자의식 또한 외적 타자(의 영향) 없이 홀로 생겨날 수 없다. 이것은 세계화에 대한 저항의 몸짓이 '진정한' 로컬 문화에 대한 반동적 형태의 재긍정으로 환원될 수 없다는 점, 또다시 핵심은 전지구적인 것과 지역적인 것 사이의 역동적이고 상호조건적인 양방향의 변증법이라는 사실을 확인시켜준다.

또한 문화 번역의 창조성과 혼종성을 강조하는 이런 입장은 곧 기호계의 '주변'이 지니는 생산적인 역량에 대한 강조와 일맥상통하는 것이다. 로트만에 따르면, '주변'은 중심을 대체할 미래의 동력이 생성되는 자리이자 "새로운 언어들이 생겨나는 긴장의 지대"[32]이다. 주변의 역량, 주변의 유연성과 잠재력은, 기호계의 주변이란 사실상 문화적 변경 지대frontier에 다름 아니라는 사실과 직결되어 있다. 체계의 주변은 그것의 한계 영역, 외부(타자)의 항시적인 영향과 침투에 노출되어 있는 변경 지대일 수밖에 없다. 따라서 경계로서의 주변은 체계의 바깥과 먼저 관계하는 영역, 외부의 새로움을 먼저 접하는 장소, 체계 내적이지 않은 변화의 시발점이 될 수 있다. 그것은 "담론들이 격돌하는 장소, 즉흥성과 갱신이 발생하는 곳, 모든 특수하고 모호한 것, 예측하기 힘들고 변화무쌍한 텍스트가 창조되는 장소"[33]인 것이다. 중심의 언어가 약해지는 체계의 주변 지대, 바로 그곳에서 특정한 담론들은 중심이 부여하는 지배적 플롯을 전복한다.

마지막으로 강조할 것은 체계의 (주변적) 경계 지대에서 활성화될 수밖에 없는 문화의 약동하는 상호작용을 일컫는 '대화'의 개념에 담긴 '해방적' 본질이다. 여기서 말하는 대화란 결코 이미 확립된 정체성들이 기존의 언어와 코드를 사용해 서로 소통하는 과정을 가리키는 것이 아니다. 반대로 그 대화는 주어진 모든 언어와의 관계에서 기호적 선차성을 지닌다. 앞서 지적했듯이 소통 없는 의식이란 불가능한바, 그 점에서 대화는 언어에 선행하며 그것을 생성하는 가장 근원적인 조건이자 토대가 된다. 다시 말해 대화란 모든 가능한 정체성과 차이들의 표현이 발생하는 장소이면서, 동시에 그 모든 것들이 끊임없이 의문에 부쳐지는 장소이기도 하다. 로트만에게 대화의 이와 같은 해방적 능력은 이른바 (주변적) '경계 지대'의 본질적 속성이라 할 의미의 비결정성 및 복수언어주의에 직접적으로 연결되어 있다. 대화 속에서 공유되는 것은 코드나 언어가 아니다. 오직 네 것도 내 것도 아닌 것만이 '공유'될 수 있다. 말하자면 그것은 (잠재적으로) 우리들 각자를 우리 자신과 다른 것으로 만드는 것, 무언가 '부적당한improper' 동시에 '공통적인common' 어떤 것에 다름 아니다. 대화 속에서 각각의 언어는, 언어 그 자체의 중대한 변화를 이끌어낼 촉매제가 될 모종의 잠재성들의 공유 공간에 노출된다. 거기서 소통의 가장 중요한 측면은 메시지의 정확한 전송이 아니라 새로운 의미와 언어의 '생성'인 것이다.

문화의 상호작용을 영향이 아닌 대화의 패러다임으로 이해하고자 하는 로트만의 관점에서 모든 소통은 곧 이중적, 상호적인 교환작용, 즉 대화에 해당한다. 바흐친이 말하는 대화적 자아의 모델, 내부와 외부 세계의 경계 지대에서 벌어지는 역동적 사건으로서의 대화는 로트만에게서 체계의 주변적 경계 지대에서 발생하는 창조적, 해방적 소통을 일컫는 문화 상호작용의 메커니즘으로 이어졌다. 강조하건대, 만연한 오염과 종속의 증거를 찾아내는 일 못지않게 중요한 것은 세계 도처에서 벌어지고 있는 각종 혼성적 개작의 양상을 온전히 포착하고 그것이 갖는 생산적 잠재력을 승인하는 일이다. 문화적 대화의 상호작용성과 문화 번역 과정의 창의적 역동성을 강조하는 로트만의 이론적 프레임은 글로컬리티 개념의 생산적 전유를 위한 유용한 참조가 될 수 있다.

5. 글로컬리티, 대화적 동의 혹은 다시 쓰기

지금까지 '대화'의 개념이 (인간 개체를 포함한) 모든 종류의 조직체의 근원적인 존재 모델로서, 나아가 문화의 상호작용을 모델링하기 위한 기호학적 메커니즘으로서 전유되는 양상을 살펴보았다. 대화의 개념은 자아와 타자, 개인과 사회, 그리고 중심과 주변이라는 기존의 이분법적 대립을 흩어놓은 본질적인 계기이자, 그러한 기존의 언어 자체를 근본적으로 되묻게 하는 물음의 장소였다. 그렇다면 대화의 개념을 둘러싼 이런 논의는 글로컬리티 개념의 정초 작업에 어떤 시사점을 줄 수 있을까?

무엇보다 강조하고 싶은 것은 글로컬리티의 관점에 잠재해 있는 창조적이고 수행적인 '참여'의 역량이다. 글로컬리티의 지향이 글로벌의 맥락과 로컬의 독자성 사이의 편의적 타협에 그치지 않는다고 할 때, 그 문제의식은 주어진 조건을 향한 끊임없는 개입과 적극적인 참여의 계기로서 자리매김될 필요가 있다. 앞서 살펴본 것처럼, '대화'의 개념은 주체(자아)의 자기정립을 위한 타자성의 본질적 역할을 단언하고 있을 뿐 아니라 주어진 외적 영향에 개입해 그것을 흡수하고 재기술하는 주체의 수행적 역량 또한 강조한다.

이 지점에서 상기할 것은 바흐친이 주어진 권위적 담론에 대한 단순한 적대감을 성숙의 징표로 보지 않았다는 사실이다. 이와는 반대로, 그는 '동의'를 참된 대화적 관계로 간주했다. 어떤 담론에 동의한다는 것은 이미 그것을 '시험'해보았다는 것, 그래서 무조건적 충성의 여지를 제거하고, 그것을 자신의 틀에 편입시켰다는 것을 뜻한다. 반면에, 권위적인 담론에 대한 단순한 적대감은 그 담론의 지위를 난공불락의 절대적 권위로서 방치해두는 것을 의미할 수 있다. 어떤 담론이나 권위에 대해 '책임'을 느끼려면, 그것을 혐오할 게 아니라 오히려 그것과의 '대화'에 참여할 필요가 있다. 다시 말해 그것을 시험하고 흡수하여 재강조할 필요가 있다는 것이다.[34]

글로컬리티의 개념은 글로벌과 로컬에 대한 '대화적' 동의의 과정, 즉 양자 모두를 대상으로 한 수행적 '다시 쓰기'로서 접근할 필요가 있지 않을까. 하지만 이를 위해 무엇보다 먼저 필요한 것은 자기충족적인 자아 개념에서 벗어나 문화들의 경계선 위에 설 수 있는 능력, 즉 타인들과 구별될 뿐 아니라 자기 자신과도 구별될 수 있는 '열린 대화'의 자세일 것이다.

7장

러시아적 주체

:
바흐친과 로트만의 '자아' 개념

주체의 유형학: 존재의 선조건에 대한 관점과 태도

지난 2010년에 발표한 이 글은 글로컬리티에 관한 앞선 글에서 촉발된 '대화적 자아' 모델과, 3장에서 제기한 '러시아 이론'의 문화적 정체성에 관한 문제의식을 이어간 결과물이다. 이 글을 지탱하는 본질적인 관심을 한마디로 표현하자면 아마도 '주체(성)의 유형학' 정도가 될 것이다. 풀어 말하자면 나의 관심은 일련의 주어진 조건(가령 허구적 형식, 외적 세계, 그리고 주체와 타자의 경계 지대)하에서 주체가 작동하는 방식과 그 방식의 유형에 집중되어 있다. 이를테면, 나의 물음은 이런 것이다. 20세기의 대표적인 두 이론가인 바흐친과 로트만은 이 주체의 작동 방식을 어떻게 상상했을까? 우리는 그 상상의 양태에서 '러시아적' 유형의 특수성을 식별할 수 있을까?

이런 물음을 품은 채로 내가 제일 먼저 착수했던 것은 바흐친과 로트만의 사유틀 내에서 주체(자아, 인격, 심리 등)와 관련된 '개념들'을 찾아내고 그것들 사이의 '연관 고리'를 파악하는 일이었다. '대화'와 같이 이미 직접적으로 표면화된 개념보다는 그것을 낳은 더욱 원초적인 사유의 출발점을 찾아내는 게 중요했고, 따라서 프로이트와의 대결 지점을 지목하는 것은 불가피했다. 내가 보기에, 프로이트를 향한 두 러시아 이론가의 불만을 (흔히 지적되는 바대로) '생물학적 환원주의(리비도주의) 비판'으로 이해하는 것은 불충분하다. 훨씬 더 본질적인 대립의 지점은 오히려 라캉J. Lacan적인 것이다. 문제의 핵심은 인간이란 본질적으로 "말들의 세계 속에서" 살아갈 수밖에 없다는 존재론적 조건을 '어떻게 받아들일 것인지'에 걸려 있다. 인간이 그의 '정신적 뿌리'를 자기 바깥에 두고 있다(헤겔)는 사실, 이 불가피한 조건을 어떻게 이해할 것인가? 그것은 원초적 결여와 공백을 낳는 비극적 사태인가, 아니면 변형과 생성을 낳는 카니발의 무대인가?

이 글에서 내가 목표한 것은 위와 같은 핵심적 물음에 이르기 위한 예비적 고찰, 그러니까 이런 물음이 유의미해지는 지점까지 논지를 최대한 상세하고 정치하게 재구축해보는 것이었다. 이를 위한 구체적인 지도가 바로 바흐친과 로트만의 자아 개념 비교였다. 여기서 바흐친의 '내적 발화' 개념과 로트만의 '자기커뮤니케이션' 개념은 글의 골격을 이루는 두 축으로 사용되었다. 바흐친과 동시대에 활동했던 언어심리학자 비고츠키와의 관련성 이외에는 외견상의 뚜렷한 교차점을 찾기 어려운 이 두 개념은, 당시 나에게 '주체'의 차원과 관련된 두 사상가의 사유가 집약된 요체로 다가왔다. 공히 '자기 자신을 향한 내적인 말'이라고 볼 수 있는 내적 발화와 자기커뮤니케이션이 어째서 '독백'이 아닌 '대화'가 되는지, 그것이 어떻게 '반복'이 아닌 '창조'일 수 있는지를 온전히 파악하는 일은, 내게 두 사상가의 본질적 핵심을 이해하기 위한 첩경으로 여겨졌다. 나는 바로 그 '핵심' 안에서 러시아적 주체 모델의 유형학적 특수성을 발견할 수 있지 않을까 기대했던 것이다.

하지만 이 글을 쓴 지 4년이 지난 지금의 나는 이 글 자체의 논리적 정합성과는 별개로, 러시아적 주체(성)이라는 해당 주제를 논하기 위한 (어쩌면 가장 중요할 수도 있는) 핵심적 고리 하나가 빠져 있다고 느낀다. 그 공백의 지점은 '행위(행동)'의 문제. 더 정확하게는 행위의 '수행적 차원'에 대한 고려이다. 사실 내가 이 글의 말미에서 '주변적 사유'의 특징이라 막연하게 부른 것(서구의 '중심적' 사유의 전형적인 자기비판/해체 전략과 구별되는 러시아 이론가들의 '대화'와 '혼종'의 전략)은, 바로 이 누락된 고리를 통해 논증되었어야만 했다.

타자의 말들로 이루어진 '이미 주어진' 상징계의 무대 위에서 살아갈 수밖에 없는 인간의 조건을 어떻게 받아들일 것인가? 앞서 말한 이 라캉적인 선조건에 대한 태도와 관점이야말로 주체의 유형학을 가르는 잣대이다. 그리고 그 태도와 관점을 규정하는 특수성은 그처럼 주어진 것들 앞에서 (혹은 그것들을 갖고서) 주체가 어떻게 '행동'할 것인지에 달려 있다. 다시 말해 이 선조건을 받아들이는 방식과 태도의 차이는 그 준비된 무대 위에서 이루어지는 주체의 '수행적 행위'를 통해 드러난다. 어떻게 하면 주어진 조건의 일방적인 대리자를 벗어나 자기 삶의 '창조적 참여자'로 등장할 것인가? 고착된 형식의 자의성에도 불구하고 어째서 주체는 그것을 기꺼이 받아들이고, 심지어 그 형식(코드와 플롯)의 마스크를 쓴 채 그것을 '연기'할 필요가 있는가? 제약이자 한계인 언어라는 조건을 거부한 채 그로부터 벗어나는 대신에 오히려 그것을 '반복'하는 수행적 행위를 통해 결과적으로 그것을 '사용'한다는 것은 어떤 의미인가?

만일 지금 러시아적 주체(성)을 다루는 글을 새로 쓴다면, 틀림없이 위와 같은 물음들로부터 시작하게 될 것이다. 좀더 구체적으로 말해, 나는 바흐친과 로트만 각각에게서 이전과는 다른 새로운 디딤돌을 설정해야 한다. 그 하나가 청년 바흐친의 진정한 출발점, 삶과 문화의 통합을 향한 그의 '행위철학'이라면, 다른 하나는 삶과 예술의 영원한 변증법을 '행위'로서 매개하는 로트만의 '행위시학'이다. 수행적 행위를 중심으로 러시아적 주체(성)의 문제를 재검토하는 새로운 글은 현재진행 중이다.

러시아적 주체
바흐친과 로트만의 '자아' 개념

1. 바흐친과 로트만의 자아 모델

주체 개념에 대한 러시아적 사유의 가장 눈에 띄는 특징은 이른바 자아 중심적 모델에 대한 거부이다. 그들이 보기에 자아는 이후에 사회화되기 위해 먼저 '주어지는 어떤 것'이 아니다. 자아란 언제나 사회적 과정으로서 '형성 중'에 있다. 1920년대 프로이트주의와의 논쟁에서 바흐친의 주된 논점은 자기폐쇄적인 모델, 곧 '영혼의 선장'으로서의 자아라는 개인 모델에 대한 거부였다. 바흐친은 개인 심리를 한 인격체의 '내부'에 가두는 것에 반대하고 그것을 내부와 외부 세계 사이의 '경계' 지대에서 벌어지는 역동적인 사건으로 파악하고자 했다. 그에 따르면, 어떤 사회적 존재도 자신의 경계 내에 갇혀 있지 않다. 그것은 유기체와 외부 세계 '사이'에서 벌어지는 경계적 현상이다. "인물들은 주권적인 내부 영토를 지니지 않으며, 전적으로 언제나 경계 위에 있다."[1] 때문에 (프로이트처럼) 문제의 해답을 '내부'에서 찾으려는 경향은 잘못된 것이다. 심리는 결코 한 인격체 '안'에 자리해선 안 된다. 나의 뇌는 내 속에 있지만, 나의 심리는 그렇지 않다. "주관적 심리는 유기체와 외부 영역 사이의 어떤 지점, 즉 두 현실 영역을 가르는 경계선상에 위치해야 한다."[2]

한편, 바흐친/볼로시노프에 따르면, 유기체와 외부 세계의 경계선상에서 발생하는 이런 만남(접촉)은 물리적인 것이 아니라 메타언어학적인 것, 곧 '기호적인' 것이다. "유기체와 외부 세계는 이 경계 영역에서 기호를 통해 만난다. 심리적 경험이라는 것은 유기체와 외부 환경과의 접촉을 기호에 의해 표현한 것이다."[3] 따라서 당연히 내적 심리는 '사물'로서 분석될 수 없고, 오직 '기호'로서 이해되고 해석될 수 있을 뿐이다.

심리 혹은 자아에 대한 이런 관점은 두 가지 결과를 낳는다. 첫째로, 내부(개인)와 외부(사회)의 관계의 방향이 역전된다. 그것은 자아에 관한 서구식 모델의 근본 토대를 의문시함으로써, 자아 형성 과정에 대한 일종의 '전도된(뒤집힌)' 모델을 제시한다. 이 모델을 비고츠키를 따라 다음과 같이 요약할 수 있다. '안에서 밖으로가 아니라 밖에서 안으로!' 자아의 심리는 내부에서 외부로, 즉 개인에서 사회로 확장되는 것이 아니라 반대로 외부에서 내부로, 그러니까 사회에서 개인으로 내부화되는internalized 것이다. 유아는 내적 사유를 외면화하는externalize 것이 아니라 오히려 외적인 언어적 상호작용을 내면화하는 법을 습득한다. 결국 "사유의 참된 발달 방향은 개인에서 사회로가 아니라 사회에서 개인으로 진행된다는 것," 바로 그것이 비고츠키의 결론이다.[4]

두번째 결과는 소위 '무의식'이라는 (프로이트적) 관념에 대한 새로운 이해이다. 자아의 심리를 경계적 현상으로 파악하고, 더 나아가 내적 사유 자체를 외적 언어가 내부화된 결과로 파악할 때, 무의식과 의식 간의 명백한 '질적 단절' 또한 사라진다. 무의식과 의식이 공히 언어(기호)를 통한 사고라고 한다면, 그 둘 간에는 존재론적 차이가 존재하지 않게 된다. 바흐친/볼로시노프에 따르면, "무의식과 의식의 차이는 그 자체의 존재의 종류에 따른 차이, 즉 존재론적인 차이라기보다는 내용에 따른 차이, 결국 이데올로기적인 것이다."[5] 의식의 담지체로서 언어는 늘 이데올로기적 관점과 평가에 의해 침윤되어 있기 때문에, 프로이트의 무의식이란 단지 '의식의 의식,' 혹은 '의식의 자기반성'(자기 이미지)에 불과하다.

정리하자면, 바흐친에게 자아 혹은 의식은 그것 '외부'와의 상호작용을 반드시 필요로 하며, 더 나아가 의식과 무의식은 '기호'를 매개로 한 이런 상호작용 속에서 서로 연결되어 있다.

그렇다면 우리는 이와 유사한 자아의 모델을 로트만에게서도 찾아볼 수 있을까? 자기충족적이고 자기폐쇄적인 자아 모델은 로트만에게서도 역시 부정되고 있다. 로트만에 따르면, 살아간다는 것은 곧 '기호계 속에 존재함'을 의미한다. 그런데 기호계의 개념은 본질상 '고립'의 가능성을 배제한다. 기호계 개념의 가장 중요한 특징은 '고립된 정적인 체계는 원칙적으로 불가능하다'는 점이다. 그것이 가정하는 공리는 개인적 의식을 포함한 "모든 체계는 온전히 작동하기 위해서 '언제나 이미' 기호계라는 일정한 기호학적 공간 연속체에 잠겨 있어야만 한다"[6]는 것이다. 체계는 결코 고립된 형태로 존재하지 않으며 개별적으로 기능하지도 않는다. 체계들은 "서로 다른 구성 단계에 놓인 다양한 유형의 기호 형성물로 가득 차 있는 모종의 기호 연속체에 적재됨으로써 비로소 기능할 수 있게 된다."[7]

결국 바흐친에게 '사회적인 것'이 자아의 형성을 위한 필수 불가결한 조건이었다면, 로트만에게는 '상징적인 것 혹은 기호적인 것'이 자아 형성을 위한 본질적인 전제 조건인 셈이다. 그렇다면 의식과 무의식의 관계, 즉 그들의 단절과 연속성에 대한 로트만의 생각은 어떠할까? 몹시 예외적으로 프로이트 심리학의 문제를 다루고 있는 논문 「기호체계들의 축약과 전개에 관하여」에서 로트만은 '과연 성적 모티브가 유아의 심리생리학에 그토록 근원적인가'라는 질문을 던지면서, 오이디푸스 콤플렉스는 성적 모티브의 문제가 아니라 "기호적 코드변환перекодировка"의 문제라고 주장한다. 로트만이 보기에, 오이디푸스 콤플렉스는 어린 아이가 복잡한 어른 세계의 의미론적 모델("대문자 알파벳으로 된 텍스트")을 훨씬 단순한 유아 세계의 의미론적 모델("소문자 알파벳으로 된 텍스트")로 '번역'하는 과정에서 발생하는 문제일 뿐이다. 그리고 이 번역의 불가피한 결과가 바로 축약редукция이다.[8] 아무리 초기 단계일지라도 아이의 세계는 고립된 자족적 체계가 아니다. 그것은 어른의 언어 세계와 '나란히' 존재하며, 후자의 지속적인 영향을 받는(즉, 침투를 받는) 세계다. 요컨대, 로트만에게서도 아이의 세계(내부 혹은 무의식의 영역)와 어른의 세계(외부 혹은 의식의 영역)는 질적으로 단절된 별개의 두 영역이 아니라 '상호 번역 가능한' 두 영역으로 나타나고 있는 것이다(당연히 여기서 두 영역 간의 '완벽한' 번역은 절대 불가능하다).

하지만 두 영역 사이에 존재론적 차이가 존재하지 않는다고 해서 그들이 동일하다는 뜻은 아니다. 바흐친과 로트만이 거부하는 것은 두 영역 간의 '구별' 자체가 아니라 질적인 단절을 가정함으로써 한쪽을 초월적인 것으로 만들어버리는 프로이트식의 제스처이다. 만일 두 영역이 일정하게 구별되는 차이를 갖는다면, 당연히 다음과 같은 질문이 제기되어야 한다. 그들은 이 두 영역을 어떤 식으로 구별하는가? 각각의 영역은 어떻게 개념화되며, 그것들을 구별하는 구체적인 '차이'는 무엇인가?

이 글의 목적은 바흐친과 로트만의 저작에서 자아 모델과 관련된 주요 개념들을 찾아내 상호 비교함으로써 위 질문들에 답해보려는 것이다. 주된 관심사는 이 질문들을 통해 두 사상가의 공통점과 차이점을 밝혀보는 것, 나아가 이들의 관점을 자아 혹은 주체에 관한 서구적 접근과 구별지어보는 것이다.

2. 바흐친의 내적 발화: 비공식적 의식과 내적 대화성

어떻게 프로이트와는 다른 방식으로 무의식의 개념을 환기할 것인가? 이 질문은 1920년대의 바흐친/볼로시노프에게 가장 긴요한 과제 중 하나였다. 핵심은 충동, 공포, 경악 등이 발원하는 독립적이고 접근 불가능한 영역이 있다는 생각에 저항하면서, 그 대신 더 풍부하고 변화무쌍하며 다양한 '의식'의 상을 보여주는 일이었다. 바흐친은 훗날 "무의식의 그 어떤 콤플렉스보다 의식이 훨씬 더 경악스럽다"[9]라고 적었다. 바로 이 핵심 과제를 위해 제시된 개념이 '내적 발화'이다. 내적 발화란 무엇인가? 그것은 '우리의 머릿속에서 실행되는 외적 발화'를 말한다.

이 개념은 의식과 무의식의 '기호적' 연결을 표현하는 동시에 프로이트의 무의식을 대신할 대안으로서 대두되었다.

외적 발화와 내적 발화의 관계를 이해하려면, 바흐친/볼로시노프가 제시하는 또 다른 대립 쌍을 파악해야 한다. '공식적 의식 대 비공식적 의식'의 쌍이 그것이다. 공식적 의식이 프로이트의 '검열된' 의식에 해당한다면, 비공식적 의식은 '검열되지 않은' 무의식에 해당한다. 그에 따르면 "일상적житейская 이데올로기"(영어 번역으로는 "행위behavior 이데올로기")라는 거대한 영역이 존재하는데, 이는 우리가 일반적으로 이데올로기라고 부르는 것에 비해 "한층 민감하고, 반응하기 쉽고, 신경질적이고, 가변적이다."[10] 거기엔 기호적으로 명료하게 의식화된 '공식적 의식'의 층위와 그렇지 않은 '비공식적 의식'의 층위가 공존한다. 그런데 전자, 즉 일상의 이데올로기의 공식적 의식의 층위에서는 "내적 발화가 쉽게 질서화되고 자유롭게 외적 발화로 변화하며, 어떤 경우에도 외적 발화가 되는 것을 두려워하지 않는" 반면에 후자, 즉 비공식적 의식 층위에서는 "내적 발화의 동기들이 형태를 갖춰 선명하고 견고해지기 힘들어져서 결국 외적 발화로 변하기 어려워지고 [……] 점차로 시들고 언어적 풍부함을 잃기 시작해 심리psyche 내의 '이물질'로 변해간다."[11] 한마디로 전자가 손쉽게 외적 표현성을 얻는 반면에, 후자는 대개 그렇게 되지 못한 채 잦아들어버린다. 하지만 예외적인 경우도 가능하다. 공식적 의식(이데올로기)과 대립했던 동기들이 불명료한 내적 발화로 퇴화해 없어지는 대신에 전자와의 투쟁에 돌입하는 경우도 있을 수 있다. 바흐친이 "정치적 지하활동"[12]이라는 흥미로운 메타포로 지칭하는 이 투쟁의 결과로 공식적 이데올로기 체계 자체가 파괴될 수도 있다. 비공식적 의식의 공식화는 '응답을 향한 기대,' 곧 헤게모니의 획득에 달려 있다. 요컨대, 프로이트에게서 의식과 무의식이 투쟁을 벌이고 있듯이, 바흐친에게서는 공식적 의식과 비공식적 의식이 서로 투쟁하고 있는 것이다.

의식을 이데올로기로, 의식과 무의식 간의 대립을 공식적 이데올로기 대 비공식적 이데올로기의 헤게모니 투쟁으로 파악하는 이런 입장이 언뜻 거친 '사회학주의'로 보일 수 있는 것은 사실이다. 하지만 이미 이 지점에서 '자아'를 이해하는 바흐친의 전형적인 관점이 드러나고 있는바, 우리는 이로부터 최소 두 가지의 중대한 통찰을 끌어낼 수 있다.

첫째, 심리적 삶을 이루는 내적 발화는 단성이 아닌 다성, 즉 '독백'이 아닌 '대화'의 과정이라는 점이다. 비공식적 의식 층위에서의 내적 발화에 관한 앞선 설명에서 알 수 있듯이, 내적 발화의 과정은 '외적인 말'이 어떻게 나의 말의 맥락 속으로 '이미 언제나' 침투해 들어와 있는지를 보여주는 단적인 사례에 해당한다.[13] 모슨/에머슨G. S. Morson/C. Emerson의 재미있는 비유를 따르자면, 내적 발화는 "기호학적 메커니즘이 아니라 톨스토이의 전쟁터를 더욱 닮아 있는 어떤 것"[14]이다. 바흐친이 상상한 자아는 서로 다른 목소리들이 대담을 나누고 때로는 서로 다투기도 하는 복잡하고 다채로운 공간이다. "자아는 내부에 있는 특정한 목소리가 아니라 그 안에 있는 수많은 목소리를 조합하는 특정한 방식"[15]인 것이다.

한편, 두번째 통찰은 내부와 외부의 이런 끊임없는 교차와 상호작용이 나의 내적인 말에 실제로 깊은 '흔적'을 남긴다는 사실이다. 외적인 말들을 대하는 나의 방식, 즉 그것에 '응답'하는 나의 (가치론적인) 태도가 내가 생각하고 말하는 바의 '내용'과 '스타일'을 형성한다. 다른 곳에서 바흐친은 이를 정치적인 비유로서 설명한 바 있다.

스타일은 그 바깥으로 뻗어나가는 지표들을, 말하자면 자신의 요소들과 낯선 문맥의 요소들 간의 상응을 내부에 유기적으로 포함하고 있다. 스타일의 내부 정치(요소들이 정돈되는 방식)는 외부 정치(다른 사람의 말과 맺는 관계)에 따라 규정된다. 말(담론)은 자신의 문맥과 또 다른 낯선 문맥의 경계 지점에 살고 있는 것이다.[16]

발화의 통사, 즉 '내부 정치'는 '외부 정치,' 곧 대화성dialogicality에 의해 형성된다. 그런데 여기서 핵심이 되는 것은 내적 발화의 구체적인 실현 형태이다. 대화적 상호작용의 흔적은 실제로 어떻게 드러나는가? 다시 말해 내적 발화의 구체적인 실현 형태는 무엇인가?

이와 관련해 쉽게 예측할 수 있는 것은 내적 발화가 외적 언어에 비해 '명료하지 않다'는 것이다. 앞서 지적했듯이, 내적 발화는 언어적 면모를 잃기 때문에 형태의 명확함과 견고함을 얻기 어렵다. 바흐친/볼로시노프에 따르면, "외적인 언어 형태를 분석하기 위하여 언어학이 만든 모든 범주들(어휘론적, 문법적, 음성학적 범주)은 내적 발화의 분석에 적용될 수 없음이 처음부터 명백해진다. 만일 적용되려면 이 범주들이 근본적이고 철저하게 바뀌어질 때에만 가능하다."[17] 문제는 바흐친이 여기서 내적 발화의 형태를 분석하기 위한, 외적 언어의 분석 범주와 차별화되는 또 다른 범주를 명확히 제시하지 않는다는 점이다. 다만 그가 지적하는 것은 내적 발화의 단위들, "곧 이러한 발화의 총체적인 인상들тотальные импрессии은 문법이나 논리학의 법칙이 아니라 [⋯⋯] 가치평가적인(정서적인) 대응 법칙이나 대화의 전개에 의해 결합되고 교환된다"[18]는 것 정도이다.[19]

내적 발화의 실현 형태들을 해명하는 데 보다 실질적인 도움을 주는 것은 또다시 비고츠키의 견해이다. 비고츠키는 내적 발화와 외적 발화 사이의 가장 명백한 구조적 차이가 '통사론syntax'에 있다고 주장한다.[20] 내적 발화에서는 맥락이 당연한 것으로 전제되는 까닭에 종종 주어가 누락되고 오직 술어만 나타나는 경우가 많다. 이런 종류의 생략abbreviation과 압축condensation은 공유된 지식과 맥락을 특화할 필요가 없는 내적 발화에서 광범위하게 확산되어 있다. 당연히 의미로 충만해 있는 "내적 발화를 공개적인 외적 발화로 펼쳐 놓으려면, 수많은 말들이 필요하게 될 것이다."[21] 한마디로 내적 발화에서 말은 훨씬 더 '경제적으로' 조직화된다고 말할 수 있다. 친근한 환경 속에 있기에 그것은 '최소한의' 언어화만을 요구하게 되는 것이다.

그런데 생략과 압축이라는 이런 통사론적 특징에서 자연스럽게 떠올리게 되는 것은 무엇인가? 그건 바로 무의식에 관한 로트만의 앞선 지적이다. 로트만이 말하는 번역의 과정, 즉 성인의 언어 세계(대문자 텍스트)가 유아의 언어 세계(소문자 텍스트)로 진입해 변형되는 과정이 수반하게 되는 불가피한 결과는 다름 아닌 '축약'이었다. 그렇다면 우리는 로트만의 사유 속에서 바흐친의 내적 발화에 대응될 수 있는 이론적 개념을 발견할 수 있을까? 이론적 입장의 명백한 차이에도 불구하고 우리는 로트만에게서 지극히 흥미로운 '대응'의 지점을 발견할 수 있다. 로트만 기호학의 가장 독창적이고 창조적인 개념 중 하나인 자기커뮤니케이션이 바로 그것이다.

3. 로트만의 자기커뮤니케이션: 인격의 재구성과 통사론적 축약

자기커뮤니케이션이란 '내가 이미 알고 있는' 정보를 나 자신에게 다시 보내는 경우를 말한다. 내가 다른 사람에게 정보를 전송하는 일반적인 커뮤니케이션("나-그/녀 커뮤니케이션")과 구별하여 로트만은 이런 경우를 "나-나 커뮤니케이션"이라고 부른다. 그에 따르면 문화체계는 이 두 가지 커뮤니케이션의 모델에 기초한다.

인간 커뮤니케이션 체계는 두 가지 방식으로 구축될 수 있다. 첫번째 경우는 한 사람에서 다른 사람으로 전달되는 기지旣知의 정보를 다루는 반면, 〔……〕 두번째 경우는 정보의 증대, 변형, 다른 범주들 속에서의 재정식화를 다룬다. 〔……〕 이때 정보의 발신자와 수신자는 한 사람 안에 공존한다.[22]

로트만은 이제껏 거의 주목된 바 없는 후자의 경우가 외견상의 역설에도 불구하고 "드문 경우가 절대 아니며, 문화의 일반적 체계 내에서 매우 중대한 역할을 수행하고 있다"[23]고 주장한다. 내가 이미 알고 있는 정보를 나 자신에게 다시 전달하는 경우로 가장 쉽게 떠올릴 수 있는 것으로는 물론 '기억을 위한 메모' 같은 것이 있다. 가령, 중요한 일정이나 계획을 미리 달력이나 수첩에 적어놓는 경우를 생각해보자. 이때의 나는 (미래의) 나에게 내가 이미 알고 있는 특정한 정보를 전달하고 있다. 그러니까 원칙상 '기억술적mnemonic 기능'을 수행하는 모든 커뮤니케이션은 자기커뮤니케이션으로 볼 수 있다.[24]

하지만 로트만이 관심을 두고 있는 것은 이와는 다른 경우들이다. 그의 관심은 나에서 나로의 정보 전이가 '시간적' 이동과 관련을 맺고 있지 않은 경우, 말하자면 그것이 '기억'의 기능 이외의 다른 문화적 기능을 수행하고 있는 경우들을 향해 있다. 예를 들면, 어떤 일을 기억하기 위해서가 아니라 단지 자신의 내적 상태를 좀더 명료하게 만들기 위해 (즉, 생각에 집중하기 위해) 종이 위에 반복적으로 무엇인가를 끼적이는 경우를 떠올려보자. 이때의 나는 새로운 정보를 첨가하기보다는 이미 알고 있는 어떤 것을 다시 곱씹고 있을 뿐이다.

쉽게 짐작할 수 있듯이, 로트만의 이 개념은 '반복과 차이'라는 일반적 차원의 문제를 겨냥하고 있다. 이를테면, 그것은 민담류의 예술적 체계를 특징짓는 '반복의 역설'과 관련된다. 주지하다시피, 민간설화는 늘 일정한 패턴을 갖고 있다. 가령, "옛날 옛적에……"로 시작하는 이야기엔 반드시 세 명의 인물(아니면 동물)이 등장하며 그들에겐 늘 세 번의 시련이 닥쳐온다. 또 매번 인물이 등장할 때마다 그를 '수식하는 어구epithet'가 따라붙는가 하면, 심지어 두세 문장이 통째로 반복되는 경우도 있다. 흥미로운 것은 이런 상투적인 반복이 민담을 즐기는 데 별다른 방해가 되지 않는다는 점이다. 사실 대부분의 민담이 충분히 예측할 수 있는 패턴을 따라 진행되는 탓에, 어찌 보면 줄거리 자체는 그다지 중요하지 않을 수도 있다. 말하자면 그건 기대를 뒤집는 기발한 '반전' 따위로 승부하는 자리가 아니다. 심지어 줄거리를 이미 다 알고 있는 경우에도 여전히 그 이야기는 즐길 만한 것이 된다. 이런 역설은 어떻게 가능한가?

이 문제는 당연히 연관된 두번째 질문을 낳는다. 내가 이미 알고 있는 정보를 나 자신에게 다시 전달하는 경우, 그러니까 순전한 '반복'에 해당하는 예술적 커뮤니케이션은 어째서 단순한 '잉여'가 되지 않는가?

예술적 반복은 어째서 '반복'에 그치지 않는 '차이'를 낳게 되는가? 로트만의 표현을 따르자면, "나-나 체계를 통해 전달되는 메시지가 온전히 잉여적이지 않을뿐더러 심지어는 어떤 새로운 부가 정보를 얻게 되는 이런 기이한 현상은 도대체 어떻게 일어나게 되는가?"[25] 앞서 바흐친이 내적 발화의 개념을 통해서 '독백'처럼 보이는 것이 어째서 독백이 아닌 복잡한 '대화'인지를 보여주고자 했다면, 로트만은 여기서 잉여적인 '반복'처럼 보이는 것이 어째서 반복이 아닌 '창조'에 해당하는지를 논증하고 있다.

그렇다면 자기커뮤니케이션과 관련해 로트만이 들고 있는 예로는 어떤 것들이 있을까? 문학연구가답게 로트만은 시 텍스트에서 그 예를 찾고 있다. 러시아 시인 추체프F. I. Tjutchev의 시 「바다에서의 꿈」을 분석하면서 그는 이 텍스트가 내적으로 두 가지 요소로 분명하게 구분될 수 있음에 주목한다. 시에서 묘사되는 시인의 "소리 없는 꿈"의 세계(명상의 영역)는 (약약강격으로 도드라지게 표현되는) "폭풍우의 소음"에 의해 반복적으로 침투되고 있다. 규칙적으로 반복되는 소리(폭풍우, 바다)가 리드미컬한 배경을 이루고, 그것을 배경으로 하여 시인의 명상이 이루어지고 있는 것이다. 두번째 사례는 푸시킨의 소설 『예브게니 오네긴』의 한 장면인데, 남자 주인공 오네긴이 활활 타는 벽난로 앞에 앉아 책을 보면서 무언가를 중얼거리고 있는 모습을 묘사한 부분이다. 여기서도 마찬가지로 로트만은 오네긴의 상념의 배경을 이루고 있는 세 가지 요소, 즉 규칙적으로 불꽃을 탁탁거리는 벽난로와 기계적인 책 읽기, 그리고 무의식적인 중얼거림을 지목한다. 그에 따르면, "이 세 가지의 리드미컬한 시리즈들은 그(오네긴)의 생각과 어떤 직접적인 의미론적 연관도 맺고 있지 않다. 하지만 그는 자신의 "마음의 눈"으로 "다른 행들"을 읽기 위해 이들 리듬을 필요로 한다. 외부적인 리듬의 침입이 내적인 독백을 조직하고 자극하는 것이다."[26]

한편, 규칙적 질서를 지닌 외부적 리듬이 내적 명상을 자극하는 이런 경우를 좀더 조직적이고 문화적인 차원에서 실행한다면 어떻게 될까? 예컨대, '돌 정원' 앞에서 명상하고 있는 일본의 승려를 떠올려보자. 이 공원은 작은 돌 더미를 정교하게 쌓아올린 소규모 정원이다. 정교한 패턴을 감상하는 것은 (마치 종위 위의 반복적인 끼적임이 그런 것처럼) 반드시 내적 명상을 위한 어떤 분위기를 창출하게 될 것이다(염주를 이용한 반복적인 손동작 역시 마찬가지이다). 어째서 성당이나 사찰의 장식적 무늬가 유독 '반복적인 패턴'을 추구하는지를 생각해보면 쉽게 납득할 수 있다.

여기서 무엇보다 중요한 것은 내적 명상을 위한 기제로서 돌 더미가 행하는 기능이다. 의미론적 내용을 지니지 않은 돌 더미는 자기커뮤니케이션의 주체 내부에서 내적 명상을 촉발하는 '자극제'의 역할을 하고 있다. 앞서 제시한 모든 예들이 공유하는 공통점은 명백한 통사론적 원칙에 따라 구축된 어떤 '리드미컬한' 계열이다. 도형이나 글자의 반복적인 끼적임으로부터 정교한 수학적 리듬에 따라 쌓아올린 자갈 더미, 일정한 패턴이 느껴지는 사찰의 장식에 이르기까지, "유사-리듬적 형태"로의 지향성은 확연하게 드러나는 공통 자질이다. 바로 이런 유사-리듬적 형태를 띠는 "외적 코드의 개입"을 통해 자기커뮤니케이션이 작동하게 되는 것이다.

그렇다면 자기커뮤니케이션을 통해 궁극적으로 얻게 되는 효과는 무엇일까? 로트만에 따르면, 메시지 내부에서 통사론적 관계들의 증가는 일차적인 의미론적 관계들을 흡수해버리는바, 인식의 일정 단계에서 텍스트는 마치 복잡한 비의미론적asemantic 전언처럼 행동할 수 있다. 그런데 "고도의 통사론적 조직화를 지니는 이런 비의미론적 텍스트는 우리의 연상들의 조직자organizer가 되려는 경향이 있다. 즉, 그것들에 연상적 의미가 부과되는 것이다."[27] 우리가 벽지의 무늬나 추상 음악을 들을 때처럼, 통사론적 조직화가 강조되면 될수록 우리의 의미론적 연결들은 점점 더 자유롭게 연상적인 것이 된다. 결국

> 나-나 텍스트는 개인적인 의미를 구축하려는 경향, 즉 개인적인 의식 속에 축적되어 있는 무질서한 연상들을 조직화하려는 경향을 띠는바, 그것은 자기커뮤니케이션에 참여하는 개인성personality을 재조직하는 reorganize 것이다.[28]

자기커뮤니케이션이 그 본질상 커뮤니케이션 '주체'(의 인격)의 변화와 관련된다는 이 주장은 특별한 주목을 요한다. 이 주장에서 분명해지는바, 반복 속의 차이는 다름 아닌 주체(자아)에 걸려 있다. 이는 한편으로 로트만 사유 전반에서 특별하고 예외적인 위상을 차지하는 언급이면서,[29] 동시에 이 개념을 바흐친의 사유와 연결시키는 고리가 된다.

우리의 논의와 관련해 무엇보다 흥미로운 지점은 로트만 스스로가 이 개념을 비고츠키의 이른바 '자기지향적 발화'에 대응시키는 대목이다(말하자면 여기서 비고츠키는 바흐친과 로트만을 연결하는 공약수가 된다). 그는 내적 발화를 외적 발화로부터 구별하는 본질적인 차이가 "음성의 부재"가 아니라 둘 사이의 "기능적이고 구조적인 차별성"에 있다는 비고츠키의 가설을 인용하면서, 자기커뮤니케이션의 몇 가지 특징

을 기술한다. 이 대목은 로트만의 자기커뮤니케이션 개념을 바흐친의 내적 발화 개념과 비교할 수 있게 하는 결정적인 근거가 되지만, 나아가 일찍이 바흐친이 제기했던 질문, 즉 '내적 발화의 형식적 특성은 무엇인가'라는 물음에 대한 나름의 답변을 보여주고 있다는 점에서 대단히 의미심장하다.

로트만은 나-나 커뮤니케이션의 형식적 특성으로 다음의 두 가지를 들고 있다. 첫번째는 "말을 축약하려는 경향"이다.[30] 이들은 단어들의 기호, 기호들의 지표가 되려는 경향을 보여준다. 그리고 이런 경향하에서 대개 그것들은 특별한 종류의 '압축형(약어)'으로서 실현된다. 그와 같은 압축형이 전달되는 메시지의 내용을 이미 알고 있을 때에만 해독이 가능한 일종의 '지표적' 암호의 성격을 띠게 되리라는 점은 쉽게 예측할 수 있다. 말하자면 그것의 원칙은 "알아볼 수 있는 사람만 알아보게 하라"인 것이다. 이에 관한 흥미로운 사례가 바로 톨스토이의 소설 『안나 카레니나』의 유명한 사랑 고백 장면이다. 남자 주인공 레빈은 문장을 이루는 단어들의 앞 글자만을 사용해 사랑을 고백하는데, 여주인공 키티는 단박에 그것을 알아차린다. 이 에피소드가 상징하는 바는 명백하다. 그것은 키티와 레빈이 이미 정서적으로 하나의 존재가 되었다는 것, 사실상 자기커뮤니케이션의 상태에 이르렀다는 것이다.[31]

자기커뮤니케이션 체계의 두번째 특징은 이와 같은 축약의 결과 형성된 지표-단어들이 '유사-리드미컬한 형태'로의 지향을 보여준다는 점이다. 당연히 이런 구문론적 특성은 발화를 완결된 문장이 아닌 '리드미컬한 반복'의 연쇄로 만든다. 로트만이 직접 들고 있는 실례들을 살펴보면 이런 특징은 더욱 명백하게 다가온다. 로트만은 푸시킨의 시 「네 고향의 푸른 하늘 아래」의 초고 텍스트 하단부에 적힌 유명한 다음의 메모를 예로 든다.

Usl. o sm, 25

U o s. R. P. M. K. B : 24

이것은 'Uslyshal o smerti Rinznich 25 iyulya 1826 g.' 'Uslyshal o smerti Ryleeva, Pestelya, Murav'eva, Kakhovskogo, Bestuzheva 24 iyulya 1826 g'로 해독된다. 즉, '1826년 7월 25일 리즈니츠의 죽음에 관해 들었다,' 그리고 '1826년 7월 24일 릴레예프, 페스텔랴, 무라비요바, 카홉스코보, 베스투제프의 죽음에 관해 들었다'는 뜻이다. 이 기록은 '기억'의 기능과 더불어 일종의 암호 표기법에 해당한다(이 경우 암호를 공유하는 구성원들은 한 명의 '나'로 간주된다). 그런데 이 텍스트에는 분명히 '무의식적'이었을 하나의 행위가 존재하며, 이는 기억의 기능이나 노트가 지니는 암호적 성격으로는 설명되지 않는다. 첫번째 줄에서 단어는 몇 개의 글자들의 '그룹'으로 축약되어 있는 반면, 두번째 줄에서는 단어들이 '한 글자'로 축약되어 있다. 즉, 지표가 '길이에 있어서의 동일성,' 즉 리듬을 지향하고 있는 것이다. 심지어 첫 줄에서 Usl과 o sm의 두 그룹은 s를 가운데 두고 리듬적 조직화와 함께 음성적 조직화까지 드러내고 있는 것이다.[32]

축약과 압축, 리듬적 지향이라는 자기커뮤니케이션의 이러한 형식적 특징을 보고 우리는 내적 발화에 관한 바흐친의 앞선 사유를 떠올리지 않을 수 없다. 로트만의 설명은 내적 발화에 관한 바흐친의 설명을 따르면서, 그것을 더욱더 명시적인 형태로 제시하고 있다. 어떤 점에서 로트만은 여기서 1920년대의 바흐친/볼로시노프, 그리고 비고츠키가 가설적 명제로 남겨두었던 명제를 구체적으로 증명하고 있는 것처럼 보인다. 로트만의 설명은 내적 발화에 관한 바흐친(형태론적 '불명료함')과 비고츠키(통사론적 '압축 및 생략')의 그것에 비해 한층 더 명료할 뿐만 아니라 인간 의식과 발화의 이 '두번째 차원'이 갖는 커다란 문화적 의미와 위상 또한 겨냥하고 있다.[33)]

하지만 주체 혹은 자아의 모델을 둘러싼 두 사상가의 이와 같은 흥미로운 수렴 현상을 근거로 둘 간의 사유의 동일성을 주장한다면, 그건 매우 성급한 일이 될 것이다. 두 사상가의 눈에 띄는 근접의 지점, 이 '수렴점'은 다른 한편으로는 각자의 고유한 특수성을 나타내는 지점이기도 하다는 사실을 강조할 필요가 있다. 다르게 말해, 내적 발화와 자기커뮤니케이션이라는 두 개념은 두 사상가의 이론 체계에서 결코 주변적 위상에 머물지 않는다. 그것들은 이론적 사유 전체의 핵심적 계기를 이루는 중대한 고리인바, 이 개념들이 향후에 어떻게 변모되고 확장되어가는지를 살펴보게 되면, 자연스럽게 바흐친과 로트만 사유의 고유한 단독성 역시 드러나게 된다는 뜻이다. 그렇다면 두 개념은 각자의 이론 체계 속에서 어떻게 변모, 확장되고 있을까?

4. 바흐친과 로트만: 자기를 초과하는 인격 대 자기조직화하는 체계

앞서 살펴보았듯이, 바흐친의 내적 발화 개념의 핵심은 말의 '내적 대화성'을 이해하는 데 있다. 이른바 '바깥의 말들,' 그러니까 수많은 관점과 접근법, 방향 및 가치 들로 채색된 외부의 말들이 나의 '내부의 말'

속에서 서로 만나고 다투며 경쟁하는 복잡하고 다채로운 과정을 이해하는 게 핵심이다. 바흐친에게 이런 '톨스토이적인 전쟁터'는 그 자체로 개인의 '심리적 삶'의 내용을 이룰 뿐 아니라 '인격'을 형성하는 근본 토대를 형성한다. 바흐친 사상의 비교적 초창기에 나타난 이 개념이 이후 어떻게 발전해갔는지의 문제는 상세한 분석을 요하는 사항이다. 하지만 확실하게 말할 수 있는 한 가지는 그것이 '소설'이라는 결정적 모델을 만나면서 몹시 새롭고 풍부한 통찰들을 내놓게 되었다는 사실이다.

내적 발화의 개념이 함축하는 (말의) 내적 대화성이 가장 명확하고 설득력 있는 방식으로 드러나는 곳은 다름 아닌 소설이다. 말들이 상호 작용하고 매개되고 결합되고 혼종되는 복잡한 과정을 일컫는 '대화'는 그것이 자아의 개념에 본질적인 것만큼이나 소설에도 본질적임이 판명된다. 그러니까 도스토옙스키의 소설은 소위 '다성악적 이념'이 구현된 실례일 뿐만 아니라 '심리학적 탐구'를 위한 최고의 형식이 된다. 끊임없이 '말을 하는' 도스토옙스키의 인물들에게, 말의 현상학이란 곧 심리의 해부학과 다르지 않다. 요컨대 바흐친의 경우, "소설은 자아와 마찬가지로 세계의 특별한 의미를 조직하고 있는 다양한 목소리와 발화 방법들 간의 고도로 복잡한 조합이자 대화"[34]인 것이다. 바로 그런 의미에서, 초기의 내적 발화 개념으로부터 바흐친이 이끌어낸 새 모델을 '소설적 자아'라고 부르는 것은 타당해 보인다.

그런데 여기서 다시 생각해보아야 할 것은 일종의 원형적 사유로서 내적 발화 개념이 지니는 잠재성이다. 즉, 다음과 같은 질문이 가능하다. 소설적 자아를 향한 길이 과연 내적 발화의 유일한 가능성이었을까? 이 물음이 염두에 두고 있는 것은 소설적 자아를 향한 길과 구별되는 또 다른 방향의 발전 가능성이다. 가령, 내적 발화의 잠재성이 '예술적 모델'이 아니라 '세계 모델' 자체를 향하게 된다면 어떻게 될까? 내적 발화의 개념에 내포된 '사회적인 것'의 위상이 세계 모델 자체를 지향하게 될 때, 우리는 '소설적' 세계 대신에 '카니발'의 세계를 만나게 된다. 카니발의 세계, 모든 공식적이고 권위적인 것들이 위협받고 허물어지는 바로 그 세계에서, 이른바 '비공식적 의식'으로서의 내적 발화는 자신의 잠재적 역량(바흐친의 흥미로운 비유에 따르면, "정치적 지하활동")을 온전히 실현한다. 억압된 비공식적 의식이 개인 내부에서 퇴화되는 대신에 거대한 '사회적 몸'의 에너지로 전화될 때, 그것은 현존하는 세계 자체를 뒤엎을 수도 있는 거대한 카니발의 전복적 역량으로 가동되는 것이다.

그렇다면 자연스럽게 다음과 같은 물음이 제기된다. 바흐친의 궁극적인 지향은 이 두 가지 방향 중 어느 쪽이었을까? 이 질문에 단순하게 대답하기는 물론 어렵겠지만, 최소한 바흐친의 마지막 글들(사후에 출판된 미완성 메모들)은 생의 마지막 순간에 그가 최초의 문제의식으로 되돌아왔음을 확인해준다. 최초의 문제의식이란 "나는 나라는 말로써 무엇을 이해하는가"라는 질문, 곧 '나 자신의 형상과 사유의 문제'이다.[35] 그가 "철학적 인류학"[36]이라 명명한 이 문제, 생의 마지막 순간까지 그를 지배했던 본질적인 과제는 일찍이 1920년대에 심리학의 맥락에서 그가 제기했던 내적 발화의 문제의식과 다르지 않았다. "심리 혹은 인격이란 결코 절대적인 실체가 아니라 경계라는 것,"[37] 인간은 결코 자기 자신과 일치하는 법이 없으며, 그러므로 결코 "종결될 수 없다"는 통찰이 그것이다. 한마디로 "자기 자신을 초과하는 인격"의 문제, 바로 그것이 바흐친 사상의 정수이자 최후까지 남겨진 사유인 것이다.

한편, 바흐친의 이런 행보를 놓고 볼 때, 로트만의 자기커뮤니케이션 개념은 지극히 흥미로운 비교의 지점들을 제공한다. 무엇보다 먼저 눈에 띄는 것은 로트만이 이 개념을 '예술적 모델,' 특히 '장르'와 연결시키는 대목이다. 로트만의 단언에 따르면, "지금까지 기술해온 〔자기커뮤니케이션의〕 메커니즘이 시적詩的 창조물의 본령에 놓인 과정들에 대한 설명에도 해당된다는 점은 명백하다."[38] 자기커뮤니케이션은 본질상 '시적 원칙'과 연관되는바, 로트만은 텍스트가 나-나 커뮤니케이션과 나-그/녀 커뮤니케이션의 양극단 중 어느 쪽에 더 가까우냐에 따라서 시 혹은 산문으로 인식될 수 있다고 주장한다(즉, 나-나에 가까우면 시로, 나-그/녀에 가까우면 산문으로). 이렇듯 바흐친과 로트만의 차별적 지향은 장르의 선호도에서 고스란히 드러난다. 바흐친에게 모든 독백을 대화로 바꿔놓는 것이 소설의 세계라면, 로트만에게 모든 반복을 창조로 변모시키는 것은 시적 원칙인 것이다.[39]

그러나 로트만의 차별화된 이론적 입지를 무엇보다 잘 보여주는 대목은 어쩌면 따로 있다. 자기커뮤니케이션을 커뮤니케이션 주체의 '인격의 재구성'과 연결시켰던 로트만이 이제 그것을 '문화'라는 거대 체계 자체의 구성 및 작동 원리로 격상시키는 대목이 그것이다.

예술 텍스트의 구성 법칙은 넓게 보아 문화의 구성 법칙 자체이다. 따라서 문화 자체는 다양한 발신자에 의해 전송된 메시지의 총합이자 인류라는 거대한 자아(나)에 의해 그 자신에게로 발송된 하나의 거대한 메시지로 간주될 수 있다. 이런 관점에서 인류 문화는 자기커뮤니케이션의 거대한 예증인 것이다.[40]

전체로서의 문화를 하나의 거대한 자기커뮤니케이션 체계로 간주하는 이 대목이 어째서 의미심장한가? 그 이유는 앞선 바흐친의 경우에서와 마찬가지로 이후 로트만의 사유가 정확하게 이 지점에서 암시된 방향을 따라 진행되어갔기 때문이다. 1980년대 이후 로트만은 그 자신이 곧 "주체이자 대상이 되는" 독특한 체계, 즉 "자기조직화하는 체계self-orgarnizing"의 모델을 향해 나아갔다. 기호계 개념의 가장 중요한 특징은 그것이 복수의 언어들 간의 상호작용의 결과이자 동시에 그것을 위한 조건이 된다는 점,[41] 다시 말해 자기지시적self-referential 성격을 갖는다는 점에 있다. "어떻게 기호계는 문화를 창조하는 공간이면서 동시에 문화적 공간 자체가 될 수 있는가? 어떻게 언어가 문화로 정의되는 한편 언어에 문화가 선행할 수 있는가? 이 지점에서 부딪히게 되는 역설은 반드시 자기모순에 해당하지는 않는데, 왜냐하면 그것은 자기지시 체계에 관한 이론들에서 이미 잘 알려져 있는 경우에 해당하기 때문이다. 윈프리드 노스W. Nöth가 주장하듯이, 기호계에 관한 로트만의 묘사는 결국 자기지시적 체계에 대한 묘사에 다름 아니다."[42]

주지하다시피, 문화의 복수언어주의에 관한 심도 깊은 고찰 이후, 생의 말년에 이를수록 로트만은 점점 더 강하게 역사기호학의 문제에 사로잡혔다. 그것은 체계로서의 역사가 일련의 파국적 국면을 거치면서 "스스로를 갱신하는" 과정, 움베르토 마투라나H. Maturana의 표현을 빌리자면 "자기 생성의 과정autopoiesis"에 관한 문제였다. 물리학자 프리고진I. Prigogine의 이론에 기댄 이 마지막 사유는, 잘 알려진 것처럼 '폭발의 이론'으로 정식화된 바 있다. 로트만 사유의 진화 과정 전체에서 폭발 개념의 도입이 갖는 중대한 의미를 접어두고,[43] 일단 여기서 확실하게 말할 수 있는 한 가지는 다음과 같다. 역사의 비가역적 전개 과정과 그 안에서 발생하는 '예측 불가능한' 우연적 사건성에 주목하는 이 성찰의 배후에는 하나의 근본적인 물음이 놓여 있다. '체계는 어떻게 해서 잉여성과 동어 반복을 극복하고 새롭게 갱신되는가'라는 물음이 그것이다. 그리고 우리는 이 결정적 물음에 대한 최초의 답변이 이미 자기 커뮤니케이션에 관한 로트만의 앞선 사유, 바로 거기서부터 시작되었다고 말할 수밖에 없다.

5. 자아에 관한 러시아적 모델

로트만이 생의 마지막 시기에 보여준 통합 과학적 지향은 매우 인상적이다. 폭발의 개념을 중심으로 한 그의 역사이론은 원칙상 문화사와 자연사를 포괄하는 일반과학의 성격을 띠고 있다. 프리고진으로부터의 영향을 언급하며 그는 이렇게 썼다.

> 필자는 1986년에 나에게 깊은 인상을 준 일리야 프리고진의 저작과 만났다. 프리고진의 사유는 우연적 요소들의 역할에 대한 우리의 관념을 확장시켜주었을 뿐 아니라 자연과학과 인문학의 상호 침투를 위한 실제적 기반을 마련해주었다. 왜냐하면 시간의 비가역성을 연구하면서, 그것들은 역사에 관한 보편적 모델의 기반을 닦았기 때문이다.[44]

로트만의 이런 입장은 말년의 바흐친이 보여준 인문학의 학제적 고유성에 대한 확고한 주장과 비교할 때 한층 더 흥미롭다. 바흐친은 그의 마지막 에세이들에서, 그가 초창기에 화두로 삼았던 '체계'와 '단독성'의 이분법을 '자연(정밀)과학'과 '인문(과)학' 사이의 구별로 재설정했다. 형식적 정의와 반복적 실증 가능성을 특징으로 하는 자연과학의 목표가 '정밀함(정확함)'이라면, 원칙상 '둘 이상의 주체'가 관여하는 인격화된 대상을 다루는 인문학의 목표는 '깊이'이다. 자연과학과 인문학은 "사물화의 과정과 인격화의 과정"[45]으로서 분명하게 구분된다.

하지만 이런 최종적인 입장 차를 낳은 애초의 출발점이 모종의 동일성을 지니고 있었다는 사실 역시 잊어서는 안 될 것이다. 이런 차이를 낳은 공통점, 둘 사이의 거리를 포괄하는 동일성은 무엇인가? 이른바 '자기충족적 자아'라는 관념에 대한 거부, '영혼의 선장'이라는 서구식 개인 모델에 대한 분명한 반대이다. 20세기 러시아의 인문학적 사유를 대표하는 두 사상가의 이런 공통점을 '러시아적 관점'의 특징이라 부를 수 있을까? 만일 그럴 수 있다면, '서구식 관점'과 구별되는 러시아적 관점의 본질적인 특징을 어떻게 규정할 수 있을까?

아마도 이 질문에 답하기 위한 가장 용이한 방식은 이런 러시아적 태도를, 자기충족적 자아(주체) 모델에 대한 서구 내부의 비판, 즉 서구 자신의 '자기비판'과 비교해보는 일일 것이다. 이를테면, 라캉의 경우가 이를 위한 적당한 사례가 아닐까? 주지하듯이, 언어 혹은 상징계에 대한 라캉의 태도는 본질상 헤겔적인 것이다. '말은 사물의 살해자'라는 것, 인간 존재란 근본적으로 자신의 바깥에 그 뿌리를 가진 존재이며, 어쩔 수 없이 상징계로부터 자양분을 얻는 식물이라는 관점이 그것이다. 그런데 라캉에 따르면 언어의 습득, 즉 상징적 영역 내의 '위치'의 획득은 필연적으로 타자 및 욕망의 대상들과의 '직접적 접촉'의 가능성을 좌절시키고 방해한다. 한마디로 언어(상징계) 속으로 진입한다는 것은 곧 '거세'에 다름 아니다.

여기서 주목할 것은 자기충족적 자아 개념의 탈신비화라는 동일한 의도가 취하는 서로 다른 방향이다. 라캉이 보여주는 서구식 자기비판은 주체를 '텅 빈 자리'로 만드는 데 주력한다. 그것은 주체 자체를 상징화의 실패 지점, 즉 '균열'의 현장으로 그려냄으로써 우리를 그 실패의 '간극'과 직면하게끔 한다. 주체란 돌이킬 수 없이 분열되어 있다는 것, 그것의 근본적인 실존이란 곧 탈존脫存, in-existence과 다르지 않다는 게 라캉이 전하는 전언의 요체이다. 중심의 한가운데, 그 중핵에 자리한 '공백'과 '불가능성'을 노출시키는 전략, 본질상 '자기부정'의 의지를 드러내는 이 전략은 결국 '중심적' 사유의 전형적인 자기비판의 형식에 해당하는 것이 아닐까?

반면, 자기폐쇄적인 부르주아식 자아 모델에 만족할 수 없었던 러시아 이론가들이 취한 방향은 이와 달랐다. 그들의 전략은 그런 '공백'을 고발하는 대신에, 그곳에서 벌어지고 있는 역동적이고 혼성적인, 그리고 복수적이고 자기창조적인 의미작용을 이론적으로 '정당화'하는 데 집중하고 있다. 자아가 자신의 바깥에 '정신적 뿌리'를 두고 있다는 사실은 그들에게는 결점이 아닌 '가능성'이며, 비극이 아닌 '카니발'이다. 바흐친의 '결코 최종화될 수 없는 인격의 잠재성'이나 로트만의 '예측 불가능성을 수반하는 번역 불가능성'이라는 개념은 분명 재현의 논리나 형식적 의미 모델로부터 벗어난 어떤 '다른' 지점을 가리키고 있지만, 그렇다고 해서 그것이 라캉의 '실재the Real'와 같은 것을 의미하는 것은 절대 아니다.

주체(자아)와 체계의 관계 속에서 분열이 아닌 대화를, 공백이 아닌 혼종을 보려는 이런 태도를 과연 어떻게 불러야 할까? 그것은 '중심적'

사유의 전형적인 자기비판 형식(가령, 자기부정의 의지에서 비롯된 '해체'의 경향)과 구별되는 이른바 '주변적 사유'의 특징적 전략으로 보아야 할까? 아니면 혹시 그것은 '주체(성)'의 문제에 대한 러시아적 사유의 이론적 허약함을 보여주는 (또 다른) 증거일 뿐인가? 그러나 이 흥미로운 이 물음은 또 다른 글의 본격적인 주제가 되어야만 할 것이다.

미주

제1부 이론과 문화

1장 책에 따라 살기

1) 밀란 쿤데라, 『소설의 기술』, 권오룡 옮김, 책세상, 1995, 140쪽.

2) Ю. М. Лотман, "Очерк по русской культуре XIII века," Из истории русской культуры, Т. IV, М., 1996, с. 112.

3) Ю. М. Лотман, "О содержании и структуре понятия 'художественная литература'," Избранные статьи, Т. 1, Таллинн, 1992, с. 206.

4) С. Ю. Бойм, Общие места—Мифология повседневной жизни, М., 2002, с. 125.

5) 제부슈킨이 편지 상대자인 바르바라에게 최종적인 이별 통보를 받고 슬퍼하는 대목을 보라. "아아, 사랑하는 바르바라, 안 됩니다. 이것이 마지막 편지가 되지 않도록 해주십시오. 이 편지가 마지막이라니, 그런 말이 어디 있습니까? **게다가 내 문장도 틀이 잡혀가고 있지 않습니까?** 아아, 아니에요. 문장 따위가 무슨 상관이 있겠습니까? 단지 당신에게 몇 줄이라도 더 쓰고 싶을 뿐입니다. 아아, 나의 귀여운 바르바라, 나의 그리운 바르바라, 나의 사랑하는 바르바라!" 이 소설에서 가장 안타까운 점 중 하나는 실제로 그의 문체가 작품의 말미에 이를수록 현저히 좋아지고 있다는 사실이다.

6) Там же, с. 126.

7) B. Gasparov, "Introduction," *The Semiotics of Russian Cultural History*, Ithaca, 1985, p. 13.

8) '갑자기'와 '새로운'은 18세기 러시아 문화를 수식하는 가장 대표적인 두 술어이다. 칸테미르 A. D. Kantemir의 다음 구절은 이를 명백하게 요약한다. "표트르의 영명한 교시를 소중히 하니, 그로써 우리가 갑자기 이미 새로운 민족이 되었기 때문이다." Ю. М. Лотман, "Очерк по русской культуре XIII века," Из истории русской культуры, Т. IV, с. 86.

9) Ю. М. Лотман, "Роль дуальных моделейв динамике русской культуры(совместно с Б. А. Успенским)," История и типология русской культуры, СПб., 2002, сс. 106~16; 번역본: 유리 로트만 외, 「러시아 문화의 역동적 전개에서 이원적 모델의 역할」, 『러시아 기호학의 이해』, 이인영 외 옮김, 민음사, 1993, 44~96쪽. 인용된 서지 중에서 한글 번역본이 있는 경우, 번역본의 쪽수를 병기하되 번역은 부분적으로 수정하였다.

10) Ю. М. Лотман, "Очерк по русской культуре XIII века," Из истории русской культуры, Т. IV, с. 89.

11) Ю. М. Лотман, "Между эмблемой и символом," История и типология русской культуры, с. 365.

12) Ю. М. Лотман, "Очерк по русской культуре XIII века," Из истории русской культуры,

T. IV, c. 89에서 재인용.

13) Там же, cc. 120~21.

14) Там же, c. 110.

15) Там же, c. 111. 이 지점에서 18세기 근대 러시아의 문화 모델은 동시대 서구의 모델뿐 아니라 자신의 과거 모델, 즉 상징적 이념의 영역과 삶의 실제적 영역 간의 명백하고 극명한 구분에 기초하는 중세적 모델로부터도 미묘하게 갈라진다. 중세 문화는 사회의 상층부를 특징짓는 고도의 '상징주의'와 사회의 하층부에게 할당되는 극도의 '실제주의' 간의 명백한 구분에 기초한다. 권력의 최상부(차르)가 일종의 '살아 있는 이콘'으로 표상된다면, 보통의 인간들에게는 '영점의 기호학,' 즉 기호성을 최대한 배제한 삶의 실제적 행위 영역만이 요구되었다. 그렇기 때문에 사회의 하층부에서 삶과 행위의 기호적 측면을 고려하는 행위는 곧 '게으름' '교활함,' 심지어는 '배신'의 증거로 간주된다. Ю. М. Лотман, "'Договор' и 'вручение себя' как архетипические модели культуры," История и типология русской культуры, c. 29.

16) Ю. М. Лотман, "Очерк по русской культуре XIII века," Из истории русской культуры, Т. IV, c. 107.

17) 12월 당원, 즉 데카브리스트Decabrist란 1825년 알렉산드르 1세가 죽은 후 제위 계승 문제로 정계가 혼란해진 틈을 타 12월 14일(러시아어로 12월은 '데카브리'이며, 12월 당원이라는 명칭은 이로부터 유래한 것이다)에 무장봉기를 꾀했던 러시아 최초의 혁명가 그룹을 말한다. 1812년 나폴레옹 전쟁 때 서유럽에 주둔하여 자유주의 사상을 흡수했던 청년 장교들이 주축이 된 이 그룹은 농노제 폐지와 입헌정치 실현을 요구하며 봉기했으나 곧 진압되고 처형 및 유형에 처해졌다. 하지만 이들이 남긴 혁명의 기운은 이후 러시아 혁명뿐 아니라 사회 전반에 지대한 영향을 남기게 된다.

18) Там же, c. 112.

19) Ю. М. Лотман, "Поэтика бытового поведения в русской культуре XVIII века," История и типология русской культуры, c. 233; 번역본: 「18세기 러시아 문화에서 일상 행위의 시학」, 『러시아 기호학의 이해』, 221쪽.

20) Ю. М. Лотман, "Декабрист в повседневной жизни," Избранные статьи, Т. 1, Таллинн, 1992, c. 309; 번역본: 「일상생활 속의 12월 당원」, 『러시아 기호학의 이해』, 316쪽.

21) Ю. М. Лотман, "Поэтика бытового поведения в русской культуре XVIII века," История и типология русской культуры, cc. 250~53; Ю. М. Лотман, "Декабрист в повседневной жизни," Избранные статьи, Т. 1, cc. 311~17. 영국 작가 애디슨의 비극의 주인공 카토는 로마 공화정 말기에 카이사르의 독재에 항거하는 뜻으로 자살한 인물로, 권력의 지배에 맞서 자기 운명의 주인이 될 자유를 상징하는 역사적 모델이 되었다. 실러의 비극에 등장하는 포자 후작은 플랑드르의 자유운동을 대변하는 인물로, 이념을 위해 자발적으로 자신을 희생하는 캐릭터이다. 이상주의자인 그는 목숨을 내걸고 폭군에게 약탈당한 인권의 반환을 요구한다. 마리야 볼콘스카야는 12월 당원의 핵심 멤버였던 세르게이 볼콘스키 공작의 부인으로, 1812년 조국전쟁(나폴레옹 전쟁)의 영웅인 라옙스키 장군의 딸이기도 하다. 남편의 시베리아 유형을 함께 따라 나선 그녀는 혁명가의 아내의 표상이 되었다.

22) Ю. М. Лотман, "Театр и театральность в строе культуры начала XIX века," Об искусстве, СПб., 1998, с. 612.

23) Ю. М. Лотман, Беседы о русской культуре, СПб., 2001, с. 198; 번역본: 『러시아 문화에 관한 담론 1』, 김성일·방일권 옮김, 나남, 2011, 462쪽.

24) 로트만이 제시하는 행위시학의 발전 단계는 다음과 같다. (1) 일상적 행위 영역의 전면적인 기호화 (2) 일상생활 규범의 맥락 내에서의 스타일의 창조 (3) 역할 범주의 진화 (4) 배역에서 플롯으로의 전이. "예술에서 서사 텍스트들을 조직화하는 특정한 범주로서의 플롯의 출현은 아마도 최종적으로는 문학 외적 활동들을 위한 행위 전략을 선택해야 할 필요성에 의해 설명될 수 있을 것이다." Ю. М. Лотман, "Поэтика бытового поведения в русской культуре XVIII века," История и типология русской культуры, с. 246; 번역본: 「18세기 러시아 문화에서 일상 행위의 시학」, 『러시아 기호학의 이해』, 245쪽. 주지하다시피, 로트만은 플롯 개념을 '사건'들의 총체로 정의하며, 이때 사건이란 "금지된 경계의 돌파," 즉 "주어진 세계상의 일정한 법칙의 배경하에서, 그러한 법칙에 대한 의미심장한 '일탈'의 형식"으로 구현된다. Ю. М. Лотман, "Структура художественного текста," Об искусстве, с. 224. 로트만의 독특한 사건 개념에 관해서는 김수환, 『사유하는 구조』, 문학과지성사, 2011, 178~82쪽 참조.

25) Ю. М. Лотман, "Декабрист в повседневной жизни," Избранные статьи, Т. 1, с. 321; 번역본: 「일상생활 속의 12월 당원」, 『러시아 기호학의 이해』, 339~40쪽.

26) Там же, с. 297; 번역본: 같은 책, 296쪽.

27) Ю. М. Лотман, Беседы о русской культуре, с. 186; 번역본: 『러시아 문화에 관한 담론 1』, 439~40쪽.

28) Там же, с. 198; 번역본: 같은 책, 464쪽.

29) 삶-창조는 상징주의를 비롯한 러시아 모더니즘 아방가르드에서 주창된 미학적 이념으로서, 삶과 창조를 결합한 용어이다. 삶의 창작 혹은 삶과 창작의 종합이라는 두 가지 의미를 지니며, 그런 뜻에서 '창생創生'이라 번역되기도 한다. 예술가 자신의 삶 자체를 텍스트로 인식하고 미학적으로 조직화하려는 지향을 가리킨다.

30) Ю. М. Лотман, "Поэтика бытового поведения в русской культуре XVIII века," История и типология русской культуры, с. 254; 번역본: 「18세기 러시아 문화에서 일상 행위의 시학」, 『러시아 기호학의 이해』, 258쪽.

31) Ю. М. Лотман, "Декабрист в повседневной жизни," Избранные статьи, Т. 1, с. 334; 번역본: 「일상생활 속의 12월 당원」, 『러시아 기호학의 이해』, 363쪽.

32) Ю. М. Лотман, Беседы о русской культуре, с. 209; 번역본: 『러시아 문화에 관한 담론 1』, 486쪽.

33) В. Я. Брюсов, "Священная жертва," Сочинения в двух томах, Т. II, М., 1987, с. 98; 김희숙, 「연극성과 광대극: 삶의 창조를 위한 형식」, 『러시아연구』 제11권 제2호, 2001, 28쪽에서 재인용. 물론 우리는 삶과 예술의 융합을 향한 이와 같은 상징주의의 보편적 지향과는 별도로, 상징주의의 '내부'에서 다양한 이질성들, 예컨대 (흔히 1기 데카당, 2기 신화시학 단계로 구분되는) 상징주의 자체의 통시적 변화와 삶과 예술의 통합 문제에서 각각의 개별 작가(벨르이, 블로크, 이바노프, 예브레이노프 등)가 보여주는 상이한 경향을 발견할 수 있다. 그

러나 이 글에서 우리의 관심은 상징주의 예술 운동 '내부'의 유형학적 다종성이 아니라 상징
주의의 보편 인식론을 여타 '이즘'들과 구별짓는 유형학적 특성의 문제에 놓여 있다.

34) *Creating life: The Aesthetic Utopia of Russian Modernism*, I. Paperno & J. D. Grossman (eds.), Stanford University Press, 1994, p. 4.

35) *Ibid.*, p. 23.

36) И. А. Паперно, Семиотика поведения: Николай Чернышевски-человек эпохи реализма, М., 1996, с. 168, 175.

37) *Ibid.*, I. Paperno & J. D. Grossman (eds.), p. 22.

38) Ю. М. Лотман, Беседы о русской культуре, с. 189; 번역본: 『러시아 문화에 관한 담론 1』, 445쪽. 앞선 12월 당원들의 행위 모델이 '막간'의 중요성에 기초하고 있었음을 기억하라. "자신이 연기하고 있음을 의식하는 자는 그 연극의 '막간'에 자신이 선택한 배역의 마스크를 벗거나 또 다른 마스크를 선택할 수 있다."

39) Ю. М. Лотман, "Роль дуальных моделей в динамике русской культуры," История и типология русской культуры, с. 115; 번역본: 「러시아 문화의 역동적 전개에서 이원적 모델의 역할」, 『러시아 기호학의 이해』, 96쪽.

40) I. Gutkin, "The Legacy of the Symbolist Aesthetic Utopia: From Futurism to Socialist Realism," *Creating life: The Aesthetic Utopia of Russian Modernism*, I. Paperno & J. D. Grossman (eds.), p. 173.

41) *Ibid.*, p. 180.

42) Н. Ф. Чужак, "Литература жизнестроения," Литература Факта Первый сборник материалов работников ЛЕФа, М., 2000, с. 61.

43) Б. Е. Гройс, Искусство утопии, М., 2003.

44) Catriona Kelly & David Shepherd, *Russian Cultural Studies: An Introduction*, Oxford University Press, 1998, p. 9.

45) А. Д. Синявский, Основы советский цивилизации, Аграф, 2002, с. 44.

46) Ю. М. Лотман, "Очерк по русской культуре XIII века," Из истории русской культуры, Т. IV, с. 97.

47) 이런 의미에서, 분명 우리는 이 모델을 러시아적 문화 유형을 특징짓는 모종의 변별적 자질로 간주할 수 있겠지만, 이와 더불어 경계해야 할 것은 그것을 전적으로 러시아에만 국한된 독점적 자질로서 '신비화'하는 오류일 것이다. 가령, 일찍이 루카치는 키르케고르의 삶에서 '삶을 기초로 형식을 창조하려는' 시도, 즉 '살 수 없는 것을 살려는' 시도를 보았다. 이런 맥락에서 루카치는 키르케고르의 삶의 비극을 미학주의의 비극, 정확하게는 '삶의 미학화'의 비극으로 이해했다(게오르크 루카치, 『영혼과 형식』, 반성완·심희섭 옮김, 심설당, 1988). 그런가 하면 '역사적' 사건들의 '문화적' 조건성을 탐구하려는 경향 자체는 현대 프랑스 아날학파의 중심적인 조류를 이룬다. 예컨대, 이런 경향의 대표 주자인 로제 샤르티에R. Chartier의 저작 『프랑스 혁명의 문화적 기원』(백인호 옮김, 일월서각, 1998)은 '책이 혁명을 만들었는가?'라는 논쟁적인 질문을 공식화하고 있다. 한편, 미시사 연구 방법론의 대표 주자로 평가받는 로버트 단턴R. Darnton은 최근 들어, 동일한 문제의식(책과 혁명의 관계)을 본격적으로 확장시킨 저작 『책과 혁명―프랑스 혁명 이전의 금서 베스트셀러』(주명철 옮김, 길, 2003)

을 내놓은 바 있다. 가장 최근의 사례로 책 읽기(쓰기)를 혁명과 연결시킨 사사키 아타루佐々木中의 저작『잘라라, 기도하는 그 손을』(송태욱 옮김, 자음과모음, 2012) 역시 참조할 수 있다.

48) 폴 리쾨르,「이데올로기와 유토피아: 사회적 상상의 두 표현」,『텍스트에서 행동으로』, 박병수·남기영 편역, 아카넷, 2002, 409쪽.

49) 벤야민은 동화Märchen를 신화적 세계의 폭력에 맞서기 위해 인류가 마련한 가장 오래된 조치로 여겼다. 동화는 신화가 우리의 가슴에 가져다준 악몽을 떨쳐버릴 수 있도록 돕는 해방의 기제이다. "동화가 지니는, 사물을 해방시키는 마법은 자연을 신화적 방법으로 활용하고 있는 것이 아니라 자연이 해방된 인간과 공모관계(연대관계)에 있음을 시사한다." 발터 벤야민,『서사敍事·기억·비평의 자리』, 최성만 옮김, 길, 2012, 448~49쪽.

50) Ю. М. Лотман, "Механизм Смуты," История и типология русской культуры, с. 45.

2장 문화시학의 길

1) 폴 리쾨르,「설명과 이해─텍스트 이론과 행동 이론과 역사 이론의 주목할 만한 연관성들에 대하여」,『텍스트에서 행동으로』, 박병수·남기영 편역, 아카넷, 2002, 194쪽.

2) 같은 책, 서언 vii.

3) '행위시학'의 범주로 묶일 수 있는 로트만의 대표적인 논문들은 다음과 같다. "Театр и театральность в строе культуры начала XIX века"(1973); "Сцена и живопись как кодирующие устройства культурного поведения человека начала XIX века"(1973); "Поэтика бытового поведения в русской культуре XVIII века"(1978); "Декабрист в повседневной жизни(Бытовое поведение как историко-психологичекая категория)"(1975); "О Хлестакове"(1975). 열거한 주요 논문들은 유리 로트만 외,『러시아 기호학의 이해』(이인영 외 옮김, 민음사, 1993)에 우리말로 번역되어 있다. 사후(1994년)에 출판된 로트만의 저서 Беседы о русской культуре, СПб., 2001(번역본:『러시아 문화에 관한 담론 1·2』, 김성일·방일권 옮김, 나남, 2011) 역시 이 범주에 포함될 수 있다.

4) 대표적으로 Creating Life: The Aesthetic Utopia of Russian Modernism, I. Paperno & J. D. Grossman (eds.)은 삶과 예술 간의 변증법적 상호작용에 대한 행위시학적 관점을 상징주의 미학 이론에 성공적으로 적용시킨 사례로 볼 수 있다. 사실 행위시학적 접근법의 이와 같은 '확장된' 원용(낭만주의→상징주의)의 가능성은 로트만 자신에 의해 예견된 것이다. 18세기 러시아 문화의 일상 행위를 다룬 로트만의 논문의 마지막 구절은 다음과 같다. "낭만주의 시대에 극도로 발전했다가 이후 리얼리즘 작가들에 의해 공공연하게 범주에서 제외되어 버린 행위시학은 [……] 1890~1900년대에 상징주의자들의 전기, '삶-창조 프로그램' '일인극' '삶의 연극' 및 기타 20세기 문화의 제 현상들에서 부활했다." Ю. М. Лотман, "Поэтика бытового поведения в русской культуре XVIII века," История и типология русской культуры, с. 254: 번역본:『러시아 기호학의 이해』, 258쪽.

5) 기어츠의 '중층기술'에 관해서는 클리퍼드 기어츠,『문화의 해석』, 문옥표 옮김, 까치, 1998, 11~47쪽 참조.

6) 로트만의 유산과 신역사주의의 관계에 대해서는 С. Г. Козлов, "Ha rendez-vous с 'Новым историзмом'," Новое Литературное Обозрение(이하 Н.Л.О.), No. 42, М., 2000, с. 9 참조.

7) Л. А. Монроз, "Изучение Ренессанса: поэтика и политика культуры," Н.Л.О., No. 42, с. 24.

8) А. М. Эткинд. "Два года спустя," Н.Л.О., No. 47, М., 2001, с. 110.

9) С. Н. Зенкин, "Филологическая иллюзия и ее будущность," Н.Л.О., No. 42, с. 72.

10) Л. Энгельштейн, "Повсюду 'Культура': о новейших интерпретациях русской истории XIX-XX веков," Новая Русская Книга 2001/3-4, с. 162.

11) С. Ю. Бойм, Общие места—мифология повседневной жизни, М., 2002, с. 32. 러시아 특유의 '문학중심주의'에 관해서는 이 책의 1장을 참조하라.

12) Ю. М. Лотман, "Литературоведение должно быть наукой," Вопросы литературы, No. 1, 1967, с. 92; М. Гронас, "Актуальность Лотмана," Новая Русская Книга 2002/1, с. 19에서 재인용.

13) A. Shukman, Literature and Semiotics—A study of the writings of Yu. M. Lotman, North-Holland Publishing Company, 1977, p. 177. 로트만의 석사학위 논문 제목은 「카람진의 귀족 미학 및 사회, 정치적 견해와의 투쟁의 견지에서 살펴본 라디시체프А. Н. Радищев в борьбе с общественно-политическими воззрениями и дворянской эстетикой Н. М. Карамзина」(1951)이며 박사학위 논문 제목은 「12월 당원 이전 시기 러시아 문학의 발전 과정Путь развития русской литературы преддекабристского периода」(1961)이다.

14) 러시아 문화사에 나타난 '일상' 개념의 고고학적 탐색에 관해서는 С. Бойм, Общие места-Мифология повседневной жизни를 참조하라.

15) 빅토르 얼리치에 따르면, "그들의 못마땅한 과거에도 불구하고 토마솁스키와 예이헨바움에게 여러 차례 러시아 고전 텍스트들을 편집할 것을 부탁했었다는 사실은 그들 학문의 견실성과 텍스트 분석의 능숙성을 마지못해 인정했기 때문이었다." 빅토르 어얼리치, 『러시아 形式主義─역사와 이론』, 박거용 옮김, 문학과지성사, 1983, 180쪽 참조. 로만 야콥슨은 예이헨바움의 조사祖師에서 다음과 같이 적었다. "예이헨바움이 공식 문예학자들을 더욱더 불쾌하게 만들었던 것은 그들이 쓰도록 강요했던 '레프 톨스토이와 레닌'에 관한 예이헨바움의 글이 그들 자신들의 것보다 훨씬 더 훌륭했기 때문이었다." М. Л. Гаспаров, "Лотман и марксизм," Внутри мыслящих миров, М., 1996, с. 415에서 재인용.

16) Ю. Н. Тынянов, "Литературный факт," Поэтика, история литературы, кино, М., 1977, сс. 255~70.

17) 1929년 야콥슨에게 보내는 편지에서 시클롭스키는 다음과 같이 적고 있다. "보리스 미하일로비치(예이헨바움)는 최근 작업들에서 절충주의에 빠졌습니다. 그의 문학적 일상은 저속한 마르크스주의입니다." М. О. Чудакова, "Социальная практика, филологическая рефлексия и литература в научной биографии Эйхенбаума и Тынянова," Тыняновский сборник, Рига, 1986, с. 120.

18) Б. М. Эйхенбаум, "Литературный быт," Мой временник, М., 2001, сс. 61~70. 후기 형식주의의 방향 전환이 지니는 문학사적 의미와, 일상의 '제도적' 측면에 집중하는 예이헨

바움의 노선과 일상적 삶의 '담론적' 측면에 집중하는 티냐노프의 노선 간의 차별성에 관해
서는 김수환, 「러시아 문예학의 기원 탐색—러시아 형식주의 다시 읽기」, 『문학동네』 2004
여름호, 473~94쪽을 참조.

19) 여기서 시간적 순차성과 계승성의 의미를 담고 있는 '포스트구조주의적'이라는 용어를 20세
기 후반 서구 지성사의 특정한 이론적 경향으로서의 '포스트구조주의'와 동일시할 수 있는
가의 문제는 보다 심도 있는 논의를 요하는 또 다른 주제가 될 것이다.

20) *Beyond The Cultural Turn*, V. E. Bonnell & Lynn Hunt (eds.), University of California
Press, 1999, p. 6.

21) *Ibid.*, p. 9.

22) 여기서 '봉합' '고리' 따위의 단어가 가리키는 '절충적' 성격을 강조할 필요가 있다. 문화 개
념이 전제하는 통합적 지향은, 예컨대 이 세계의 인식론-존재론적 본질 자체를 '기호들의
우주'로 이해하는 포스트구조주의적 해법과는 다른 것이다. 이 거리는 말하자면 '텍스트 밖
에는 아무것도 없다'라는 데리다적 언명과 '이 세계(역사)는 텍스트적 형태를 통하지 않고서
는 결코 접근될 수 없다'라는 프레드릭 제임슨의 언급 사이의 거리에 해당한다. 좌파 문화유
물론과 포스트구조주의의 이론이 문화연구cultural studies라는 하나의 입장 안에 공존할
수 있는 이유는 문화 개념이 지니는 이와 같은 절충적 성격과 결코 무관하지 않다.

23) Ю. М. Лотман, "Текст и функция," Семиосфера, СПб., 2000, с. 436.

24) И. О. Шайтанов, "'Бытовая' история," Вопросы литературы, No. 2, М., 2002, с. 21.

25) 테리 이글튼, 『비평과 이데올로기』, 윤희기 옮김, 인간사랑, 2012; 피에르 부르디외, 『예술
의 규칙—문학장의 기원과 구조』, 하태환 옮김, 동문선, 1999.

26) Ю. М. Лотман, "Поэтика бытового поведения в русской культуре XVIII века,"
История и типология русской культуры, с. 233; 번역본: 유리 로트만, 「18세기 러시아
문화에서 일상 행위의 시학」, 『러시아 기호학의 이해』, 221쪽.

27) Ю. М. Лотман, Там же, с. 239; 같은 책, 232쪽.

28) Ю. М. Лотман, "Театр и театральность в строе культуры начала XIX века," Об
искусстве, с. 612.

29) Ю. М. Лотман, Беседы о русской культуре, с. 198; 번역본: 유리 로트만, 『러시아 문화
에 관한 담론 1』, 81쪽.

30) '책에 따라 살기'라는 독특한 화용론적 모델이 러시아 문화의 전 과정에 미친 심대한 영향
력을 분석한 이 책의 1장은 이에 대한 가장 확실한 증거일 것이다. 물론 우리는 여기서 러시
아를 포함한 유럽 문화의 콘텍스트 속에서 지난 2세기 동안 가장 강력한 영향력을 끼쳤던
텍스트의 유형이 다름 아닌 '문학'이었음을 고려해야만 할 것이다. 그러나 이러한 정황보다
더욱 근본적인 것은 '텍스트적' 유형을 지니는 모든 형식이 실제 삶에 작용한다는 사실 자
체다. 예컨대 로트만에 따르면, 18세기 유럽화의 상황 속에서도 "유럽적 예술 형태를 미처
습득하지 못했던 사람에게 유일한 모델은 그에게 낯익은 구경거리, 즉 교회의 전례와 장터
의 인형극놀이балаганная сцена였다." Ю. М. Лотман, "Поэтика бытового поведения
в русской культуре XVIII века," История и типология русской культуры, с. 239; 번
역본: 유리 로트만, 「18세기 러시아 문화에서 일상 행위의 시학」, 『러시아 기호학의 이해』,
232쪽. 당시 일반 민중들에게 익숙한 모델을 제공해주었던 이와 같은 친숙한 텍스트 형식들

은 말하자면, 오늘날 대중문화를 통해 매일매일 제공되는 각종 '미디어' 텍스트들에 비유될 수 있을 것이다. 주지하다시피, 오늘날 미디어가 현대인들의 일상적 행위 스타일에 미치는 영향력의 문제는 현대 문화연구의 핵심 주제 중 하나다.

31) С. Ю. Бойм, Общие места—мифология повседневной жизни, М., 2002, с. 51. 보임은 이러한 "일상과의 전쟁"의 예로 1928~29년『콤소몰스카야 프라브다』지가 벌였던 "집 안의 잡동사니들과의 투쟁(당신들의 방을 비우시오!)" 캠페인을 분석한다.

32) Л. Б. Гинзбург, О психологической прозе. М., 1999, сс. 11~2.

33) Л. Б. Гинзбург, "'Человеческий документ' и построение характера," Там же, сс. 31~116. 물론 이때 텍스트 '외부'로의 확장을 가능케 하는 가장 중요한 동력은 '말'을 사용하는 '텍스트'의 조직화 능력이다.

34) Ю. М. Лотман, "О Хлестакове," Избранные статьи, Т. 1, Таллинн, 1992, сс. 337~38; 번역본: 유리 로트만, 「홀레스타코프에 관하여」, 『러시아 기호학의 이해』, 399쪽.

35) 홀레스타코프는 고골의 희곡 『검찰관』에 나오는 등장인물로, 거짓말과 사기에 천부적인 재능을 보이는 14등급의 말단 서기이다. 홀레스타코프주의Хлестаковщина는 홀레스타코프와 같은 인물의 성격이나 행동양식을 뜻하는 용어로, 뻔뻔함, 속물성, 대담한 거짓말 따위의 모든 '홀레스타코프적'인 특징을 총칭해 가리킨다.

36) Там же, с. 350; 같은 책, 428쪽.

37) Там же, с. 338; 같은 책, 400쪽.

38) Ю. М. Лотман, "Декабрист в повседневной жизни," Там же, с. 296; 번역본: 유리 로트만, 「일상생활 속의 12월 당원」, 『러시아 기호학의 이해』, 294쪽.

39) Ю. М. Лотман, "О Хлестакове," Там же, с. 363; 번역본: 유리 로트만, 「홀레스타코프에 관하여」, 『러시아 기호학의 이해』, 456쪽.

40) Ю. М. Лотман, "Декабрист в повседневной жизни," Там же, с. 307; 번역본: 유리 로트만, 「일상생활 속의 12월 당원」, 『러시아 기호학의 이해』, 314쪽.

41) Ю. М. Лотман, "Поэтика бытового поведения в русской культуре XVIII века," История и типология русской культуры, с. 333; 번역본: 유리 로트만, 「18세기 러시아 문화에서 일상 행위의 시학」, 『러시아 기호학의 이해』, 361쪽.

42) Ю. М. Лотман, Стрkутура художественного текста, Об искусстве, с. 24.

43) 본래 '슈제트'라는 용어는 러시아 형식주의 서사론에서 '파블라фабла'에 대응되는 개념으로 도입된 것이다. 흔히 '스토리story'로 영역되는 파블라가 경험적-인과율적 시간 질서에 따라 연결된 사건의 전체를 뜻한다면, 슈제트는 현실적 시간 경험의 순서를 따르는 파블라를 미학적으로 재가공한 것, 즉 온갖 종류의 서사적 구성 '기법'을 사용해 예상된 파블라의 진행을 (낯설게) 변형시킨 것을 뜻한다. 흔히 플롯plot으로 영역된다.

44) Ю. М. Лотман, "Происхождение сюжета в типологическом освещении," Избранные статьи, Т. 1, с. 242. 로트만의 이러한 언급은 이미 그가 파블라와 슈제트의 기계적 이분법에 근거한 형식주의적 관점으로부터 얼마나 멀리 와 있는지, 다른 한편으로 그러한 구분 자체의 허구성을 지적하는 바흐친에 얼마나 가까이 와 있는지를 보여준다. 바흐친에 따르면, 파블라와 슈제트 간에 명백한 경계를 지으려는 여하한 시도는 불합리할 뿐만 아니라 불가능한 것이다. "슈제트를 향한 지향, 즉 작품의 특정한 전개를 향한 지향은 이미 파블라

를 전유하기 위해서 필수적이다. 우리는 심지어 삶 속에서조차 슈제트의 눈을 통해 파블라
를 본다." М. М. Бахтин(Медведев П. Н.), Формальный метод в литературоведении in
Театралогия, М., 1998, с. 259.

45) Ю. М. Лотман, "Поэтика бытового поведения в русской культуре XVIII века,"
    История и типология русской культуры, с. 246; 번역본: 유리 로트만, 「18세기 러시아
    문화에서 일상 행위의 시학」, 『러시아 기호학의 이해』, 245쪽.

46) Там же, с. 247; 같은 책, 246쪽.

47) К. Леви-Стросс, Структурная антропология, М., 1983, с. 206.

48) А. Л. Зорин, "Идеология и семиотика в интерпретация Клиффорда Гирца," Н.Л.О.,
    No. 29, М., 1998, с. 56.

49) Там же, с. 56.

50) Р. Барт, Мифология, М., 2004, с. 269.

51) 클리퍼드 기어츠, 「문화체계로서의 이데올로기」, 『문화의 해석』, 262쪽.

52) 같은 책, 260~62쪽.

53) 같은 책, 251쪽.

54) 같은 책, 257쪽. 이런 관점에 입각해 다시 말해보면, 애디슨의 비극 『카토』는 라디시체프의
    '저항적 자살'을 위한 모델/지도가 된다.

55) 폴 리쾨르, 「이데올로기와 유토피아—사회적 상상의 두 표현」, 『텍스트에서 행동으로』,
    398~99쪽.

56) Ю. М. Лотман, "Декабрист в повседневной жизни," Избранные статьи, Т. 1, с. 309;
    번역본: 유리 로트만, 「일상생활 속의 12월 당원」, 『러시아 기호학의 이해』, 316쪽.

57) 예컨대, 이글턴이나 토드 3세에게서 우리는 문학과 이데올로기 사이의 관련성에 관한 명확
    한 가치론적 입장을 발견할 수 있다. "문학은 이데올로기를 위해 이데올로기가 역사에게 행
    하는 바로 그 역할을 행한다(즉, 시대에 의해 주어진 것을 마치 자연적인 것처럼 바꿔치기 한
    다)." У. М. Тодд III, Литература и общество в эпоху Пушкина, СПб., 1996, с. 20.

58) Ю. М. Лотман, "Декабристы в повседневной жизни," Избранные статьи, Т. 1, с.
    336; 번역본: 유리 로트만, 「일상생활 속의 12월 당원」, 『러시아 기호학의 이해』, 367쪽.

59) Ю. М. Лотман, Беседы о русской культуре, с. 209; 번역본: 유리 로트만, 『러시아 문화
    에 관한 담론 1』, 486쪽.

60) Ю. М. Лотман, "О Хлестакове," Избранные статьи, Т. 1, с. 361; 번역본: 유리 로트만,
    「흘레스타코프에 관하여」, 『러시아 기호학의 이해』, 452쪽.

61) Там же, с. 363; 같은 책, 456쪽.

62) К. Кларк, Советский роман: история как ритуал, Екатеринбург, 2002.

63) В. З. Паперный, Культура Два, М., 1996.

64) Б. Е. Гройс, Искусство утопии, М., 2003.

3장 러시아 이념과 러시아 이론

1) Б. М. Гаспаров, "Тартуская школа 1960-х годов как семиотический феномен," Ю. М. Лотман и тартуско-московская семиотическая школа, М., 1994, сс. 292~93.

2) А. М. Пятигорский, "О времени в себе: Шестидесятые годы—от Афин до ахине (беседа с И. Смирновым)," Избранные труды, М., 1996, сс. 323~24. 가령, 한 민속학 연구자의 다음과 같은 지적은 이런 사정을 잘 요약해주는 듯하다. "1970~80년대 소련 인문학에서 지극히 널리 퍼져 있었던 '근본적 신화'라는 개념, 그리고 이에 흥미롭게 대응하는 '세계수世界樹'라는 개념은 마르크스주의의 '문화화' 개념에 대한 대안적 역할을 수행했다. 그런데 두 개념 간의 모든 차이에도 불구하고, 그들은 공히 총체적이고 확정된 내러티브라는 공리에 의거하고 있다. 마르크스주의의 '범사회주의'를 대신한 소련 구조주의의 '범신화주의'는 다분히 징후적으로 마르크스주의의 서사적 측면을 보존했던바, 진리를 향한 권리와 환원적 설명의 총체성이 그것이다." К. А. Богданов, Повседневность и мифология (Исследования по семиотике фольклорной действительности), СПб., 2001, с. 42~3.

3) А. М. Пятигорский, "О времени в себе: Шестидесятые годы—от Афин до ахине (беседа с И. Смирновым)," Избранные труды, с. 330.

4) 러시아 이념의 다양한 면모와 그 전개 양상에 관해서는 백준현 외, 『러시아 이념—그 사유의 역사 1』, 제이앤씨, 2004를 참조하라.

5) Г. Г. Амелин, И. Пильщиков, "Семиотика и русская культура," Московско-тартуская семиотическая школа, М., 1998, с. 52.

6) 러시아 역사철학적 사유의 정형화된 담론 전략에 대한 현대적 비판에 관해서는 Л. Геллер, "Старая болезнь культуры: русофилия (заметки по поводу словаря русского менталитета)," Н.Л.О., No. 21, М., 1996, сс. 380~90; М. И. Калинин, "Слепота и прозрение: риторика истории Росии и 'риторика темпоральности' Поля де Мана," Н.Л.О., No. 59, М., 2003, сс. 250~73; Г. Зверева, "'Присвоение прошлого' в пост-советской историософии Росии (дискурсный анализ публикаций последних лет)," Н.Л.О., сс. 540~56을 참조하라.

7) Ю. М. Лотман, "Роль дуальных моделей в динамике русской культуры (совместно с Б. А. Успенским)," История типология русской культуры, СПб., 2002, с. 89; 번역본: 유리 로트만·보리스 우스펜스키, 「러시아 문화의 역동적 전개에서 이원적 모델의 역할」, 유리 로트만 외, 『러시아 기호학의 이해』, 46쪽.

8) Там же, с. 90; 같은 책, 46쪽.

9) Н. А. Бердяев, "Русская идея," О России и русской философской культуре: философы русского после октябриского зарубежья, М., 1990, сс. 44~6; 번역본: N. 베르쟈예프, 『러시아 思想史』, 이철 옮김, 범조사, 1985, 14~7쪽.

10) Там же, с. 107.

11) Ю. М. Лотман, "Роль дуальных моделей в динамике русской культуры (совместно с Б. А. Успенским)," История типология русской культуры, с. 90, 115; 번역본: 유리 로트만·보리스 우스펜스키, 「러시아 문화의 역동적 전개에서 이원적 모델의 역할」, 『러시아 기

호학의 이해』, 96쪽.

12) И. П. Смирнов, "О древнерусской культуре, русской национальной специфике и логике истории," Мегаистория, М., 2000, сс. 380~81.

13) А. Р. Зарецкий, А. М. Песков, "Имя мифа—к проблеме семиотики культуры," Н.Л.О., No. 32, М., 1998, с. 384.

14) Ю. М. Лотман, "Тезисы к семиотическому изучению культур (в применении к славянским текстам)," Семиосфера, СПб., 2000, с. 504; 번역본: 유리 로트만, 「문화의 기호학적 연구를 위한 테제들」, 『기호계』, 김수환 옮김, 문학과지성사, 2008, 101쪽.

15) Ю. М. Лотман, "'Договор' и 'вручение себя' как архетипические модели культуры," История и типология русской культуры, сс. 22~4.

16) И. В. Киреевский, Критика и эстетика, М., 1979, сс. 149~50.

17) Н. А. Бердяев, Судьба России: Опыты по психологии войны и национальности, М., 1918, сс. 6~7.

18) Ю. М. Лотман, Там же, с. 26.

19) 흔히 '조건성'으로 번역되는 'условность'는 조건/상태condition 혹은 약정/협약term을 뜻하는 러시아어 'условие'에서 파생된 것으로, 대개는 영어 단어 'conventionality(관례성)'에 대응하는 개념으로 사용된다. 그러나 이 용어는 로트만의 저작에서 단순히 관례(성)에 국한되지 않는 넓은 맥락에서 주요 개념으로 사용되는 만큼 각별한 주의를 요한다. 우선, 로트만의 글에서 условность는 기표(표현)와 기의(내용) 간의 유사성에 기초한 도상성 iconicity에 대립 항으로 사용되는 경우가 많다. 가령, 기표와 기의의 자의적 관계에 기초한 말이 대표적인 조건적 기호 형식이라면, 그림은 대표적인 도상적 기호 형식이 된다. 한편, 이 개념이 기호의 내용과 표현 사이의 규약적 성격을 가리키게 되면, 예술적 조건성은 예술작품을 하나의 독자적인 가상 세계, 그러니까 내부의 규약과 법칙에 따라 '자연스러운 것'으로 받아들이게끔 하는 약속의 체계를 의미하게 된다(관객이나 독자가 예술을 향유할 수 있는 것은 이 '조건'을 암묵적으로 승인하기 때문이다). 가령, 일본 전통 인형극에서는 인형의 줄을 조종하는 사람이 관객에게 그대로 노출되지만, 그 사람은 '보이지만, 보이지 않는 것'으로 간주된다. 말하자면 이 '암묵적인' 약속이 인형극의 기호 세계를 성립시키는 전제인 것이다.

20) Ф. де. Соссюр, Труды по языкознанию, М., 1977, с. 101; 번역본: 페르디낭 드 소쉬르, 『일반언어학 강의』, 최승언 옮김, 민음사, 2006, 95쪽.

21) Ю. М. Лотман, История и типология русской культуры, с. 29.

22) 한편, '문화의 총체적인 탈상징화(=실용주의)'를 표방하며 중세적 유형의 이분법적 위계를 가치론적으로 '전복'시키고자 시도했던 표트르 대제의 개혁(모든 상징적인 것은 허위요, 실제적인 것은 진리!)은 이전 단계와의 단절을 통해 기호의 상대적이고 유희적인 성격을 강화시킨 것이 아니라 오히려 권력과 국가성의 세속 종교를 만들어낸다. "표트르의 국가성은 고양된 상징일 필요가 없었는데, 왜냐하면 그 자신이 이미 그의 상부에 존재하는 그 무엇의 대변자나 형상일 필요가 없는, 최종적 진리의 담지체로 간주되었기 때문이다." 말하자면 여기서 이전 시기의 종교-권력 모델은 단절을 통해 극복된 것이 아니라, 다만 흥미로운 변모를 통해 도치된 형태로 연장되었을 뿐이다. Там же, с. 30. 이 문제에 관해서는 로트만의 또 다른 논문, "Отзвуки концепции 'Москва—третий Рим' в идеологии Петра Первого,"

История и типология русской культуры, cc. 349~61; 번역본: 유리 로트만·보리스 우스펜스키, 「표트르 대제의 이데올로기에 나타난 '모스크바-제3로마' 개념의 반향」, 『러시아 기호학의 이해』, 259~80쪽을 참조하라.

23) Ю. М. Лотман, "Культура как коллективный интеллект и проблемы искусственного разума," Семиосфера, c. 563; 번역본: 유리 로트만, 「집단적 지성으로서의 문화와 인공지능의 문제」, 『기호계』, 216쪽.

24) Ю. М. Лотман, "Феномен культуры.", Там же, СПб, 2000, c. 572; 번역본: 「문화현상」, 『기호계』, 236쪽.

25) 가령, 필자는 2011년 출간한 연구서 『사유하는 구조』에서 문화의 주변 지대에서 작용하는 이 필수적인 이항들을 로트만 사유의 성좌를 이루는 다섯 개의 행성으로 간주하고 5개의 챕터를 구성한 바 있다. 도상, 공간, 신화, 인격, 그리고 폭발이 그것들이다.

26) Ю. М. Лотман, "Тезисы к семиотике русской культуры (Программа отдела русской культуры Института мировой культуры МГУ. Руководитель программы зав. отделом Ю. М. Лотман)," Ю. М. Лотман и тартуско-московская семиотическая школа, М., 1994, c. 407.

27) 이에 관해서는 Б. М. Гаспаров, "Тартуская школа 1960-х годов как семиотический феномен," Ю. М. Лотман и тартуско-московская семиотическая школа, c. 285.

28) N. 베르쟈예프, 『러시아 思想史』, 108쪽.

29) A. Shukman, *Literature and Semiotics—A Study of the writing of Yu. M. Lotman*, North-Holland Publishing Company, 1997, p. 97.

30) А. М. Пятигорский, "Заметки из 90-х о семиотике 60-х годов," Ю. М. Лотман и тартуско-московская семиотическая школа, c. 329.

31) Ю. М. Лотман, "Возможна ли историческая наука и в чем ее функция в системе культуры?" Внтури мыслящих миров, М., 1996, c, 383.

32) 프랑스 포스트구조주의 인식론에 미친 바흐친의 영향과 함께 크리스테바의 중국(중국 여인)에 대한 매혹(Julia Kristeva, *About Chinese Woman*, New York, 1977), 그리고 바르트의 일본 문화에 대한 신비적 경외(롤랑 바르트, 『기호의 제국』, 김주환·한은경 옮김, 민음사, 1997)를 보라.

33) Б. М. Гаспаров, "В поисках 'другого' (Французкая и восточоевропейская семиотика на рубеже 1970-х годов)," Московско-тартуская семиотическая школа, М., 1998, c. 235.

34) Там же, c. 236.

35) 지난 2002년 모스크바의 국립인문대학РГГУ에서 열렸던 제10회 로트만 독회의 주제는 "러시아 이론 1920~30년대"였다. 여기서 주로 다루어진 대상은 형식주의를 위시한 1920~30년대 러시아 이론이었지만, 이런 시도가 장차 바흐친과 모스크바-타르투 학파를 대상으로 한 포괄적 연구 작업을 위한 첫 단계의 성격을 지닌다는 것은 분명하다. 독회에 대한 개략적 소개는 И. Сироткина, "Русская теория: 1920~30-е годы (X Лотмановские чтения, РГГУ, Москва, 20~22 декабря 2002)," Н.Л.О., No. 60, 2003, cc. 432~35. 한편, 이 주제에 관한 비평적 논의는 C. Зенкин, Русская теория и интеллектуальная история, Н.Л.О., No. 61, 2003, cc. 333~43을 참조하라.

제2부 영화와 도시

4장 영화기호학과 포토제니

1) J. Epstein, "On Certain Characteristics of Photogenie," Richard Abel, *French Film Theory and Criticism: A History/Anthology, 1907~1937* vol. I: 1907~1929, Princeton University Press, 1988, p. 314.

2) M. A. Doane, "The Close-up: Scale and Detail in the Cinema," *Differences: A Journal of Feminist Cultural Studies* 14.3, Brown University, 2005, p. 89.

3) 발터 벤야민, 『발터 벤야민의 문예이론』, 반성완 편역, 민음사, 1983, 240쪽.

4) 수전 손택, 『사진에 관하여』, 이재원 옮김, 이후, 2005, 220쪽.

5) 앙드레 바쟁, 「사진적 영상의 존재론」, 『영화란 무엇인가』, 박상규 옮김, 시각과언어, 1998, 13~24쪽.

6) C. S. Peirce, *Collected Writings* vol. 8, C. Hartshorne, P. Weiss & Arthur, W. Burks (eds.), Cambridge, MA, Harvard University Press, 1931~58, p. 281.

7) R. Barthes, *Camera Lucida: Reflections on Photography*, R. Howard(trans.), New York, 1981, pp. 48~9; 번역본: 롤랑 바르트, 『카메라 루시다』, 조광희·한정식 옮김, 열화당, 1988, 32쪽.

8) R. Barthes, "Change the Object Itself: Mythology Today," *Image-Music-Text*, Stephen Heath(selected and trans.), London, Fontana/Collins, 1978, pp. 165~69.

9) 바르트가 분석한 장면은 폭군 이반의 대관식에서 머리 위로 금화를 뿌리는 대목이다. 바르트가 분석한 이 스틸사진에는 정보적 층위(대관식)와 상징적 층위(머리에 뿌리는 금)에 온전히 귀속되지 않는, 그럼에도 분명 관객의 주의를 끄는 다른 특징들이 현전한다. 신하들의 화장, 어리석은 코와 섬세한 눈꺼풀, 가발처럼 보이는 머리 등이 그것이다.

10) R. Barthes, "The Third Meaning: Research notes on some Eisenstein stills," *Image-Music-Text*, pp. 54~5.

11) *Ibid.*, p. 64.

12) U. Eco, "On the Contribution of Film to Semiotics," *Film Theory and Criticism: Introductory Readings*(Third Edition), G. Mast & M. Cohen (eds.), Oxford University Press, 1985, p. 206.

13) 영문본 연구서 *The Memory of Tiresias*(University of California Press, 1998)를 내기도 한 그는 현재 뉴욕 대학에 재직하고 있다.

14) М. Ямпольский, Язык-тело-случай: кинематограф и поиски смысла, Н.Л.О., М., 2004, с. 10; 번역본: 미하일 얌폴스키, 『언어-신체-사건』, 김수환·이현우·최선 옮김, 나남, 2014(근간).

15) Ju. M. Lotman, *Semiotics of cinema*, M. E. Suino(trans.), Michigan Slavic Contributions, No. 5, Ann Arbor, 1976, p. 25. 러시아어 원본은 Ю. М. Лотман, Семиоктика кино и проблемы киноэстетики, Об искусстве, с. 307, 한국어 번역본은 유리 로트만, 『영화기호학』, 박현섭 옮김, 민음사, 1994, 53쪽을 참조하라.

16) U. Eco, "On the Contribution of Film to Semiotics," *Film Theory and Criticism: Introductory Readings*, G. Mast & M. Cohen (eds.), Oxford University Press, 1985, p. 206. 이는 가령, 로트만의 다음의 언급과도 일맥상통한다. "그리하여 필름이 상영되는 동안 우리가 발견하는 모든 것, 우리를 흥분시키고 우리에게 작용을 미치는 모든 것은 의미를 가진다. 우리는 그 의미를 이해하는 법을 배워야 하는데, 이는 고전 발레나 교향악 혹은 그 밖의 충분히 복잡하고 전통적인 예술을 이해하고자 하는 사람이 반드시 그 의미체계를 습득해야 하는 것과 마찬가지다." Ju. M. Lotman, *Ibid.*, pp. 79~80.

17) H. Eagle, "Bipolar Asymmetry, Indeterminancy, and Creativity in Cinema," *Lotman and Cultural Studies—Encounters and Extensions*, Andreas Schönle(ed.), The University of Wisconsin Press, 2006, p. 229.

18) Ju. M. Lotman, *Ibid.*, p. 22.

19) *Ibid.*, p. 85.

20) 글로 쓰인 텍스트로서의 신화는 이미 '번역된' 텍스트, 그러니까 일종의 혼합물이며 따라서 '특정한 의식의 현상'으로서의 신화와 원칙적으로 구분된다. 이 점에서 로트만의 신화론은 신화 서사 텍스트의 '문법'을 추출하는 일에 집중된 프랑스의 구조주의/기호학적 신화론(레비-스트로스, 바르트, 그레마스)과 구별될 뿐 아니라, 프로프의 학문적 유산을 상당 부분 계승하고 있는 동시대 소비에트의 구조주의적 민속학folklore 연구(대표적으로, 멜레틴스키 E. M. Meletinsky의 민담의 구조적 기술 방법론)와도 거리를 둔다. 김수환, 『사유하는 구조』, 193쪽을 참조하라.

21) Ju. M. Lotman, & B. A. Uspenskij, "Myth-Name-Culture," *Soviet Semiotics. An anthology*, edited, translated and with an Introduction by D. P. Lucid, The Johns Hopkins University Press, 1977, p. 234. 러시아어 원본은 Ю. М. Лотман (с Б. А. Успенским), "Миф-имя-культура," Семиосфера을, 한국어 번역본은 유리 로트만, 「신화-이름-문화」, 『기호계』, 143~77쪽을 참조하라.

22) 유리 로트만, 같은 책, 235쪽.

23) 아담의 언어란 태초에 에덴동산의 아담이 동식물을 각자의 본성에 들어맞게 명명함으로써 다스릴 수 있었다는 언어다("아담이 어떻게 이름을 짓나 보시려고 그것들을 그에게로 이끌어 이르시니 아담이 각 생물을 일컫는 바가 곧 그 이름이라"[창세기 2:19]). 이 언어는 표현 형식과 표현 내용이 일치하며 기표와 기의가 필연적으로 일치하는 언어, 이른바 '이름(하는) 언어 Namemsprache'이다. 사물과 이름이 본연적 유사성으로 묶여 있던 이 언어를 잃어버린 이후의 상태(이 상실은 흔히 '타락'으로 간주된다), 말과 사물 간의 근원적 유대가 끊어진 상태를 (아담의 언어에 빗대) 흔히 '바벨의 언어'라는 말로 부른다.

24) 원문은 Р. О. Якобсон, "Шифтеры, глагольные категории и русский глагол," Принципы типологического анализа языков различного строя, с. 96; 유리 로트만, 『기호계』, 148쪽.

25) 가라타니 고진의 '고유명사론'에 대해서는 『언어와 비극』(조영일 옮김, 도서출판 b, 2004)과 『트랜스크리틱』(송태욱 옮김, 한길사, 2005)을 참조하라.

26) Ю. М. Лотман, "Место киноискусства в механизме культуры," Об искусстве, с. 658; 번역본: 유리 로트만, 『영화기호학』, 218쪽.

27) 분명 영화의 관객은 배역뿐 아니라 배우, 즉 다른 영화들과 그 영화들 속의 클로즈업을 통해 이미 잘 알고 있는 배우의 모습을 본다. 무대 위의 (연극)배우가 언제나 자신의 역할(배역)만을 남김없이 구현하고자 애쓰는 반면, 영화배우는 언제나 두 가지 모습, 즉 주어진 역할의 실현자와 실제 배우의 인격으로서 존재한다. 즉, 영화의 경우에 배우를 둘러싼 인격적 후광은 전적으로 객관적인 요소인 것이다.

28) Там же, с. 658: 같은 책, 218쪽.

29) 에이젠슈테인 전문가로서 독일에서 활동 중인 러시아의 영화비평가 옥사나 불가코바의 최근 연구서 『제스처 공장Фабрика жестов』(Н.Л.О., М., 2005)은 아마도 이런 입장을 가장 잘 보여주는 예가 될 수 있을 것이다. 그녀의 주요 관심은 "비기호적 동작, 즉 사람들이 걷고, 앉고, 눕고, 서고, 마시고, 먹는 등의 동작, 서로 대화하고 키스할 때의 신체적 접촉을 통한 갖가지 동작"에 주어지는데, 이런 비기호적 제스처를 일컫는 용어가 바로 '몸의 테크닉'이다. 그녀의 의도는 "스크린 위에서 펼쳐지는 몸의 기술이 지금껏 어떻게 변천해왔는지를 보여주는 것, 어떻게 해서 일련의 우연적이고 비기호학적인 제스처들이 기호로, 즉 어떤 다른 것을 상징하는 특별한 유형의 표현으로 변모했는지를 보여주려는 것이다."

30) 롤랑 바르트, 『현대의 신화』, 이화여자대학교 기호학연구소 옮김, 동문선, 1997, 96쪽.

31) R. Barthes, "The Third Meaning: Research Notes on Some Eisenstein Stills," *Ibid.*, p. 56.

32) 자크 오몽, 『영화 속의 얼굴』, 김호영 옮김, 마음산책, 2006, 146쪽.

33) B. Balázs, *Theory of The Film: Character and Growth of a New Art*, E. Bone(trans.), New York, Roy Publishers, 1953, p. 74.

34) Ju. M. Lotman & B. A. Uspenskij, "Myth-Name-Culture," *Soviet Semiotics. An anthology*, edited, translated and with an Introduction by Daniel P. Lucid, The Johns Hopkins University Press, 1977, p. 236: 번역본: 유리 로트만, 『기호계』, 151쪽.

35) M. A. Doane, "The Close-up: Scale and Detail in the Cinema," *Differences: A Journal of Feminist Cultural Studies* 14.3, p. 91.

36) G. Deleuze, *Cinema 2: The Time-Image*, H. Tompson & R. Galeta (trans.), Minneapolis, University of Minnesota Press, 1989, p. 29: 한국어 번역본은 질 들뢰즈, 『시네마 II: 시간-이미지』, 이정하 옮김, 시각과언어, 2005, 68~9쪽을, 러시아어 번역본은 Жиль Делез, Кино, М., 2004를 참조하라.

37) 짐작할 수 있듯이, 들뢰즈에게 기호과 물질의 이중적 존재성을 시사하는 이 개념은 (퍼스의 개념을 경유해) 자연스럽게 앞서 말한 지표성indexicality과 연결될 수 있다. 이에 관해서는 D. Roser, "Deleuze, Peirce and the Cinematic Sign," *SRB(The Semiotic Review of Books)* 15.2, 2005, pp. 8~12를 보라.

38) 기호학적 영화이론의 '기원적' 지점이라 할 러시아 형식주의 영화이론의 내부에서, 이런 의미심장한 '타자성'의 문제를 재발견해보고자 한 시도로 김수환, 「러시아 형식주의 영화이론 다시 읽기: 영화기호학의 기원과 한계에 관하여」, 『슬라브학보』 제21권 4호, 2006, 25~59쪽을 참조하라. 한편, 바로 이런 문제의식하에서 '영화이미지학'이라 부를 수 있는 사유의 흐름을 본격적으로 고찰한 국내 연구서가 최근 출간되었다. 김호영, 『영화이미지학』, 문학동네, 2014를 참고하라.

39) 아날로공은 미트리가 영화 이미지의 직접적 현전의 측면, 즉 "스크린 위에서의 세계의 객관적인objective 현전"을 가리키기 위해 도입하는 용어다. 영화에서는 "기표와 기의의 식별이 언제나 상대적이며, 이미지는 그것이 드러내는 것과 유사함에도 불구하고 언제나 드러나는 것에 무언가를 보탠다always adds something to what is revealed." J. Mitry, *Aesthetic and Psychology of Cinema*, Christopher King(trans.), Indiana University Press, 1997, p. 43.

40) '자기커뮤니케이션'은 로트만의 독특한 이론적 개념 중 하나로서, 흔히 '나-나I-I 커뮤니케이션'으로도 불린다. 이는 한 사람으로부터 다른 사람으로 정보가 전달되는 '나-그/녀I-s/he 커뮤니케이션'과 달리, 주체가 정보를 그 자신에게(즉, 내가 나에게) 전달하는 경우이다. 요컨대, 정보의 발신자와 수신자가 한 사람 속에 공존하는 경우인 것. 로트만은 인간적 커뮤니케이션이 원칙적으로 이런 두 개의 상이한 커뮤니케이션 유형('나-나'/'나-그/녀' 커뮤니케이션)에 기초하고 있으며, 표면적 역설에도 불구하고 자기커뮤니케이션이 문화의 보편적 체계 속에서 중대한 문화적 기능을 수행하고 있다고 주장한다. 자기커뮤니케이션 개념에 관해서는 김수환, 『사유하는 구조』, 246~53쪽과 김수환, 「소쉬르의 차이와 반복: 로트만의 '자기커뮤니케이션'을 중심으로」, 『기호학연구』 제37집, 한국기호학회, 2013, 59~83쪽을 참조하라.

41) 바르트의 푼크툼 개념에서 감상자의 순수한 주관적 반응에 강조점을 두는 일반적인 경향을 반성하고 그 주관성의 함의를 따져 묻고자 한 최근 시도로 M. Fried, "Barthes's Punctum," *Critical Inquiry* 31 Spring, 2005, pp. 539~74를 참조하라.

42) 전자의 예로는 M. Yampolsky, "Kuleshov's Experiments and the New Anthropology of the Actor," *Inside the Film Factory: New Approaches to Russian and Soviet Cinema*, R. Taylor & I. Christie (eds.), London and New York, 1991을, 후자의 예로는 M. Yamplosky, "The Essential Bone Structure: Mimesis in Eisenstein," *Eisenstein Rediscovered*, Routledge, 1993을 참조하라.

43) Ю. М. Лотман, "Заметки о тартуских семиотических изданиях," Ю. М. Лотман и тартуско-московская семиотическая школа, М., 1994, с. 501.

5장 문화사와 도시기호학

1) Ю. М. Лотман, "Зимние заметки о летних школах," Московско-тартуская семиотическая школа. История, воспоминания, размышления, М., 1998, с. 86.

2) Д. М. Сегал, "〈Et In Arcadia Ego〉 вернулся: наследие московско-тартуской семиотической сегодня," Там же, с. 102.

3) 로트만의 행위시학에 관한 상세한 소개와 분석은 이 책의 1, 2장을 참조하라.

4) *The Semiotics of Russian Cultural History: Essays by Iurii M. Lotman, Lidia Ia Gindburg, Boris A. Uspeneskii*, A. D. Nakhimovsky & A. Stone (eds.), Itaca. New York/London, Cornell University Press, 1985.

5) 신역사주의의 주창자로 알려진 스티븐 그린블랫S. Greenblatt은 행위시학과 관련된 로트만

의 논문들을 빈번하게 인용하며, 자신의 '일상생활의 시학'이 푸코와 함께 로트만에게 빚지고 있음을 밝힌 바 있다. 그는 자신의 실천적 입장을 신역사주의보다는 '문화시학'이라는 말로 지칭하기를 더 원한다.

6) А. Л. Зорин, "Идеология и семиотика в интерпретации Клиффорда Гирца," Н.Л.О., No. 29, 1998, cc. 39~54.

7) 문화를 기술하기 위한 메타언어로서의 위상기하학적 공간 모델의 언어에 관해서는, 로트만의 『기호계』, 11~61쪽과 김수환의 『사유하는 구조』, 3장을 참조하라.

8) A. J. Greimas, "For a topological semiotics," *The City and The Sign*, Gottdiener & A. Ph. Lagopoloulos (eds), Columbia University Press, 1988.

9) Ю. М. Лотман, "Символика Петербурга и проблемы семиотики города," Избранные труды в трех томах, Т. II, Таллинн, 1992; 번역본: 유리 로뜨만, 「뻬쩨르부르크의 상징학과 도시 기호학의 제문제」, 유리 로뜨만 외, 『시간과 공간의 기호학』, 러시아시학연구회 편역, 열린책들, 1996, 54쪽.

10) 로트만에 따르면, 20세기 들어 가속화된 도시의 기술화는 도시와 관련된 깊은 통시성의 차원을 박탈함으로써 '역사적 유기체'로서의 도시를 파괴했다. 도시를 둘러싼 이런 다층적 가치의 탈각, 즉 자본주의가 야기한 공간 가치의 변화에 주목한 마크 오제는 이를 '장소성'에서 '비장소성'으로의 전환으로 개념화한 바 있다. M. Augé, *Non-Places*, J. Howe(trans.), London, Verso, 1995.

11) 올랜도 파이지스, 『러시아 문화사: 나타샤 댄스』, 채계병 옮김, 이카루스미디어, 2005, 41쪽.

12) 같은 책, 47쪽.

13) Ю. М. Лотман (совместно с Б. А. Успенским), "Отзвуки концепции 'Москва—третий Рим' в идеологии Петра Первого," История и типология русской культуры, сс. 349~68; 번역본: 유리 로트만·보리스 우스펜스키, 「표트르 대제의 이데올로기에 나타난 '모스크바–제3로마' 개념의 반향」, 유리 로트만 외, 『러시아 기호학의 이해』, 259~80쪽.

14) 모스크바 제3로마론은 모스크바 공국의 바실리 3세 치하(1503~33)에서 등장한 이데올로기로, 당시 수도사 필로페이Filofei가 왕에게 보내는 서한에서 구체화되었다. "경건한 황제여, 그대의 왕국으로 모든 기독교 제국이 통합되었습니다. 두 개의 로마는 이미 멸망했고, 세번째 로마가 새로이 서 있으니, 네번째는 오지 않을 것입니다." 1453년 두번째 로마인 비잔틴 제국의 콘스탄티노플이 오스만투르크족에 의해 멸망당하자 정교 신앙의 중심지가 모스크바로 옮겨오게 되었고, 이에 따라 모스크바가 새로운 로마의 사명을 띤 성스러운 신정神政의 도시라는 이념이 생겨나게 되었다. 요컨대, 그것은 종교적 이상의 반영이자 일종의 정치 이데올로기였다.

15) 사실 이런 관점은 러시아 문화사를 규정하는 '2원적 모델'에 관한 로트만의 유명한 논문에서 이미 표명된 것이다. 그는 과격한 단절로 표상되는 러시아 문화사가 사실상 옛 문화의 '뒤집힌' 구조 모델을 따라 구성되었음을 증명하고자 시도했다. 그에 따르면, '유럽화'에 의해 야기된 전위는 러시아 문화의 태곳적 특성을 말살한 것이 아니라 오히려 그것을 '강화'했던 것이다.

16) Ю. М. Лотман (совместно с Б. А. Успенским), "Отзвуки концепции 'Москва—

третийРим' в идеологии Петра Первого," История и типология русской культуры, с. 355; 번역본: 유리 로트만·보리스 우스펜스키, 「표트르 대제의 이데올로기에 나타난 '모스크바-제3로마' 개념의 반향」, 『러시아 기호학의 이해』, 268쪽. 페테르부르크 문장에 나오는 서로 교차시킨 닻은 바티칸 문장의 교차시킨 열쇠에 상응한다.

17) Там же, с. 354; 같은 책, 266쪽.

18) Там же, с. 360; 같은 책, 277쪽.

19) 상트페테르부르크의 도시명의 변천사는 그 자체로 흥미로운 이야깃거리다. 사실 도스토옙스키와 레닌의 도시 상트페테르부르크를 '레닌그라드'라는 이름으로 기억하는 사람이 여전히 많다. 그도 그럴 것이, 1991년 소비에트연방공화국이 해체되고 이 도시가 본래의 이름을 되찾기까지 무려 67년의 세월이 필요했던 것이다. 소련 시절의 러시아를 기억하는 사람들이 모스크바와 함께 떠올리는 제2의 도시, 그게 바로 레닌그라드다. 이 도시는 레닌그라드라는 명칭을 얻기 전에 '페트로그라드'라는 또 다른 이름을 얻은 바 있다. 1914년, 러시아가 한창 독일과 제1차 세계대전을 벌이고 있던 시기, 제정 러시아의 마지막 황제 니콜라이 2세는 페테르부르크라는 도시명이 지나치게 '독일적'이라고 생각했다. 그의 대안은 도시를 뜻하는 독일식 발음 '부르크'를 떼어내고 대신 그 자리에 도시를 뜻하는 고대 러시아어 '그라드grad'를 붙이는 것이었다. 그렇게 해서 페테르부르크는 '페트로그라드'가 되었다. 하지만 그 이름은 니콜라이 황제 자신이 그랬듯이, 그다지 오래갈 운명이 아니었다. 불과 3년 후인 1917년, 볼셰비키 혁명으로 러시아 제국은 막을 내렸고, 그로부터 다시 7년 후인 1924년, 이 도시는 혁명의 아버지 레닌의 이름을 딴 '레닌그라드'가 되었다. 그리고 20세기 후반, 마침내 그 '레닌의 나라'가 붕괴했을 때, 도시의 명칭을 둘러싼 논의가 즉각 제기되었다. 1991년, 시민들은 투표를 실시했고, 본래의 이름을 되돌리는 안이 채택되었다. 무려 77년 만에 되찾은 이름이 바로 페테르부르크인 것이다. 이름을 되돌리는 과정에서 이번 기회에 페테르부르크를 덮고 있는 '외국식 가면'을 말끔히 벗겨버리고, 아예 원본origin보다 더 고유한original 이름으로 부르자는 주장도 제기되었다. 냉전 시기 소련 수용소의 실상을 그린 소설(『이반 데니소비치의 하루』)로 노벨문학상을 받은 바 있는 작가 솔제니친도 그중 하나로, 그가 제안했던 명칭은 '네바그라드'나 '스뱌토페트로그라드' 따위의 지극히 '러시아적'인 향취를 풍기는 이름들이다. 솔제니친의 이런 엉뚱한 주장을 이해하는 데 현대 러시아 종교사상가 쿠라예프А. Kuraev의 다음과 같은 지적이 도움이 된다. "지금으로부터 300년 전 상트페테르부르크라는 단어가 당시 사람들의 귀에 어떻게 들렸겠는가? 그건 마치 지금 우리가 탐팩스Tampax나 스니커즈Snikers 혹은 마케팅 따위의 단어를 들었을 때 가지는 느낌과 다르지 않다."

20) Там же, с. 358; 번역본: 같은 책, 274쪽.

21) 지난 2007년, 로트만이 생전에 근무하던 에스토니아의 타르투 대학에서 "텍스트 속의 명명, 문화 속의 명명Naming in Text, Naming in Culture"이라는 주제로 국제 학술대회가 개최되었다. 거기서 명명의 주제는 도시기호학의 범위를 넘어 '문화 속의 고유명사'라는 확장된 문제의식 아래 깊이 있게 논의된 바 있다. 이와 관련된 주제는 현재 타르투 기호학연구소의 핵심 연구 과제("Nomination and Anonymity in Culture")로 상정되어 있다.

22) Ю. М. Лотман, "Символика Петербурга и проблемы семиотики города," Ю. М. Лотман, Избранные труды в трех томах, Т. II; 번역본: 유리 로트만, 「뻬쩨르부르크의 상징학과 도시 기호학의 제문제」, 유리 로트만 외, 『시간과 공간의 기호학』, 44~7쪽.

23) Ю. М. Лотман (совместно с Б. А. Успенским), "Отзвуки концепции 'Москва-третийРим' в идеологии Петра Первого," История и типология русской культуры, cc. 349~350; 번역본: 유리 로트만·보리스 우스펜스키, 「표트르 대제의 이데올로기에 나타난 '모스크바-제3로마' 개념의 반향」, 『러시아 기호학의 이해』, 259쪽.

24) 니콜라이 고골, 「네프스끼 거리」, 『뻬쩨르부르그 이야기』, 조주관 옮김, 민음사, 2004, 282쪽.

25) 같은 책, 229쪽.

26) 표도르 도스토옙스키, 『죄와 벌』, 박형규 옮김, 누멘, 2010, 13쪽.

27) 표도르 도스또예프스끼, 『백야 외』, 석영중 외 옮김, 열린책들, 2010.

28) 러시아 문학사에서 독특한 주제적 계열체를 이루는 '페테르부르크 텍스트'에 관한 보다 상세한 내용은 В. Н. Топоров, "Петербург и петербургский текст русской литературы," ТРЗС(XVIII), 1984, cc. 4~29; 번역본: 블라지미르 또뽀로프, 「뻬쩨르부르크와 러시아 문학에 있어서의 뻬쩨르부르크 텍스트-주제의 소개」, 『시간과 공간의 기호학』, 70~111쪽을 참조하라.

29) Marquis de Custine, La Russie en 1839, Seconde ed., revue, corrige et augenentee, V. 1, Paris, 1843, p. 262; 유리 로뜨만, 「뻬쩨르부르크의 상징학과 도시 기호학의 제문제」, 『시간과 공간의 기호학』, 60쪽에서 재인용.

30) Marquis de Custine, Ibid., p. 135; М. Ямпольский, Язык-тело-случай: кинематограф и поиски смысла, Н.Л.О., М., 2004. с. 362에서 재인용.

31) 퀴스틴 후작(1790~1857)은 프랑스의 문학가이자 재상으로 니콜라이 1세 치하의 러시아를 여행하고 쓴 책 『차르의 제국—영원한 러시아를 통한 여행/1839년의 러시아』로 유명하다. 이 책은 수차례에 걸쳐 유럽에서 출간되었는데, 이른바 제정 러시아에 대한 유럽적 관념(스테레오 타입을 포함한)을 만드는 데 결정적인 역할을 했다. 현대 러시아의 가장 저명한 영화감독 중 한 명인 알렉산드르 소쿠로프A. Sokurov가 만든 영화 「러시아 방주Russian Ark」(2003)는, 바로 이 역사적 인물이 러시아 문화의 심장이라 할 페테르부르크의 에르미타쥬 박물관에 떨어져 일종의 가상 역사 기행을 하는 내용으로 이루어져 있다.

32) 같은 책, 61쪽.

33) 조 라이트Joe Wright 감독의 영화 「안나 카레니나Anna Karenina」(2013)는 영화의 주요 배경을 '극장의 무대'로 바꿔놓는 과감한 예술적 결단을 감행했는데, 러시아 문학에 익숙한 사람의 눈으로 볼 때 이 결단은 결코 예사롭지 않다. 그것은 러시아 근대 문화의 가장 중요한 특징 하나를 '문자 그대로' 시각화한 결단이었기 때문이다. 주지하듯이, 「안나 카레니나」는 두 커플의 이야기를 중심으로 진행된다. '불륜'으로 시작되어 결국은 파멸에 이르는 안나와 브론스키의 이야기가 한 축을 이룬다면, 그와 나란히 '서투르지만 순수한' 커플 레빈과 키티의 이야기가 진행된다. 영화에는 사건의 배경이 갑자기 '연극의 무대'를 벗어나 광활한 러시아의 대자연으로 확장되는 몇몇 장면들이 있는데, 그 장면들은 온전히 레빈과 키티의 에피소드에 바쳐져 있다. 작가 자신의 분신 격에 해당하는 레빈은 소설의 주요 배경인 귀족의 공간('무대')에 적응하지 못하는 인물이다. 그는 좁고 화려한 그 세계 바깥에서, 즉 땀 흘리는 노동의 자연스러운 삶의 리듬 안에서 비로소 편안하게 숨 쉴 수 있는 진짜 '러시아적' 인물이기 때문이다. 영화에서 두 커플의 가치론적 대립은 공간을 둘러싼 '시각적 대립'으로 뚜렷하

게 가시화되고 있다.

34) Ю. М. Лотман, "Поэтика бытового поведения в русской культуре XVIII века," Избранные статьи в трех томах, Т. I, сc. 250~51; 번역본: 유리 로트만, 「18세기 러시아 문화에 있어서의 일상 행위의 시학」, 『러시아 기호학의 이해』, 223~26쪽.

35) 유리 로뜨만, 「뻬쩨르부르크의 상징학과 도시 기호학의 제문제」, 『시간과 공간의 기호학』, 61쪽.

36) 같은 책, 63쪽.

37) 같은 책, 68쪽.

38) 올랜도 파이지스, 『러시아 문화사: 나타샤 댄스』, 123쪽. 사실 러시아 민족의식에서 진정 흥미로운 지점은 그것의 '분열적' 정체성과 관련된다. 문제는 러시아가 서양을 타자화하면서 스스로의 민족적 정체성을 구성해나가는 과정이, 자신 속에 잠재된 '동양적 자아'를 재발견하는 과정과 동시적이었다는 점이다. 서구(유럽)의 문화적 '식민지'이면서 동시에 근동과 시베리아의 제국주의적 '지배자'이기도 했던 러시아의 이런 분열적(이중적) 상황은, 러시아의 두번째 타자, 동양의 문제를 성찰하지 않을 수 없도록 한다. 이에 관한 개략적인 논의는 김수환, 「러시아 '상상하기': 러시아 문화 정체성에 있어서 '타자' 구성의 문제」, 『러시아학』 제2호, 충북대학교 러시아연구소, 2006, 82~8쪽을 참조하라.

39) 바로 이런 의미에서, 임지현은 키레옙스키와 호먀코프 등으로 대변되는 19세기 러시아의 슬라브주의자들을 서구적 근대성을 본격적으로 회의하고 비판한 최초의 주변부 지식인 집단으로 꼽는다. 그에 따르면, 이슬람(시리아의 무스타파 아스시바이Mutafa as-Sibai), 인도(반킴찬드라Bankimchandra, 간디Gandhi), 중국(웨이위안魏源) 민족주의에서 발견되는 공통적인 패턴은 19세기 러시아 슬라브주의에서 이미 예시되었다. 그들 모두가 공통적으로 부딪힌 딜레마는, 어떻게 해서 "근대화와 민족적 정체성이라는 두 마리 토끼"를 잡을 것인지의 문제였던 것이다. 임지현, 「해방에서 동원으로」, 『이념의 속살―억압과 해방의 경계에서』, 삼인, 2001, 239~345쪽.

40) 마샬 버만, 『현대성의 경험』, 윤호병 옮김, 현대미학사, 1994/2004, 424쪽.

41) 같은 책, 288쪽.

42) 같은 책, 263쪽.

43) 유리 로뜨만, 「뻬쩨르부르크의 상징학과 도시 기호학의 제문제」, 『시간과 공간의 기호학』, 69쪽.

44) 마샬 버만, 같은 책, 290쪽.

45) 같은 책, 291쪽.

46) 유리 로뜨만, 「뻬쩨르부르크의 상징학과 도시 기호학의 제문제」, 『시간과 공간의 기호학』, 68쪽.

47) 같은 책, 69쪽.

제3부 대화와 주체

6장 문화 상호작용과 글로컬리티

1) М. М. Бахтин, Эстетика словесного творчества, М., 1979, с. 276.

2) М. М. Бахтин, Вопросы литературы и эстетики, М., 1975, с. 25.

3) 1920년대에 볼로시노프와 메드베데프의 이름으로 발표된 세 권의 저서(『마르크스주의와 언어철학』, 『프로이트주의』, 『문예학의 형식적 방법』)의 저작권에 관한 문제는 계속적인 논쟁을 불러일으켜왔다. 이 논쟁의 역사에 대한 상세한 소개는 게리 솔 모슨·캐릴 에머슨, 『바흐친의 산문학』, 오문석 외 옮김, 책세상, 2006, 192~228쪽을 참조.

4) М. М. Бахтин, Марксизм и философия языка, в кн.: Тетралогия, М., 1998, с. 319; 번역본: М. 바흐찐·V. N. 볼로쉬노프, 『마르크스주의와 언어철학』, 송기한 옮김, 한거레, 1988, 38쪽(신판본:『언어와 이데올로기』, 송기한 옮김, 푸른사상, 2005).

5) Там же.

6) 인간 심리를 모델화하는 데 있어 바흐친/볼로시노프는 눈에 띄게 로고스 중심적이고 유물론적이다. "경험은 심지어 그것을 경험하고 있는 사람 자신에게조차 기호의 물질성 속에서만 존재한다. 그런 물질 바깥에서는 경험 자체가 존재할 수 없다." Там же, с. 322. 내적 삶의 기초, 그것의 뼈대를 이루는 것은 다름 아닌 '말'인 것이다. 심리의 기호적 매체는 전적으로 말, 즉 내적 발화인 것이다. 예컨대, 다음과 같은 바흐친의 단언은 그의 '언어중심주의적' 경향을 집약한다. "언어, 말—그것은 인간적 삶의 거의 전부이다." М. М. Бахтин, Эстетика словесного творчества, М., 1979, с. 297.

7) М. 바흐찐·V. N. 볼로쉬노프, 『프로이트주의』, 송기한 옮김, 예문, 1987, 140쪽(신판본: 미하일 바흐찐, 『프로이트주의』, 김윤하 옮김, 뿔, 2011). 공식적 의식이 프로이트식의 '검열된' 말에 해당한다면 비공식적 의식은 외적인 말이 되는 것을 두려워하는, 검열되지 않은 말의 층위에 해당한다.

8) L. S. Vygotsky, *Thought and Language*, E. Hanfmann & G. Vakar (eds. and trans.), Cambridge, Mass., 1962, p. 20; 러시아본: Л. С. Выготский, Мышление и речь, М., 2001. 내적 언어 혹은 '심리의 내부화internalization' 현상에 관한 바흐친과 비고츠키의 견해를 비교 분석한 글로 C. Emerson, "The Outer Word and Inner Speech: Bakhtin, Vygotsky, and the Internalization of Language," *Critical Inquiry*, Vol. 10, No. 2, 1983, pp. 251~57을 참조하라.

9) 가라타니 고진, 『언어와 비극』, 조영일 옮김, 도서출판 b, 2004, 29~32쪽.

10) 게리 솔 모슨·캐릴 에머슨, 『바흐친의 산문학』, 113쪽.

11) М. М. Бахтин, "К переработке книги О Достоевском," Эстетика словесного творчества, М., 1986, с. 337.

12) Ю. М. Лотман, "О семиосфере," Избранные статьи в трех томах, Т. 1, с. 19.

13) A. Shukmann, "Semiotics of Culture and the Influence of M. M. Bakhtin," *Issues in Slavic Literary and Cultural Theory*, 1989, p. 196.

14) Ю. М. Лотман, Там же, с. 17.

15) Там же, с. 13.

16) R. Robertson, "Globalization: Time-Space and Homogeneity-Heterogeneity," *Global Modernities, Mike Featherstone*, S. Lash & R. Robertson (eds.), Sage Publications, 1995, pp. 25~44.

17) Y. Lotman, *Universe of The Mind: A Semiotic Theory of Culture*, A. Shukman(trans.), Bloomington, Indiana University Press, 1990, p. 125.

18) *Ibid.*, p. 125.

19) *Ibid.*, p. 140.

20) 유리 로트만, 『기호계』, 231~32쪽.

21) 같은 책, 223~24쪽. 로트만의 후기 사상에 미친 바흐친의 영향과 텍스트 개념을 둘러싼 두 사상가의 입장 차이에 관해서는 김수환, 『사유하는 구조』, 11장을 참조하라.

22) 유리 로트만, 같은 책, 250쪽.

23) R. Robertson, *Global Modernities*, p. 4. 로버트슨에 따르면, 세계화 문제를 두고 단종론자homogenizer와 혼종론자heterogenizer 들이 대립한다. 전자에 사회학자 기든스를 비롯한 마르크스주의자, 기능주의자 들이 속한다면 후자에는 사이드, 호미 바바, 스튜어트 홀 등이 속한다.

24) Y. Lotman, *Ibid.*, p. 127.

25) Ю. М. Лотман, Культура и взрыв, в кн.: Семиосфера, СПб, 2000, с. 116; 번역본: 유리 로트만, 『문화와 폭발』, 김수환 옮김, 아카넷, 2014, 225쪽.

26) 유리 로트만, 『기호계』, 278쪽.

27) 같은 책, 288쪽. 텍스트적 양태의 기호학적 특징과 인격적 양태의 기호학적 특징 간의 일정한 대응 관계는 결국 의미 형성을 위한 '대화적' 조건, 곧 낯선 텍스트들과의 접촉 및 교환의 불가피성에 관한 사고에 해당한다. 그리고 이는 다시, 앞서 말한 '기호계'의 논리에 다름 아니다. "어떤 구조적인 텍스트가 새로운 의미를 발생시키기 시작하려면 반드시 커뮤니케이션 상황에 편입되어야만 한다. 즉, 그런 상황에서만 하부 구조들 간의 기호학적 교환과 내적 번역의 과정이 발생하게 되는 것이다. 이로써 알 수 있는 것은 창조적 의식의 행위는 언제나 커뮤니케이션 행위, 즉 교환 행위라는 점이다. 〔……〕 창조적 의식은 완전히 고립된 체계, 즉 단일구조적이고 정적인(교환을 위한 내적 여분을 지니지 않은) 체계의 상황에서는 불가능하다." 같은 책, 287~88쪽.

28) Ю. М. Лотман, История и типология русской культуры, с. 47.

29) Там же, с. 48.

30) Там же, сс. 48~9.

31) 로트만의 문화이론과 탈식민주의 이론과의 절합 가능성에 관해서는 A. Schönle, "The Self, its Bubbles, and its Illusions," *Lotman and Cultural Studies-Encounters and Extensions*, The University of Wisconsin Press, 2006, pp. 195~97을 참조하라. 한편, 로트만의 문화 상호작용 모델을 한국 비보이B-boy에 적용해 분석한 글로 김수환, 「문화의 상호작용에 대한 문화기호학적 접근: 한국 비보이와 러시아 발레뤼스를 중심으로」, 『러시아 연구』 제19권 제1호, 2009, 31~57쪽을 참조하라.

32) Y. Lotman, *Universe of The Mind: A Semiotic Theory of Culture*, p. 134.

33) A. Schönle, *Ibid.*, p. 192.

34) 최근 버틀러는 시위 도중 미국 국가를 스페인어로 번역해 부른 2006년 캘리포니아의 '불법' 거주자 집회의 예를 들어 '수행적 정치학'의 가능성을 제시한 바 있다. 그에 따르면, 불가피하게 "어떤 거리감이나 틈새"를 여는 이런 번역의 행위가 동반하는 "수행적 모순"이야말로 우리를 막다른 골목으로 몰아가는 것이 아니라 역동적인 창조의 공간을 열어젖힌다. 주디스 버틀러·가야트리 스피박, 『누가 민족국가를 노래하는가』, 주해연 옮김, 산책자, 2008, 59~67쪽.

7장 러시아적 주체

1) М. М. Бахтин, Эстетика словесного творчества, М., 1979, с. 276.

2) М. М. Бахтин, Марксизм и философия языка, в кн.: Тетралогия, с. 319; 번역본: М. 바흐찐·V. N. 볼로쉬노프, 『마르크스주의와 언어철학』(신판본: 『언어와 이데올로기』).

3) Там же.

4) L. S. Vygotsky, *Thought and Language*, p. 20; 러시아본: Л. С. Выготский, Мышление и речь. 물론 발달심리학자였던 비고츠키의 관심이 주로 언어 발달의 문제, 그러니까 한 개인이 어떻게 언어를 '습득'하는지의 문제에 집중되었다는 점에서 바흐친/볼로시노프와 '차이'가 있다. 하지만 비고츠키가 말하는 '심리의 내부화' 과정이 심리의 경계성에 관한 바흐친/볼로시노프의 사유를 명확하게 예증하고 있다는 사실은 의심할 바 없다. 이에 관한 더 상세한 내용은 C. Emerson, "The Outer Word and Inner Speech: Bakhtin, Vygotsky, and the Internalization of Language," *Critical Inquiry*, Vol. 10, No. 2, pp. 245~64를 참조하라.

5) М. М. Бахтин, Фрейдизм: Критический очерк, в кн.: Тетралогия, с. 82; 번역본: М. 바흐찐·V. N. 볼로쉬노프, 『프로이트주의』.

6) Ю. М. Лотман, "О семиосфере," Избранные статьи, Т. 1, с. 11.

7) Там же, с. 11.

8) Ю. М. Лотман, "О редукции и развертывании знаковых систем (К проблеме ≪фрейдизм≫ и семиотическая культурология)," сс. 381~82.

9) М. М. Бахтин, "К переработке книги о Достоевском," Эстетеика словесного творчество, М., 1979, с. 331; 번역본: 미하일 바흐친, 『말의 미학』, 김희숙·박종소 옮김, 길, 2006, 447쪽.

10) М. М. Бахтин, Фрейдизм: Критический очерк, в кн.: Тетралогия, с. 85; 번역본: М. 바흐찐·V. N. 볼로쉬노프, 『프로이트주의』, 144쪽.

11) М. М. Бахтин, Там же, сс. 86~87; 같은 책, 145~46쪽.

12) Там же, с. 87; 같은 책, 146쪽.

13) 말/언표들의 '상호 간섭'의 현상을 가장 잘 보여주는 문법적 사례는 '자유간접화법free indirect speech'이다. 볼로시노프가 독일어 표현 'uneigentliche direkte Rede'의 번역어를 따라 '의사직접화법'이라 바꿔 부른 바 있는 이 문법적 현상은 흔히 '직접화법과 간접화법의 혼합'으로 설명되곤 한다. 하지만 여기서 중요한 것은 볼로시노프가 이를 두 기존 형식의 단

순한 '혼합'이 아니라 언표들을 대화하도록 만드는 새로운 방식의 창안으로 이해하고 있다는 점이다. 요컨대, 그것은 '보고되는 맥락'과 '보고하는 맥락'이 '상호 침투'될 수 있도록 하는 흥미로운 방식을 제공하는 것이다. 한편, 주지하다시피 들뢰즈/가타리는 언어의 이런 속성에 주목하면서 바흐친/볼로시노프의 저작(『마르크스주의와 언어철학』)을 인용한 바 있다. "'최초의' 언어, 또는 차라리 언어를 채우고 있는 최초의 결정물은 전의나 은유가 아니라 간접화법discourse indirect이다. [······] 하나의 정념 안에는 많은 정념들이 있고, 온통 소문이요 횡설수설인 하나의 목소리 안에는 모든 종류의 목소리들이 있다. 이 때문에 모든 담론은 간접적이며, 언어에 고유한 전용translation은 간접화법이라는 전용이다." 질 들뢰즈·펠릭스 가타리, 『천 개의 고원』, 김재인 옮김, 새물결, 2001, 150쪽.

14) G. S. Morson & C. Emerson, *Mikhail Bakhtin—Creatin of a Prosaics*, Stanford University Press, 1990; 번역본: 게리 솔 모슨·캐릴 에머슨, 『바흐친의 산문학』, 368쪽.

15) 같은 책, 388~89쪽.

16) М. М. Бахтин, "Слово в романе," Вопросы литературы и эстетика, М., 1975; 게리 솔 모슨·캐릴 에머슨, 『바흐친의 산문학』, 242쪽에서 재인용. 주지하다시피, 이와 같은 '말'의 스타일의 문제는 바흐친의 저서 『도스또예프스끼 시학의 제(諸)문제』(김근식 옮김, 중앙대학교출판부, 2011)에서 핵심 주제를 이룬다. 제부슈킨의 '곁눈질하는 말'에서 지하생활자의 '틈 구멍을 지닌 말'까지, 내 말의 유형과 스타일을 결정하는 것은, 내 말의 맥락 속으로 들어와 내 말을 조형하고 있는 외적인 말들과의 '응답적' 대화인 것이다.

17) М. М. Бахтин, Марксизм и философия языка, в кн.: Тетралогия, с. 333; 번역본: М. 바흐쩐·V. N. 볼로쉬노프, 『마르크스주의와 언어철학』, 55쪽.

18) Там же, с. 334; 같은 책, 56쪽.

19) 한편, 여기서 인상, 정서 등과 관련된 것이 바로 '어조'의 문제이다. 가치평가적 태도를 표현하는 감정-의지적 어조란 곧 '개별성의 인장'으로서 기능한다. 기억할 것은 초기의 행위철학 단계에서도 어조는 매우 중요한 의미를 지녔다는 점이다. 모든 행위의 '구성적 측면'을 이루는 것이 바로 어조이다. 즉, 어조는 행위의 단독성, 그리고 그 행위가 행위 수행자에 대한 단독적 관계를 맺고 있다는 증거를 보유한다.

20) L. S. Vygotsky, *Thought and Language*, p. 226.

21) *Ibid.*, p. 247.

22) Ю. М. Лотман, "О двух моделях коммуникации в системе культуры," Избранные статьи, Т. 1, с. 84; 영어본: Y. Lotman, "Autocommunication: 'I' and 'Other' as Addressees," *Universe of the Mind: A Semiotic Theory of Culture*, p. 29. 이후의 인용은 영어본을 따랐다.

23) Y. Lotman, *Ibid.*, p. 21.

24) 한편, 메모의 목적이 이후에 상기하기 위함이 아니라 어떤 비밀스런 메시지의 전달에 있는 경우, 그것은 일종의 비밀 메시지, 즉 지정된 수신자만 알아볼 수 있도록 특별히 코드화된 정보에 해당한다. 군대에서 암호를 사용해 피아를 식별할 때 같은 암호를 사용하는 동료는 사실상 이미 나와 한 몸인 것으로 여겨진다.

25) Y. Lotman, *Ibid.*, p. 21.

26) *Ibid.*, p. 25. 이 장면에서 오네긴은 책을 읽고 있는 것이 아니다. 그의 눈은 기계적으로 책의

구절들을 좇고 있지만, 왼쪽 리듬(벽난로 소리와 중얼거림)을 배경으로 한 그의 '마음의 눈'은 다른 상념 속을 헤매고 있다. 물론 그 상념은 타치아나와의 재회가 촉발한 복잡한 심경과 관련이 있을 것이다.

27) *Ibid.*, p. 28.

28) *Ibid.*, p. 29.

29) 넓은 의미에서 '(체)계 이론'의 범주에 속하는 로트만의 사유는 이른바 '주체의 계기'를 결여하고 있다는 점에서 일반적인 비판의 대상이 되곤 한다. 가령, 그것은 "기호학으로부터 퍼스적 의미에서의 화용론을 결정적으로 제거하는 것"(그르지벡)으로, "화용론, 즉 정신분석학적 의미에서의 주체 개념의 명백한 부재"(크리스테바)로, 무엇보다 "단 하나의 주체, 연구자그 자신밖에 존재하지 않는 구조주의"의 세계(바흐친)로 간주되곤 한다. 이에 관해서는 김수환, 『사유하는 구조』, 235~40쪽 참조.

30) Y. Lotman, *Ibid.*, p. 26.

31) *Ibid.*, p. 26.

32) *Ibid.*, p. 27.

33) 다른 한편으로 이 두번째 차원의 형식적 특징(생략, 압축, 리듬적 질서 등등)이 무의식의 텍스트인 '꿈'을 떠올리게 한다는 사실 역시 지적해둘 만하다.

34) 게리 솔 모슨·캐릴 에머슨, 『바흐친의 산문학』, 384쪽.

35) М. М. Бахтин, "Из записей 1970~1971 годов," Эстетика словесного творчества, с. 371; 번역본: 미하일 바흐친, 『말의 미학』, 497쪽.

36) Там же, с. 370; 같은 책, 497쪽

37) М. М. Бахтин, "К методологии гуманитарных наук," Там же, с. 387; 미하일 바흐친, 같은 책, 520쪽.

38) Ю. М. Лотман, "О двух моделях коммуникации в системе культуры," Избранные статьи, Т. 1, с. 84; 영어본: Y. Lotman, *Universe of the Mind: A Semiotic Theory of Culture*, p. 29.

39) 바흐친에게 '시' 장르가 '소설' 장르의 '독백적' 안티테제에 불과한 것인 반면, 로트만에게 시는 기호 체계의 복수언어적 구조를 보여주는 가장 전형적인 예가 된다. 언어를 통해 '이야기'하는 시는 그럼에도 불구하고 끊임없이 무언가를 '보여주기' 위해 조형적 기호의 이미지를 닮으려 하는바, 세계를 모델링하는 두 가지 근원적인 경향 사이의 이런 끝없는 상호작용과 긴장, 인류 역사의 전 과정을 관통하고 있는 이 영원한 경향을 가장 명징한 형태로 확인할수 있는 것은 다름 아닌 '시' 속에서이다.

40) Y. Lotman, *Ibid.*, p. 33.

41) Ю. М. Лотман, "О семиосфере," Избранные статьи, Т. 1, с. 19.

42) W. Noth, "Yuri Lotman on Metaphors and Culture as Self-referential Semiosphere," *Semiotica* 161-1/4, 2006, pp. 260~61. 한편, 기호계 개념의 이런 모순적 상황을 직접적인 철학적 성찰의 대상으로 삼은 로트만의 예외적인 논문으로 「주체이자 그 자신에게 객체인 문화」가 있다. 유리 로트만, 『기호계』, 314~31쪽을 참조하라.

43) 로트만의 마지막 저서에 담긴 '폭발'의 개념에 관한 상세한 내용은 유리 로트만, 『문화와 폭발』, 특히 옮긴이 해제(310~36쪽)를 참조하라.

44) Ю. М. Лотман, "О роли случайных факторов в литературной эволюции," Труды по знакомых системам 23, Тарту, 1989, с. 39~48.

45) М. М. Бахтин, "К методологии гуманитарных наук," Там же, с. 391: 미하일 바흐친, 같은 책, 525쪽.

원문출처

1장 「책에 따라 살기: 러시아적 문화유형의 매혹과 위험」, 『러시아연구』 제15권 제1
호, 2005, 35~59쪽.

2장 「텍스트 이론에서 문화시학으로: 로트만의 '행위시학' 방법론을 중심으로」, 『러
시아어문학연구논집』 18집, 2005, 103~37쪽.

3장 「로트만 문화기호학에 있어서 러시아 역사철학적 전통의 문제: 러시아적 이념과
러시아적 이론」, 『러시아어문학연구논집』 15집, 2004, 225~54쪽.

4장 「영화기호학과 포토제니: 로트만의 '신화적 언어' 개념을 중심으로」, 『문학과 영
상』 제9권 1호, 2008, 31~54쪽.

5장 「유리 로트만의 도시기호학: 상트-페테르부르크를 중심으로」, 『도시연구: 역
사-사회-문화』 제1호, 2009, 81~104쪽.

6장 「'영향'에서 '대화'로: 문화상호작용과 글로컬리티」, 『인문연구』 제57호, 2009,
201~28쪽.

7장 「러시아적 주체: 바흐친과 로트만의 자아개념 비교」, 『노어노문학』 제22권 제4
호, 2010, 247~65쪽.

참고문헌

1장 책에 따라 살기

김수환, 「텍스트 이론에서 문화시학으로: 로트만의 '행위시학' 방법론을 중심으로」,
  『러시아어문학연구논집』 18집, 2005.
──, 『사유하는 구조』, 문학과지성사, 2011.
김희숙, 「연극성과 광대극: 삶의 창조를 위한 형식」, 『러시아연구』 제11권 제2호,
  2001.
단턴, 로버트, 『책과 혁명―프랑스 혁명 이전의 금서 베스트셀러』, 주명철 옮김, 길,
  2003.
루카치, 게오르크, 『영혼과 형식』, 반성완·심희섭 옮김, 심설당, 1988.
로트만, 유리, 『러시아 기호학의 이해』, 이인영 외 옮김, 민음사, 1993.
──, 『러시아 문화에 관한 담론 1』, 김성일·방일권 옮김, 나남, 2011.
리쾨르, 폴, 『텍스트에서 행동으로』, 박병수·남기영 편역, 아카넷, 2002.
벤야민, 발터, 『서사敍事·기억·비평의 자리』, 최성만 옮김, 길, 2012.
사사키 아타루, 『잘라라 기도하는 그 손을』, 송태욱 옮김, 자음과모음, 2012.
샤르티에, 로제, 『프랑스 혁명의 문화적 기원』, 백인호 옮김, 일월서각, 1998.
쿤데라, 밀란, 『소설의 기술』, 권오룡 옮김, 책세상, 1995.

Gasparov, B., "Introduction," *The Semiotics of Russian Cultural History*, Ithaca, N. Y., Cornell University Press, 1985.

Gutkin, I., "The Legacy of the Symbolist Aesthetic Utopia: From Futurism to Socialist Realism," *Creating life: The Aesthetic Utopia of Russian Modernism*, Stanford University Press, 1994.

Kelly, C. & Shepherd, D., *Russian Cultural Studies: An introduction*, Oxford University Press, 1998.

Paperno, I. & Grossman, J. D. (eds.), *Creating Life: The Aesthetic Utopia of Russian Modernism*, Stanford University Press, 1994.

Бойм, С. Ю., Общие места – Мифология повседневнойжизни, М., 2002.

Брюсов, В. Я., Сочинения в двух томах, Т. II, М., 2002.

Гройс, Б. Е., Искусство утопии. Gesamtkunstwerk Сталин. Статья, М., 2003.

Паперно, И. А., Семиотика поведения: НиколайЧернышевский – человек эпохи реализма, М., 1996.

Лотман, Ю. М., "О содержании и структуре понятия 'художестве – нная литература'," Избранные статьи, Т. 1, Таллинн, 1992.

———, "Декабрист в повседневнойжизни," Избранные статьи, Т. 1, Таллинн, 1992.

———, "Очерк по русскойкультуре XIII века," Из истории русскойкультуры, Т. IV, М., 1996.

———, "Театр и театральность в строе культуры начала XIX века," Об искусстве, СПб., 1998.

———, Структура художественного текста, Об искусстве, СПб., 1998.

———, Беседы о русскойкультуре, СПб., 2001.

———, "Роль дуальных моделейв русскойкультуры (до конца XVIII века)," История и типология русскойкультуры, СПб., 2002.

———, "Между эмблемойи символом," История и типология русскойкультуры, СПб., 2002.

———, "'Договор' и 'вручение себя' как архетипические модели культуры,"

История и типология русскойкультуры, СПб., 2002.

———, "Поэтика бытового поведения в русскойкультуре XVIII века," История и типология русскойкультуры, СПб., 2002.

———, "Механизм Смуты," История и типология русскойкультуры, СПб., 2002.

Синявский, А. Д., Основы советскийцивилизации, Аграф, 2002.

Чужак, Н. Ф., "Литература жизнестроения," Литература Факта Пер-выйсборник материалов работников ЛЕФа, М., 2000.

2장 문화시학의 길

기어츠, 클리퍼드, 『문화의 해석』, 문옥표 옮김, 까치, 1998.

김수환, 「로트만 기호학에 있어서 텍스트 화용론의 문제: 인간과 텍스트의 문화적 교제」, 『러시아연구』 제13권 제1호, 2003.

———, 「러시아 문예학의 기원 탐색―러시아 형식주의 다시 읽기」, 『문학동네』 2004년 여름호.

———, 『사유하는 구조』, 문학과지성사, 2011.

로트만, 유리, 『러시아 기호학의 이해』, 이인영 외 옮김, 민음사, 1993.

———, 『러시아 문화에 관한 담론 1·2』, 김성일·방일권 옮김, 나남, 2011.

리쾨르, 폴, 『텍스트에서 행동으로』, 박병수·남기영 편역, 아카넷, 2002.

부르디외, 피에르, 『예술의 규칙―문학장의 기원과 구조』, 하태환 옮김, 동문선, 1999.

어얼리치, 빅토르, 『러시아 形式主義』, 박거용 옮김, 문학과지성사, 1983.

이글튼, 테리, 『비평과 이데올로기』, 윤희기 옮김, 인간사랑, 2012.

Bonnell, V. E. & Hunt, L. (eds.), *Beyond the Cultural Turn*, University of California Press, 1999.

Paperno, I. & Grossman, J. D. (eds.), *Creating Life: The Aesthetic Utopia of Russian Modernism*, Stanford University Press, California, 1994.

Shukman, A., *Literature and Semiotics—A Study of the Writing of Yu. M. Lotman*, North-Holland Publishing Company, 1997.

Барт, Р., Мифология, М., 2004.

Бахтин М. М.(Медведев П. Н.) "Формальный метод в литературоведении," Театралогия, М., 1998.

Боим, С. Ю., Общие места—мифология повседневнойжизни, М., 2002.

Гинзбург Л. О., "'Человеческий документ' и построение характера," О психологическойпрозе, М., 1999.

Гройс, Б. Е., Искусство утопии, М., 2003.

Гронас, М., "Актуальность Лотмана," Новая Русская Книга, СПб., 2002/1.

Зенкин, С. Н., "филологическая иллюзия и ее будущность," Новое Литературное Обозрение(이하 Н.Л.О.), No. 47, 2001.

Зорин, А. Л., "Идеология и семиотика в интерпретация Клиффорда Гирца," Н.Л.О., No. 29, М., 1998.

Катерина, К., Советскийроман: история как ритуал, Екатеринбург, 2002.

Козлов, С. Г., "На rendez-vous с 'Новым историзмом'," Н.Л.О., No. 42, 2000.

Леви-стросс К., Структурная антропология. М., 1983.

Лотман, Ю. М., Избранные статьи, Т. 1, Таллинн, 1992.

———. Внтури мыслящих миров, М., 1996.

———. Об искусстве, СПб., 1998.

———. Семиосфера, СПб., 2000.

———. Беседы о русскойкультуре, СПб., 2001.

Монроз, Л. А., "Изучение Ренессанса: поэтика и политика культуры," Н.Л.О., No. 42, 2000.

Паперный, В. З., Культура Два, М., 1996.

Тынянов, Ю. Н., "Литературныйфакт," Поэтика, история литературы, кино, М., 1977.

Чудаков, М. О., "Социальные практика, филологическая рефлексия и литература в научнойбиографии Эйхенбаума и Тынынова,"

Тыняновскийсборник, Рига, 1986.

Шайтанов, И. О., "'Бытовая' история," Вопросы литературы, No. 2, 2002.

Эйхенбаум, Б. М., "Литературныйбыта," Мойвременник, М., 2001.

Энгельштейн, Л., "Повсюду 'Культура': о новейщих интерпретациях истории XIX-XX веков," Новая Русская Книга 3-4, СПб., 2001.

Эткинд, А. М., "Новый историзм, русская версия," Н.Л.О., No. 47, 2001.

3장 러시아 이념과 러시아 이론

김수환, 「유리 로트만 기호학에 있어서 '공간'의 문제」, 『기호학연구』 제11집, 2002.

――――, 「로트만 기호학에 있어서 텍스트 화용론의 문제: 인간과 텍스트의 문화적 교제」, 『러시아연구』 제13권 제1호, 2003.

로트만, 유리, 『러시아 기호학의 이해』, 이인영 외 옮김, 민음사, 1993.

――――, 『기호계』, 김수환 옮김, 문학과지성사, 2008.

바르트, 롤랑, 『기호의 제국』, 김주환·한은경 옮김, 민음사, 1997.

백준현 외, 『러시아 이념―그 사유의 역사 1』, 제이앤씨, 2004

베르쟈예프, 니콜라이, 『러시아 思想史』, 이철 옮김, 범조사, 1985.

소쉬르, 페르디낭 드, 『일반언어학 강의』, 최승언 옮김, 민음사, 2006.

Kristeva, J., *About Chinese Woman*, New York, Urizen Books, 1977.

Shukman, A., *Literature and Semiotics—A Study of the Writing of Yu. M. Lotman*, North-Holland Publishing Company, 1997.

Автономова, Н. С., Гаспаров, М. Л., "Якобсон, славистика и еврозийство: две конъюнктуры, 1929-1953," Роман Якобсон-тексты, документы, исследования, М., 1999.

Амелин, Г. Г., Пильщиков, И. А., "Семиотика и русская культура," Московско-тар-туская семиотическая школа, М., 1998.

Бердяев, Н. А., "Русская идея," О России и русской философской культуре:

философы русского послеоктябриского зарубежья, М., 1990.

Гаспаров, Б: М., "Тартуская школа 1960-х годов как семиотический феномен,"
Ю. М. Лотман и тартуско-московская семиотическая школа, М., 1994.

———, "В поисках 'другого'," Московско-тартуская семиотическая школа, М.,
1998.

Геллер, Л., "Старая болезнь культуры: русофилия (заметки по поводу словаря
русского менталитета)," Н.Л.О., No. 21, М., 1996.

Зарецкий, А. Р., Песков, А. М., "Имя мифа-к проблеме семиотики культуры,"
Н.Л.О., No. 32, М., 1998.

Зверева, Г., "'Присвоение прошлого' в постсоветской историософии Росии
(дискурсный анализ публикаций последних лет)," Н.Л.О., No. 59,
2003.

Зенкин, С., "Русская теория и интеллектуальная история," Н.Л.О., No. 61, М.,
2003.

Калинин, И., "Слепота и прозрение: риторика истории Росии и 'риторика
темпоральности' Поля де Мана," Н.Л.О., No. 59, М., 2003.

Ким Су Кван, Основные аспекты творческой эволюции Ю. М. Лотмана:
"иконичность,"-"пространственность,"-"мифологичность,"-"лично-
стность," М., 2003.

Киреевский, И. В., Критика и эстетика, М., 1979.

Лотман, Ю. М., "Проблема 'обучения культуре' как типологическая
характеристика," Семиосфера, СПб., 2000.

———, "Замечания о структуре повествовательного текста," О русской
литературе, СПб., 1997.

———, "Тезисы к семиотическому изучению культуры (в примении к
славянским текстам)," Семиосфера, СПб., 2000.

———, "Роль дуальных моделей в динамике русской культуры (до конца XVIII
века)," История и типология русской культуры, СПб., 2002.

———, "Миф-имя-культура," Семиосфера, СПб., 2000.

———, "О двух моделях коммуникации в системе культуры," Избранные статьи, Т. 1, Таллинн, 1992.

———, "Семиотика кино и проблема киноэстетика," Об искусстве, СПб., 1998.

———, "Феномен культуры," Семиосфера, СПб., 2000.

———, "Культура как коллективный интеллек и проблема искусствен-ного разума," Семиосфера, СПб., 2000.

———, "'Договор' и 'вручение себя' как архетипические модели культуры," История и типология русской культуры, СПб., 2002.

———, "Отзвуки концепции 'Москва-третий Рим' в идеологии Петра Первого," История и типология русской культуры, СПб., 2002.

———, "Мозг-текст-культура-искусственный интеллект," Семиосфера, СПб., 2000.

———, "Асимметрия и диалог," Избранные статьи, Т. 1, Таллинн, 1992.

———, "Тезисы к семиотике русской культуры (Программа отдела русской культуры Института мировой культуры МГУ. Руководитель программы зав. отделом Ю. М. Лотман)," Ю. М. Лотман и тартуско-московская семиотическая школа, М., 1994.

———, "Проблема византийского влияния на русскую культуру в типологическом освещении," История и типология русской культуры, СПб., 2002.

———, "Возможна ли историческая наука и в чем ее функция в системе культуры?" Внтури мыслящих миров, М., 1996.

———, Культура и взрыв, в кн.: Семиосфера, СПб., 2000.

Пятигорский, А. М., "О времени в себе: Шестидесятые годы-от Афин до ахинеи (беседа с И. Смирновым)," Избранные труды, М., 1996.

———, "Заметки из 90-х о семиотике 60-х годов," Ю. М. Лотман и тартуско-московская семиотическая школа, М., 1994.

Серио, П., Структура и Целостность-об интеллектуальных истоках структурализма в центрольной и восточной европе 1920-30-е гг., М., 2001.

Сироткиная, И., "Русская теория: 1920-30-е годы (X Лотмановские чтения,

РГГУ, Москва, 20-22 декабря 2002)," Н.Л.О., No. 60, М., 2003.

Смирнов, И. П., "О древнерусской культуре, русской национальной специфике и логике истории," Мегаистория, М., 2000.

Сюссюр, Ф. де., Труды по языкознанию. М., 1977.

4장 영화기호학과 포토제니

가라타니 고진, 『언어와 비극』, 조영일 옮김, 도서출판 b, 2004.

――, 『트랜스크리틱』, 송태욱 옮김, 한길사, 2005.

김수환, 「러시아 형식주의 영화이론 다시 읽기: 영화기호학의 기원과 한계에 관하여」, 『슬라브학보』 제21권 4호, 2006.

――, 「유리 로트만의 문화론적 시학: 시와 자기커뮤니케이션」, 『시와 시학』 2008 년 봄호.

――, 「소쉬르의 차이와 반복: 로트만의 '자기커뮤니케이션'을 중심으로」, 『기호학 연구』 제37집, 한국기호학회, 2013.

――, 『사유하는 구조』, 문학과지성사, 2011.

김호영, 『영화이미지학』, 문학동네, 2014.

들뢰즈, 질, 『시네마 II: 시간-이미지』, 이정하 옮김, 시각과언어, 2005.

로트만, 유리, 『영화기호학』, 박현섭 옮김, 민음사, 1994.

――, 『기호계』, 김수환 옮김, 문학과지성사, 2008.

바르트, 롤랑, 『카메라 루시다』, 조광희·한정식 옮김, 열화당, 1988.

――, 『현대의 신화』, 이화여자대학교 기호학연구소 옮김, 동문선, 1997.

바쟁, 앙드레, 「사진적 영상의 존재론」, 『영화란 무엇인가』, 박상규 옮김, 시각과언어, 1998.

벤야민, 발터, 『발터 벤야민의 문예이론』, 반성완 편역, 민음사, 1983.

손택, 수전, 『사진에 관하여』, 이재원 옮김, 이후, 2005.

얌폴스키, 미하일, 『언어-신체-사건』, 김수환·이현우·최선 옮김, 나남(근간).

오몽, 자크, 『영화 속의 얼굴』, 김호영 옮김, 마음산책, 2006.

Balázs, B., *Theory of The Film: Character and Growth of a New Art*, E. Bone(trans. from the Hungarian), New York, Roy Publishers, 1953.

Barthes, R., "Change the Object Itself: Mythology Today," *Image-Music-Text*, S. Heath(selected and trans.), London, Fontana/Collins, 1978.

――――, "The Third Meaning: Research Notes on Some Eisenstein Stills," *Image-Music-Text*, S. Heath(selected and trans.), London, Fontana/Collins, 1978.

――――, *Camera Lucida: Reflections on Photography*, R. Howard(trans.), New York, Hill and Wang, 1981.

Doane, M. A., "The Close-up: Scale and Detail in the Cinema," *Differences: A Journal of Feminist Cultural Studies* 14.3, Brown University, 2005.

Deleuze, G., *Cinema 2: The Time-Image*, H. Tompson & R. Galeta (trans.), Minneapolis, University of Minnesota Press, 1989.

Eco, U., "On the Contribution of Film to Semiotics," *Film Theory and Criticism: Introductory Readings*(3rd edition), G. Mast & M. Cohen (trans.), Oxford University Press, 1985.

Eagle, H., "Bipolar Asymmetry, Indeterminacy, and Creativity in Cinema," *Lotman and Cultural Studies—Encounters and Extensions*, A. Schönle(eds.), The University of Wisconsin Press, 2006.

Epstein, J., "On Certain Characteristics of Photogenie," R. Abel, *French Film Theory and Criticism: A History/Anthology, 1907~1937*, Vol. I: 1907~1929, Princeton University Press, 1988.

――――, "Magnification," R. Abel, *French Film Theory and Criticism: A History/Anthology, 1907~1937*, Vol. I: 1907~1929, Princeton University Press, 1988.

Fried, M., "Barthes's Punctum," *Critical Inquiry* 31 Spring, 2005.

Jakobson, R., "Shifters, Verbal Categories and the Russian Verb," *Selected Writings*, Vol. 2, Paris, The Hague, 1971,

Lotman, U. M., *Semiotics of Cinema*, M. E. Suino(trans.), Michigan Slavic Contributions, No. 5, Ann Arbor, 1976.

Lotman, Ju. M. & Uspenskij B. A., "Myth-Name-Culture," *Soviet Semiotics. An Anthology*, edited, translated and with an Introduction by D. P. Lucid, The Johns Hopkins University Press, 1977.

Mitry, J., *The Aesthetics and Psychology of The Cinema*, Indiana University Press, 1990.

Peirce, C. S., *Collected Writings*, Vol. 8, C. Hartshorne, P. Weiss & A. W. Burks (eds.), Cambridge, MA., Harvard University Press, 1931~58.

Yampolsky, M., "Kuleshov's Experiments and the New Anthropology of the Actor," *Inside the Film Factory: New Approaches to Russian and Soviet Cinema*, R. Taylor and I. Christie (eds.), London and New York, 1991.

――――, "The Essential Bone Structure: Mimesis in Eisenstein," *Eisenstein Rediscovered*, Routledge, 1993.

Барт, Р., Мифологии, пер. с фр., вступ. ст. и коммент. С. Зенкина, М., 2004.

Булгакова, О., Фабрика жестов, М., 2005.

Делез, Ж., Кино., М., 2004.

Лотман, Ю. М., Семиотика кино и проблемы киноэстетики, Об искусстве, СПб., 1998.

――――, "Место киноискусства в механизме культуры," Об искусстве, СПб., 1998.

Лотман, Ю. М., с Успенский, Б. А., "Миф-имя-культура," Семиосфера, СПб., 2000.

Лотман, Ю. М., "Заметки о тартуских семиотических изданиях," Ю. М. Лотман и тартуско московская семиотическая школа, М., 1994.

Якобсон, Р. О., "Шифтеры, глагольные категории и русскийглагол," Принципы типологического анализа языков различного строя, М., 1972.

Ямпольский, М., Язык-тело-случай: кинематограф и поиски смысла, М., 2004.

5장 문화사와 도시기호학

김수환, 「텍스트 이론에서 문화시학으로: 로트만의 '행위시학' 방법론을 중심으로」, 『러시아어문학연구논집』 18집, 2005.

───, 「러시아 '상상하기': 러시아 문화 정체성에 있어서 '타자' 구성의 문제」, 『러시아학』 제2호, 충북대학교 러시아연구소, 2006.

───, 『사유하는 구조』, 문학과지성사, 2011.

로뜨만, 유리 외, 『시간과 공간의 기호학』, 러시아시학연구회 옮김, 열린책들, 1996.

로트만, 유리 외, 『러시아 기호학의 이해』, 이인영 외 옮김, 민음사, 1993.

로트만, 유리, 『기호계』, 김수환 옮김, 문학과지성사, 2008.

버만, 마샬, 『현대성의 경험』, 윤호병 옮김, 현대미학사, 1994/2004.

임지현, 「해방에서 동원으로」, 『이념의 속살─억압과 해방의 경계에서』, 삼인, 2001.

파이지스, 올랜도, 『러시아 문화사: 나타샤 댄스』, 채계병 옮김, 이카루스미디어, 2005.

Augé, M., *Non-Places*, J. Howe(trans.), London, Verso, 1995.

Greimas, A. J., "For a topological semiotics," Gottdiener & A. Ph. Lagopoloulos (eds), *The City and The Sign*, Columbia University Press, 1988.

Nakhimovsky, A. D. & Stone, A. (eds.), *The Semiotics of Russian Cultural History: Essays by Iurii M. Lotman, Lidia Ia Gindburg, Boris A. Uspeneskii*, Itaca, New York/London, Cornell University Press, 1985.

Лотман, Ю. М., "Зимние заметки о летних школах," Московско-тартуская семиотическая школа. История, воспоминания, размышления, М., 1998.

───, "Символика Петербурга и проблемы семиотики города," Избранные труды в тех томах, Т. II, Таллинн, 1992.

───, "Отзвуки концепции Москва—третийРим в идеологии Петра Первого (К проблеме средневековойтрадиции в культуре барокко)," История и типология русскойкультуры, СПб, 2002.

6장 문화 상호작용과 글로컬리티

가라타니 고진, 『언어와 비극』, 조영일 옮김, 도서출판 b, 2004.

김수환, 「문화의 상호작용에 대한 문화기호학적 접근: 한국 비보이와 러시아 발레뤼스를 중심으로」, 『러시아연구』 제19권 제1호, 2009.

——, 『사유하는 구조』, 문학과지성사, 2011.

로트만, 유리, 『기호계』, 김수환 옮김, 문학과지성사, 2008.

——, 『문화와 폭발』, 김수환 옮김, 아카넷, 2014.

모슨, 게리 솔·에머슨, 캐릴, 『바흐친의 산문학』, 오문석 외 옮김, 책세상, 2006.

바흐찐, M·볼로쉬노프, V. N., 『마르크스주의와 언어철학』, 송기한 옮김, 한겨레, 1988.

——, 『프로이트주의』, 송기한 옮김, 예문, 1987.

버틀러, 주디스·스피박, 가야트리, 『누가 민족국가를 노래하는가』, 주해연 옮김, 산책자, 2008.

Emerson, C., "The Outer Word and Inner Speech: Bakhtin, Vygotsky, and the Internalization of Language," *Critical Inquiry*, Vol. 10, No. 2, 1983.

Lotman, Y., *Universe of The Mind: A Semiotic Theory of Culture*, Bloomington, Indiana University Press, 1990.

Robertson, R., "Globalization: Time-Space and Homogeneity-Heterogeneity," *Global Modernities*, M. Featherstone, S. Lash & R. Robertson (eds.), Sage Publications, 1995.

Schönle, A., "The Self, Its Bubbles, and Its Illusions," *Lotman and Cultural Studies-Encounters and Extensions*, The University of Wisconsin Press, 2006.

Shukmann, A., "Semiotics of Culture and the Influence of M. M. Bakhtin," *Issues in Slavic Literary and Cultural Theory*, 1989.

Vygotsky, L. S., *Thought and Language*, E. Hanfmann & G. Vakar (eds. and trans.), Cambridge, Mass., 1962.

Бахтин, М. М., Эстетика словесного творчества, М., 1979.

Бахтин, М. М., Вопросы литературы и эстететики, М., 1975.

Выготский, Л. С., Мышление и речь, М., 2001.

Лотман, Ю. М., "О семиосфере," Избранные статьи в трех томах, Т. 1, Таллинн, 1992.

Лотман, Ю. М., История и типология русскойкультуры, СПб., 2002.

7장 러시아적 주체

김수환, 『사유하는 구조』, 문학과지성사, 2011.

들뢰즈, 질·가타리, 펠릭스 ,『천 개의 고원』, 김재인 옮김, 새물결, 2001.

로트만, 유리, 『기호계』, 김수환 옮김, 문학과지성사, 2008.

──, 『문화와 폭발』, 김수환 옮김, 아카넷, 2014.

바흐찐, M.· 볼로쉬노프, V. N.,『마르크스주의와 언어철학』, 송기한 옮김, 한겨레, 1988.

──, 『프로이트주의』, 송기한 옮김, 예문, 1989.

바흐찐, 미하일, 『도스또예프스끼 시학의 제諸문제』, 김근식 옮김, 중앙대학교출판부, 2011.

바흐친, 미하일, 『말의 미학』, 김희숙·박종소 옮김, 길, 2006.

솔 모슨, 게리·에머슨, 캐릴, 『바흐친의 산문학』, 오문석 외 옮김, 책세상, 2006.

Noth, W., "Yuri Lotman on Metaphors and Culture as Self-Referential Semiosphere," *Semiotica* 161-1/4, 2006.

Vygotsky, L. S., *Thought and Language*, E. Hanfmann & G. Vakar (eds. and trans.), Cambridge, Mass., 1962; 러시아본: Мышление и речь, М., 2001.

Бахтин, М. М., Эстетика словестного творчества, М., 1979.

──, Марксизм и философия языка. в кн.: Тетралогия, М., 1998.

──, Фрейдизм. Критический очерк. в кн.: Тетралогия, М., 1998.

————, ˝К переработке книги о Достоевском,˝ Эстетеика словесного
творчество, М., 1979.

————, ˝Из записей 1970~1971 годов,˝ Эстетика словесного творчества, М.,
1979.

————, ˝К методологии гуманитарных наук,˝ Эстетика словесного творчества,
М., 1979.

————, ˝Слово в романе,˝ Вопросы литературы и эстетика, М., 1975.

Гаспаров, Б. М., ˝В поисках ˈдругогоˈ (Француззкая и восточоевропейская
семиотика на рубеже 1970 -х годов),˝ Московско -тартуская
семиотическая школа, М., 1998.

Лотман Ю. М., ˝О семиосфере,˝ Избранные статьи, Т. 1, Таллинн, 1992.

————, ˝О редукции и развертывании знаковых систем (К проблеме
《фрейдизм》 и семиотическая культурология,˝ Избранные статьи, Т. 1,
Таллинн, 1992.

————, ˝О двух моделях коммуникации в системе культуры,˝ Избранные
статьи, Т. 1, Таллинн, 1992.

————, ˝О роли случайных факторов в литературной эволюции,˝ Труды по
знакомых системам 23. Текст–культура–семиотика нарратива, Тарту,
1989.

찾아보기(인명)

퍼스Peirce, C. S. 140, 272, 282

포자 후작Marquis Posa 33, 90, 259

포이어바흐Feuerbach, L. A. 10

표트르 1세Peter I 26, 76, 86, 92, 108, 109, 171~80, 184~86, 190, 258, 268

푸시킨Pushkin, A. S. 25~26, 91, 165, 179~80, 188, 244, 247

푸코Foucault, M. 88, 103~104, 274

프로이트Freud, S. 63, 205~206, 230, 233~39, 278

프로프Propp, V. 164, 271

프리고진Prigogine, I. 253~54

피아제Piaget, J. 207

필로페이Filofei 274

ㅎ

하버마스Habermas, J. 217

헤겔Hegel, G. W. F. 46, 230, 255

헥토르Hektōr 82

호먀코프A. Khomyakov 122, 277

홀Hall, S. 279

홉킨스Hopkins, G. M. 89

흐루쇼프Khrushchyov, N. S. 25

찾아보기(작품명)

찾아보기(용어)